国家社科基金后期资助项目
出版说明

后期资助项目是国家社科基金设立的一类重要项目,旨在鼓励广大社科研究者潜心治学,支持基础研究多出优秀成果。它是经过严格评审,从接近完成的科研成果中遴选立项的。为扩大后期资助项目的影响,更好地推动学术发展,促进成果转化,全国哲学社会科学工作办公室按照"统一设计、统一标识、统一版式、形成系列"的总体要求,组织出版国家社科基金后期资助项目成果。

全国哲学社会科学工作办公室

国家社科基金
GUOJIA SHEKE JIJIN HOUQI ZIZHU XIANGMU
后期资助项目

区域大气污染府际合作治理法律问题研究

Research on Legal Issues of Intergovernmental Collaborative Prevention and Control for Regional Atmospheric Pollution

杨治坤　著

上海三联书店

目　　录

中文摘要

区域性复合型的大气污染问题给现行环境管理模式带来了巨大的挑战,仅从行政区划的角度考虑单个行政区大气污染防治的管理模式难以有效解决当前愈加严重的区域大气污染问题。出于解决区域大气污染现实问题的压力以及构建完备的区域大气污染府际合作治理制度体系的诉求,本书致力于探讨的问题有:府际合作治理作为区域大气污染防治的全新范式之理论证成、规范分析与实践样本探讨;继而分析宪法、行政法和环境法如何为区域大气污染府际合作治理提供正当性基础,阐释区域大气污染府际合作治理的基本原理,探究如何以既有制度资源为基础构建完备的区域大气污染府际合作治理制度体系;本书的最后两章从程序制度的视角探讨区域大气污染府际合作治理的利益协调机制和区域大气污染府际合作治理的纠纷解决之道。全书共分为六章:

第一章　区域大气污染府际合作治理新范式

第一节对区域大气污染和区域大气环境这两个关键概念进行全方位阐释。辨析区域大气污染和区域大气环境的内涵,以精准地确定"区域"的法律意蕴为前提。以区域协同发展战略为背景,立足于区域一体化实践。法学范畴的"区域"可能是跨省区的区域,如京津冀区域、长三角区域、泛珠三角区域;也有可能是省域范围内跨县、地市级的区域,如长株潭区域;甚至是跨境的区域,如粤港澳大湾区。作为本书研究对象的区域大气污染是指在区域范围内产生的大气污染转移和大气污染累积。当前困扰我国的区域大气污染呈现出不同于上个世纪的显著特征,混合了煤烟、臭氧、酸雨、细颗粒物、粉尘的区域复合型污染日益加剧。总体上而言,区域复合型大气污染的成因主要有地方经济发展至上、区域内各行政区政府管理不当、区域内各行政区政府协作不充分以及自然条件的影响。与区域大气污染密切相关的另外一个关键词是区域大气环境。区域大气环境也是府际合作治理的对象,区域大气环境质量的维护和提升是府际合作治理的目标。区域大气环境不仅仅具有公共物品的显见特征,还兼具跨区域的特性。对区域大气环境的治理既要考虑到公共物品的治理之道,也要兼顾跨区域公共物品的治理效率。对区域大气污染和区域大气环境这两个关键词的解读为全书的研究奠定了基础,预设了全书的研究思路和区域大气污染府际合作治理的制度逻辑。

第二节从区域大气污染特点、区域大气环境的公共物品属性和现行属地主义治理模式之不足三个视角论证府际合作治理区域大气污染和区域大气环境的至关重要性和必要性。区域大气污染不会按照行政区划进行流动,而是在相当广阔的空间内自由流动;区域大气生态环境是一个整体,区域大气环境不会因为行政区划而割裂开来;区域大气环境作为区域公共物品具有明显的地理依赖性和外部性特征。区域大气污染的特点和区域大气环境的属性决定了必须采用一种全新的应对区域大气污染的模式,这就是区域大气污染联合防治模式。以区域内各行政区政府之间的合作作为区域大气污染联合防治的主导,其原因不仅仅在于政府的环境质量责任,也在于政府是拥有环境资源管理权的公权力主体,也是唯一能够为了公共利益而治理大气生态环境的法律主体。现有的大气污染属地治理模式意味着地方政府以行政区划为基础各自为政,属地主义治理模式有悖大气污染和大气环境自然规律,也无法形成多元主体的合力,这种模式在应对区域大气污染方面之不足也催生了府际合作治理模式,区域大气污染府际合作治理是时势所需。

第三节探讨区域大气污染府际合作治理的规范依据、特点和实践机制。《环境保护法》(2014 年)和《大气污染防治法》(2015 年)为区域大气污染府际合作治理提供了规范依据和基本的制度框架,国家和地方层面的发展战略以及发展规划为区域大气污染府际合作治理提供了软法规范基础。基于不同的法律规范基础以及对区域大气生态环境的不同认知,区域大气污染的府际合作治理模式与属地主义治理模式呈现出如下显见的差别:府际合作治理模式与属地治理模式治理的空间和范围不同、对大气生态环境的认知和治理理念迥异、治理手段和措施也存在明显的差别。以京津冀、长三角和珠三角等重点区域为实践样本,本书总结出区域大气污染府际合作治理实践中经常适用的一些机制和制度,包括政府间协商决策机制、区域规划制度、行政立法和行政协议、区域大气环境污染防治机制和大气环境质量监管体系、政府考核机制和其他保障机制。

第二章 区域大气污染府际合作治理正当性基础

第一节从宪法规范基础、宪法制度基础和宪法理论基础三个维度分析论证宪法学科如何为区域大气污染府际合作治理提供智识基础和正当性基础。尽管《宪法》关于资源国家所有权的规定并未直接规定国家对大气环境的所有权,但是政府作为国家的载体,其对于环境资源的责任是恰当的。《宪法》关于人民政府职责的规定也为政府环境质量责任提供了恰当的规范基础。当代大多数从宪法上确立了环境权的国家都强调环境权作为人权的属性。尽管环境权在我国立法中存在诸多缺失和不足,但是环境权理论足以论证为何政府对大气环境质量应承担责任以及政府应当如何行为和如何担当以保障公民的环境权。宪法框架内关于政府间关系的理论也有助于考察区域大气污染府际合作关系,对政府间关系的探讨涵括了纵向政府间关系和横向政府间关系。政府治理环境问题的权力和义务从何而来?美国密执安大学的约瑟夫·萨克斯教授提出了著名的环境公共信托理论。公众将其所共有的大气环境委托给政府代为管理,如此便产生了区域内行政区政府的管理权。这两种权利(权力)的凸显,一方面强调政府的管理职权,另一方面也强调政府必须为所有民众的公共利益而进行管理和治理。环境公共信托理论不仅仅在美国宪法文本中被加以规定,同时也被运用于司法实践之中,这种理论对于政府责任和环境权而言具有极大的阐释能力。

第二节从行政生态、行政法治维度和组织基础三个视角探讨行政法如何为区域大气污染府际合作治理提供正当性基础。区域大气污染府际合作治理是针对我国区域大气污染问题突出和区域大气环境质量下降的现状,在反思现有的以行政区划为基础治理区域大气污染之不足的基础上创新的制度。最为典型的国内行政生态背景莫过于服务型政府和责任型政府建设。我国服务型政府和责任型政府建设要求政府在区域大气环境领域为民众提供清洁控制的公共产品和履行环境质量监管职责。政府必须在区域大气污染治理和环境质量提升中对服务理念、服务范围、服务方式、政府环境治理角色嬗变等方面作出有效回应,并将其纳入法治轨道。行政法治的精神底蕴内在地要求区域内各政府及其职能部门建立合理的行政职权职责结构,规范政府行为方式和手段,优化行政组织结构,建立府际之间的行政权力运行协调机制。

第三节从政府环境质量责任、政府在区域大气污染府际合作治理中的角色、区域大气污染府际合作治理多元机制和空间趋势这四个层面论述环境法如何为区域大气污染府际合作治理提供正当性基础。以 2014 年修订的《环境保护法》和 2015 年修订的《大气污染防治法》为主要规范依据,大气环境质量在立法中凸显。这不仅表现为政府环境质量责任,还表现为大气环境质量的提升和维护成为立法目标,以及大气污染防治制度设置和制度架构均围绕环境质量目标展开。区域大气污染和区域环境质量的公共物品属性决定了政府的环境管理转向环境治理,政府在区域大气污染府际合作治理中的角色也发生了嬗变。区域大气污染府际合作治理主要采用沟通和协商的机制,以增加区域大气污染治理的目标协同、信息机制协同、执法协同、评估协同和技术协同。区域大气污染府际合作治理还契合了当前环境治理的空间趋势。作为环境治理的全新理念,区域环境治理的空间趋势表现为以区域生态空间为基础的环境管控措施之兴起,包括污染物总量控制制度、生态红线制度、空间规划和区域限批制度等,以实现区域整体生态系统稳定和环境质量提升。区域大气污染府际合作治理也是从区域生态空间的整体性角度来实施的。

第三章 区域大气污染府际合作治理基本原理

第一节论述区域大气污染府际合作治理的基本原则,主要有权力法定原则、效率与公平原则、协同发展原则、互信共赢原则和公开参与原则。区域内各行政区政府间的合作是区域大气污染联合防治的主导,政府间的合作以政府行政权力为基础,政府间的任何协商协调机制和政府行为都应当遵循权力法定原则。区域大气污染府际合作治理要求对区域内各地方政府职权进行优化配置和协调,降低区域内各地方政府之间的协调治理成本并整体提高行政效能。协同发展原则要求所有区域内的各行政区政府以及政府各相关部门在自然资源和生态环境的管理过程中能够做到协同管理,从区域大气生态环境单一要素的管理向多种要素综合管理转变。在区域大气污染府际合作治理中,互信是构建新型区域合作模式的思想先导。区域府际合作是一个求同存异的竞合过程,是减少利益冲突和恶性竞争,从而提升治理实效的有效途径。其前提是实施信息公开,让各方利益关系主体知晓并拓宽参与渠道,通过辩论、沟通、说服、妥协等,充分表达自己的诉求,只有这样才可能达致各方都能一致接受的行政方案。

第二节从软法和硬法的角度探究区域大气污染府际合作的混合规制模式。区域大气污染的治理领域从行政区管理向府际合作治理的转型催生了治理规则的多元化。国家统一制定或认可的法律(硬法)难以为府际合作提供充足的规范依据,因此软法具有巨大的适用空间。软硬法混合规制对区域大气府际合作治理不仅必要,而且二者相得益彰。事实上,我国区域大区污染府际合作也经历了从早期依赖国家政策到国家法律与政策相互配合的一个软硬法混合规制的发展历程:早期的政策(软法)调整为国家有关环境(包括大气)立法(硬法)积累了经验,国家立法又反过来指导国家政策进一步落实法律规定。区域大气污染府际合作治理的软硬法混合规制重在制度化落实,并可采取综合—单行、中央—地方的立法或政策模式得以贯彻。在具体模式上,可采取区域协同立法模式、区域共同立法模式、行政协议模式三种模式对区域大气污染府际合作治理进行软硬法混合规制。

第三节的研究主题是区域大气污染府际合作治理机构。根据现有的国家立法,我国还无法成立区域大气污染府际合作治理机构。但是,探索如何构建专门性的区域大气污染府际合作治理机构是今后的研究方向。在实践中,我国在全国范围内成立了六大区域环境督查中心,有些省份也成立了地方环境督查中心,这些区域环境督查中心可以在一定程度上承担区域大气污染府际合作治理机构的职能。专门的区域大气污染府际合作治理机构的职能主要有:制定区域大气污染防治规划、建立区域大气空气质量监测体系、构建区域大气污染联合防治协调机制、处理区域大气污染纠纷等。设立一个独立的、专门的区域大气公共机构来负责区域大气范围内的政府、企业和公众的全面协调,这是区域大气污染治理的首要任务。

第四章　区域大气污染府际合作治理制度体系

第一节探讨区域大气环境规划制度。环境规划是从战略上对区域、流域或者一定的空间范围进行环境总体部署的制度。区域大气环境规划作为环境规划的一个类型,由区域内各行政区政府协商编制。区域环境规划对区域内环境事务所作的总体部署有助于从整体的区域生态环境的角度来协商解决区域共同面对的大气污染问题,从而有助于预防政府之间的纠纷,协调区域内各行政区之间的利益,同时能以较低的成本实现改善区域环境质量的目标。编制区域大气环境规划应当明确区域战略定位和各行政区的功能定位,对区域大气污染的基本状况和区域大气环境的基本情况应作出说明,应当规定区域大气环境规划的指导思想、基本原则和具体目标,同时应明确区域大气污染防治的重点区域、重点污染物、重点产业和重点行业,并应对区域大气环境协同治理机制和保障机制进行详细的规定。如何将区域环境规划落到实处,一是将区域大气环境规划纳入环境影响评价,以使区域大气规划环境影响评价更好地得到执行;二是将区域大气规划环境影响评价纳入环保督察,以监督其更好地落实。

第二节论述区域大气污染府际合作治理的执法制度。现有区域大气污染府际合作治理执法不足的状况表现为不当执法,强于运动式执法、怠于平时执法,以及行政执法理念不适应区域大气污染应对。区域内不同行政区政府以及政府机构联合执法应当贯彻协调执法主体、统一执法程序、统一执法标准和统一执法方式的原则。区域大气污染府际合作治理联合执法具体措施包括环境行政主管部门与公安部门联合执法,以及环境行政管理部门与司法机关合作执法。

第三节研究区域重污染天气应急制度。从立法理念的发展历程考察,我国已经进入了环境立法的高"风险"时代,我国近年修改的几部重要环境法律都将风险管控视为立法的重要突破。重污染天气应急制度是特殊状况下应对不能预期环境风险的制度,其制度逻辑与区域大气污染日常应对和日常管理有着区别和内在的联系。区域重污染天气应急制度之不足主要表现为法律规范之间衔接不足、区域重污染天气应急管理体制不健全,以及区域大气污染事故信息公开制度和通报制度不完善。如何构建完备的、体系化的区域重污染天气应急制度,其一在于完善区域重污染天气应急机制,其二是应从监测预警机制、区域重污染天气应急响应和处理,以及应急终止之后的调查评估这三个方面对区域重污染天气应急预案加以完善。

第五章 区域大气污染府际合作治理利益协调

第一节论证区域大气污染合作治理利益协调的必要性。区域大气污染府际合作治理中涉及区域内各地方政府、政府部门、政府官员、普通民众、排污者等诸多利益关系主体。如何协调这些多元利益主体所面临的诸多困境:利益协调主体的"单中心"和利益协调的"碎片化"问题突出,且政府之间的利益关系协调具有复杂性。这些现实问题凸显了区域大气污染府际合作治理多元利益协调的必要性和紧迫性。

第二节探究区域大气污染府际合作治理的利益协调模式。从我国现有的区域大气污染治理府际合作利益协调实践观察,我国目前的主要利益协调模式可以归纳为纵向政府政策约束型和横向行政协议自我约束型。两种利益协调模式各有特点,也各有其不同的适用空间与优势。

第三节研究区域大气污染府际合作治理利益协调的法律规制。无论政府政策型利益协调模式还是行政协议自我约束型利益协调,均应当被纳入法律调整范围之中,通过建立利益表达机制、利益磋商机制、利益协议机制、利益补偿机制、利益协调监督机制与利益纠纷裁决机制,以及通过同时建立成本分担制度、公共效益分享制度和生态补偿制度作为配套,对两种利益协调模式加以法律规制。

第六章 区域大气污染府际合作治理纠纷解决

第一节对区域大气污染府际合作治理纠纷进行理论阐述。从府际合作着手,梳理出区域大气污染府际合作治理纠纷的类型是府际之间的行政权能争议或者府际之间的行政协议争议。这种划分有助于打破将行政权能争议定位于行政系统内部事务的观念,以行政协议途径加强区域大气污染府际合作,促进区域协调法治制度创新。

第二节梳理区域大气污染府际合作治理纠纷解决的制度安排。行政权能型府际合作纠纷根源于行政权能及其法律规定,现有纠纷解决方式的制度安排有权力机关解决方式、行政机关解决方式和司法机关解决方式。而行政协议型府际合作纠纷解决方式取决于协议中的约定,主要有自我协商解决和提交共同上级行政机关解决两种方式。既有的纠纷解决制度也存在一些不足:无论是权力机关还是行政机关解决区域大气污染治理府际合作纠纷,均缺乏可操作性规则;相关纠纷解决机制的法制保障与规制不足并存;以行政组织设置调整或行政权力相对集中来解决区域大气污染治理府际合作纠纷的功能有限;司法机关附带解决方式的启动程序具有被动性,侧重个案解决。这为后续的制度完善和机制健全指明了方向。

第三节分析区域大气污染府际合作治理纠纷解决的完善路径。主要路径有:一是通过完善立法以解决中央政府与地方政府之间的权限争议,同时完善有关环境保护法律中关于行政解决区域大气污染纠纷的相关规定,并通过行政程序立法确立统一的行政管辖权制度和行政协议制度,以规范行政权限争议的裁决程序。二是完善机制以涵盖区域大气污染府际合作治理纠纷解决需求,包括健全权力机关和行政机关的区域大气污染治理府际合作纠纷解决机制;加强编制管理,通过调整组织结构和整合行政职权以解决行政权限争议;因行政协议产生的区域大气污染府际合作治理纠纷,由缔约机关选择自行协商解决或报送共同上级行政机关裁决。三是构建区域大气污染府际合作治理纠纷解决配套制度,包括建立重大污染事故损害赔偿纠纷行政处理前置程序制度、完善区域大气污染损害赔偿制度等,以完善立法、健全机制和建立配套制度。

关键词:区域大气污染;政府环境质量责任;府际合作;治理

导　论

在现代社会繁杂多样的环境问题之中,区域大气污染正日益成为公众讨论和法律论争的焦点,近几年频繁发生的雾霾和区域重污染天气更是引发了人们对区域大气污染防治和区域大气环境治理的深层思考。[①] 区域大气污染之所以成为公众广泛关注的焦点,很大程度上与区域大气污染和区域大气环境的特征以及其所产生的影响有关。当前频仍的区域大气污染已不同于上个世纪以煤烟为主的大气污染,而是呈现出一种混合了煤烟、汽车尾气、细颗粒物、粉尘等多种污染物的复合型大气污染。区域复合型污染会引致系统的且常常是不可逆的人身损害,而且这些损害一般是潜在的。区域大气污染的特质以及我国区域大气污染治理的现状催生了区域大气污染联合防治的迫切需要。而区域大气污染联合防治又以政府间合作治理为主导,这种全新的大气污染治理模式称之为区域大气污染府际合作治理模式。

一、区域大气污染问题凸显

在高度现代化和工业化的进程中,我国区域大气污染问题愈来愈突出。中国工业化进程中,工业污染和广大农村的土壤及水源严重污染的叠加效应是中国严重雾霾形成的特殊机理。[②] 近年来,我国多地遭遇雾霾天气,在京津冀、长三角、珠三角、长株潭、武汉城市圈等经济发达区域,已经出现了严重的区域性复合大气污染。[③] 为何区域大气污染成为我国城市群发展和区域一体化进程的伴生物? 其内在原因是多方面的。

《关于推进大气污染联防联控工作改善区域空气质量的指导意见》归纳出区域大气污染频仍的原因主要有:其一,我国长期以来的经济发展和

---

① 刘毅:《雾霾中还藏着多少秘密》,载《人民日报》2017 年 4 月 1 日 09 版。
② 顾为东:《中国雾霾特殊形成机理研究》,载《宏观经济》2014 年第 6 期。
③ 马中、石磊、崔格格:《关于区域环境政策的思考》,载《环境保护》2009 年第 13 期。

唯 GDP 至上的考核标准。在高度工业化的进程中,由于人类自身行为导致的污染形式急剧增加。经济高度发展的过程中,地方政府绩效考核往往是以 GDP 为唯一指标,这种经济发展至上的观念无形中促成了地方政府片面重视经济发展而忽视环境保护的心态,这是深层次的原因。其二,大气污染物的特性。大气污染物容易受大气环流的影响而不断迁移,这是大气污染与水污染和土壤污染相比的显见特点。为什么区域大气污染容易发生在城市群,很大一部分原因在于这些城市群往往在地理位置上接近,而且产业发展模式相近。城市群中的不同城市各自排放的大气污染物在大气环流作用下在城市群中不断迁移和累积造成了区域大气环境污染。第三,受制于我国现有的环境管理体制和大气污染防治管理体制,区域内各行政区之间的协调治理大气污染机制不充分,这也是造成区域大气污染的原因。在上个世纪,我国大气污染主要表现为煤烟型污染,而如今大气污染则表现为复合型的区域大气污染。复合型污染混合了煤烟、汽车尾气、细颗粒物、粉尘等各种污染物,情况更为复杂。复合型污染的防治措施不同于传统的煤烟型污染,区域内各行政区政府之间缺乏协调机制以应对复合型污染,这将会加剧区域大气污染。

可以说,区域大气污染问题的产生和凸显混杂了自然因素和人为因素。区域大气污染给现行环境管理模式带来了巨大的挑战,仅从行政区划的角度考虑单个城市大气污染防治的管理模式已经难以有效解决当前愈加严重的大气污染问题,因此亟待探索建立一套全新的区域大气污染防治管理体系。[①] 区域大气污染的治理思路不能停留在传统的属地主义治理模式上,应当基于区域一体化的背景创新区域大气污染联合防治机制,形成完备的区域大气污染联合防治法律和政策体系。以京津冀、长三角和珠三角等区域为代表的区域大气污染联合防治模式是区域大气污染应对的有效实践。区域大气污染联合防治模式不仅仅在实践层面有诸多的经验,其在理论层面也亟待深入研究和探索。区域大气污染联合防治模式具有鲜明的时代特征和实践价值,创新区域大气污染联合防治理论研究和构建完备的区域大气污染联合防治制度体系是区域大气污染联合防治模式走向成熟的关键。

二、区域大气污染联合防治的法律和政策应对

通常情况下,一个区域或者城市群的经济发展都"以一定的江河湖海

---

① 《重点区域大气污染防治"十二五"规划》(2012 年 10 月)。

为依托"①。由于这种天然的一衣带水的关系,区域内的不同行政区在地理位置、气候、土壤、水系等自然状况方面往往有着相似性,或者属于同一个自然生态系统。由于自然特性和历史传承的相似,区域内各行政区往往在产业结构和经济发展水平上也很相似或者能够实现互补。区域可以在自然地理范畴和法学范畴内被理解,区域的自然地理范围往往与行政管理范畴划定的区域不一致。在实践中,对区域整体生态环境的治理却被人为地划分为不同的行政区进行管理。如此就很容易理解我国区域环境治理的显见问题了,即行政区域的划分往往与区域自然生态环境的整体性相分离,这种状况也造成了我国区域环境治理的效率低下。区域的整体性和系统性与行政区域上的条块分割存在着固有的矛盾。行政区域与经济区域之间矛盾的实质是区域一体化进程中政府与市场两种力量之间的矛盾。政府行为替代了市场机制、区域政府之间缺乏协调与合作、区域地方政府行为缺乏有效的规范和约束,这才是区域一体化进程的最大障碍。② 实验和实践数据显示,我国政府在区域大气污染防治方面投入了大量的资金和人力,尽管投资力度的加强降低了工业污染的排放,但却没有直接减少雾霾浓度。这也从一个侧面证实了中国存在"竞次"的破坏性环境竞争及环境"搭便车"现象。③ 这也恰好证明,单纯的财政支持不一定能消除雾霾现象。以雾霾为主要表现形式的区域大气污染更需要的是政府间的协作力量以及制度构建。④ "如果精神的气质和内心的感情真正因为不同的气候而有极端差别的话,法律就应当和这些感情的差别以及这些气质的差别有一定的关系"。⑤ 在这种状况下,应当反思现有的区域环境治理模式之不足,并发展出一种全新的适应区域自然地理属性的区域环境治理模式,这正是本书研究的初衷。

历史和生态往往是制度规范的决定性要素。⑥ 法律制度是一切外在制度中最具有稳定性且由国家强制力保障实施的制度,区域环境治理的兴起必然要求制度应对。2015 年新修订实施的《大气污染防治法》超越了2000 年的《大气污染防治法》规定的单一的大气污染属地主义治理模式。

① 张紧跟:《区域治理制度创新分析:以珠江三角洲为例》,载赵永茂、朱光磊、江大树、徐斯勤主编:《府际关系新兴研究议题与治理策略》,社会科学文献出版社 2012 年版,第 179—200 页。
② 李煜兴著:《区域行政规划研究》,法律出版社 2009 年版,第 2—4 页。
③ 黄寿峰:《财政分权对中国雾霾影响的研究》,载《世界经济》2017 年第 2 期。
④ 王文婷:《财税法视野下我国大气污染治理的政府间分配机制研究》,载《阅江学刊》2016 年第 6 期。
⑤ [法]孟德斯鸠著:《论法的精神》(上册),张雁深译,商务印书馆 1961 年版,第 227 页。
⑥ [日]青木昌彦著:《比较制度分析》,周黎安译,上海远东出版社 2006 年版,第 57 页。

《大气污染防治法》(2015 年)在第五章中专章规定了"重点区域大气污染联合防治"。重点区域大气污染联合防治措施包括建立大气污染联席会议制度①,设定政府目标责任②,编制重点污染区域规划③,重点防治区域大气环境质量监测和共享机制④,交叉执法、联合执法和跨区域执法⑤等,还规定从发展清洁能源、优化经济布局、统筹交通管理等方面对大气污染重点区域进行污染综合预防和综合治理,以实现重点区域大气环境质量达标。⑥ 这极大地改变了 2000 年的《大气污染防治法》规定的单纯防治大气污染源的格局,从而将重点区域污染联合防治上升至大气污染综合治理和大气环境质量提升的高度。

在理论和实践层面探索区域环境治理模式和构建区域环境质量制度体系也是我国最新的国家发展战略和政策文件贯彻的理念。2015 年的《生态文明体制改革总体方案》提出,"在部分地区开展环境保护管理体制创新试点,统一规划、统一标准、统一环评、统一监测、统一执法","开展按流域设置环境监管和行政执法机构试点"。⑦ 与此同时,2016 年的《国民经济和社会发展第十三个五年规划纲要》第九篇"推动区域协调发展"专门针对区域协调发展而制定。⑧ 同时其在第十篇"加快改善生态环境"中提出"探索建立跨地区环保机构,推行全流域、跨区域联防联控和城乡协同治理模式"。⑨ 这说明,无论是作为我国立国策略的生态文明建设,还是作为我国经济社会发展重大方针的"十三五"规划,都将区域环境协同治理作为重要建设目标。《国民经济和社会发展第十三个五年规划纲要》对我国区域经济发展与环境治理关系的解读是我国的污染问题和环境质量治理具有区域分化的显著特征。区域经济发展和一体化进程影响区域内各行政区之间的能源消耗、污染物排放以及环境质量改进方面的合作效率。为了有针对性地、精准地实施污染治理和提升环境质量,必须实施以区域内各地方政府合作为主体的污染联合治理模式,提高污染防治工作的针对性和有

---

① 《大气污染防治法》(2015 年)第八十六条第二款。
② 《大气污染防治法》(2015 年)第四条。
③ 《大气污染防治法》(2015 年)第八十七条。
④ 《大气污染防治法》(2015 年)第九十一条。
⑤ 《大气污染防治法》(2015 年)第九十二条。
⑥ 《大气污染防治法》(2015 年)第八十八条、第八十九条。
⑦ 《生态文明体制改革总体方案》。
⑧ 《国民经济和社会发展第十三个五年规划纲要》第九篇。
⑨ 《国民经济和社会发展第十三个五年规划纲要》第十篇。

效性,做到因城施策和因区施策。① 与国家层面的"十三五"规划纲要相适应,《"十三五"生态环境保护规划》第四章"深化质量管理,大力实施三大行动计划"中的第一节专门提出"分区施策改善大气环境质量"。国家层面的政策和战略也依赖法律制度保障实施。如何将国家层面提出的区域环境治理和区域大气环境联合防治措施有效贯彻,这依赖于完善的法律规范和完备的法律制度。《大气污染防治法》(2015 年)也为区域大气污染联合防治构建了制度框架。如何使国家战略提出的分区治理环境和改善区域大气环境质量目标得以落实,以及如何细化《大气污染防治法》(2015 年)规定的区域大气污染联合防治制度框架,使之更具有可操作性和可执行性,这都仰赖于对具体制度内容的探索和研究。

三、府际合作成为区域大气污染联合防治的主导

府际合作是在区域一体化和区域环境治理背景下应对区域大气污染防治的必然选择。府际合作既是区域一体化管理的主体形式,也是区域一体化的实施载体。区域大气污染和区域大气环境质量具有公共物品的显见特征,且具有高度的流动性。在传统的属地主义环境治理模式呈现出诸多弊端的状况下,许多国家在立法和实践上都选择了构建区域内各行政区政府间的合作机制来应对区域公共环境问题。雾霾治理作为一种特殊的跨域环境污染治理,需要区域合作治理中的重要治理模式和组织平台——府际合作来运行和实施。② 府际合作治理区域大气污染在我国尤为重要和必要,因为我国的区域一体化并不是由市场机制自发形成的,而是由政府公权力强力推行的。府际合作治理区域大气污染一方面体现为国家与社会的关系,即公权力对市场的调控;另一方面又表现为多种公权力相互间的关系,即国家的内部组织结构。③

由于生态环境具有跨介质和跨区域的特征,符合生态环境属性的生态环境管理机构改革和构建方向是"组建跨行政区域和流域管理机构"。④因循此思路,十三届全国人大一次会议审议通过的我国国家机构改革方向是组建生态环境部。生态环境保护部门将综合现有的环境保护部、国家发展和改革委员会、国土资源部、水利部、国家海洋部、农业部等几个部门的

---

① 吴舜泽、万军:《科学精准理解〈"十三五"生态环境保护规划〉的关键词和新提法》,载《中国环境管理》2017 年第 1 期。
② 楼宗元:《国外空气污染治理府际合作研究述评》,载《国外社会科学》2015 年第 5 期。
③ 叶必丰:《区域经济一体化的法律治理》,载《中国社会科学》2012 年第 8 期。
④ 解振华:《环境保护治理体制改革建议》,载《中国机构与管理》2016 年第 10 期。

生态环境保护方面的职责,以整合分散的生态环境保护职责,并统一行使对生态和城乡各类污染排放的监管与行政执法职责。具体而言,包括水资源管理、流域水环境保护、区域环境管理、土地资源管理、地下水污染防治、海洋污染防治和海洋生态保护。生态保护部的职责是统一制定生态环境政策、规划和标准,统一负责生态环境监测和执法工作,监督管理污染防治、核与辐射安全,组织开展中央环境保护督察等。①

组织乃是为了利用这些机会而被创造出来的。组织的演化又会改变制度。作为结果的制度变迁路径取决于:(1)由制度和从制度的激励结构中演化出来的组织之间的共生关系而产生的锁人效应;(2)由人类对机会集合变化的感知和反应所组成的回馈过程。② 组织及企业家从事的是有目的的活动,因而,他们是制度变迁的主角,他们形塑了制度变迁的方向。③ 经济组织的最大化行为通过以下几个途径形塑了制度变迁:(1)派生出了投资于各种知识的需求;(2)有组织的经济活动、知识存量与制度框架之间的持续互动;以及(3)作为组织的最大化行为的副产品,非正式约束也会有渐进性的改变。④ 以区域整体的协调发展来替代个体的突进增长为取向,重视区域利益共享与合作以及区域法治协调的"协作竞争"就成为公共行政竞争模式现实可行的选择。这种模式是地方政府间的合作性博弈,强调减少摩擦和交易成本,以促进政府间的协作机制,其核心目的是整合相互独立的政府和提升合作各方的收益,以实现政府所追求的共同目标。所以,公共行政竞争目标的实现既不能靠政府的相互对抗,也不能靠寻求新的比较优势,而应该是围绕共同的公共目标,在不冲击政府边界的前提下实行跨政府间的合作。⑤

大气生态环境具有生态整体性特征,大气污染也具有极强的扩散性和边界模糊的特征。大气生态环境和大气污染的特征决定了区域大气污染防治应当采取以区域生态整体性为基础的协同治理措施。彼得·威尔金

---

① 王勇:《关于国务院机构改革方案的说明——2018 年 3 月 13 日在第十三届全国人民代表大会第一次会议上》,参见中华网:http://news.china.com/focus/2018lh/news/13001552/20180314/32184962.html。
② [美]道格拉斯·G. 诺斯著:《制度、制度变迁与经济绩效》,杭行译,韦森译审,格致出版社、上海三联书店、上海人民出版社 2016 年版,第 8 页。
③ [美]道格拉斯·G. 诺斯著:《制度、制度变迁与经济绩效》,杭行译,韦森译审,格致出版社、上海三联书店、上海人民出版社 2016 年版,第 87 页。
④ [美]道格拉斯·G. 诺斯著:《制度、制度变迁与经济绩效》,杭行译,韦森译审,格致出版社、上海三联书店、上海人民出版社 2016 年版,第 93 页。
⑤ 王焕祥:《中国地方政府创新与竞争的行为、制度及其演化研究》,光明日报出版社 2009 年版,第 347 页。

斯认为,协作性管理最关键的运作在于横向整合,其需要责任共担。[①] 区域大气污染和区域大气环境质量协同治理,其治理的支撑和运行力量来源于区域内各行政区政府之间的合作。这种合作将打破既有的政府间关系格局,因此区域大气污染和区域大气环境质量协同治理必然带来区域内各行政区政府之间关系的变革和重构。公权力的作用有赖于普遍的、事先确定的标准,并依据固定的规则实施。法律规定就是完全具有约束力的固定规则。[②] 以区域生态环境整体性为基础的环境协同治理涉及多个领域,包括区域战略规划、污染源监管、污染物减排、污染源治理、污染源监测、产业结构调整、区域环境风险预防和应对、重大污染事故应急、府际利益识别与平衡、府际合作纠纷解决等多个领域,如何在这些领域进行合作构成府际合作治理区域大气污染的基本内涵。

区域大气污染协同治理过程中,区域内各地方政府的角色是多元的,他们既拥有中央政府授权以实施地方环境管理,因而必须执行中央政府的区域大气污染防治政策和目标,同时地方政府又是地方利益的代表,其应当享有适度的自主权和自治权。府际合作成为区域大气污染协同治理的主导,但这并不否认其他参与主体的力量。府际合作治理区域大气污染的成效取决于对诸多参与治理力量的整合。如何构建更为高效的联合治理机制和规范体系,从而确保区域内各地方政府之间在信息共享、治理目标和治理措施方面能够协同一致,以提升府际合作治理区域大气污染的效率,同时最大程度地保障其他主体能够参与至区域大气污染联合防治过程之中,这是府际合作治理区域大气污染的关键因素。

四、区域大气污染府际合作治理文献综述和研究价值

(一)区域大气污染府际合作治理文献综述

1. 国内外有关区域大气污染府际合作的研究主要集中在以下几个方面:

(1)区域污染防治基本问题研究

区域污染防治基本问题研究主要集中在如下几个方面:对区域污染产生的原因、危害和预防的分析(李雪松、孙博文,2014);论证区域大气污染政府间合作治理的必要性(陶品竹,2015);是否应当变革现行大气污染

---

① Peter Wikins, Accountability and Joined-up Government, Australian Journal of Public Administration, Vol. 61, No. 1, 2002, p. 52.

② [德]奥托·迈耶著:《德国行政法》,刘飞译,商务印书馆 2002 年版,第 76 页。

属地治理体制和构建全新的区域大气污染防治体制(程恩富、王新建，2015；张世秋、万薇、何平，2015)；也有学者从成本效益的方面研究区域大气生态环境治理问题(Markus Amann，2012)；还有学者研究区域大气污染联合治理政府间责任分担机制(姜玲、乔亚丽，2016)。

(2) 跨界大气污染防治研究

跨界大气污染方面的研究，诸如对《长距离跨界大气污染公约》的研究(Adam Byrne，2014)；有如跨界大气污染中的公众参与研究(Inkyoung Kim，2015)；有如大气污染与生活质量和健康的关系研究(Simon Luechinger，2012；Michelle L. Bell，2016)；又如对人们的观念、知识等社会因素与雾霾关系的实证研究(Laura De Pretto，2010)；还有如跨界大气污染国际合作方面的研究(Sophie Perrin，2011)。还有国内学者研究跨界环境影响评价在跨界环境污染领域的运用(陶希东，2010)，也有学者梳理美国跨界大气环境及对我国的借鉴意义(汪小勇等，2012)。

(3) 区域大气污染联合防治具体问题研究

区域大气污染联合防治具体层面的研究，例如关于区域 PM2.5 监测能力建设与重点区域大气污染防治的研究(李健军，2013)，大气污染的空间关联与区域间防控协作研究(白永亮、郭珊、孙涵，2016)，区域大气污染联防联控的法律机制(康京涛，2016)，京津冀一体化与区域空气质量管理研究(张世秋，2014)，区域空气污染治理背景下府际空气生态补偿机制研究(郭高晶，2016)，区域大气污染空间效应及产业结构影响(马丽梅、张晓，2014)，区域大气质量的治理研究(王金南等，2013)。

2. 现有研究的不足或有待深化的方面

(1) 区域大气污染防治的基础性研究对区域大气环境的规律和区域大气污染防治的本质问题的认识有待深化，对区域大气污染联合防治难的根本原因研究不够。这要求进一步深化区域大气污染防治的基础研究，对大气生态环境的整体性和系统性特征，以及大气污染行政管理体制的演进进行深层剖析。对区域大气污染府际合作治理基础理论的关注较多，涵盖了诸多领域；而区域大气污染府际合作治理如何具体展开和相关具体措施的研究则比较薄弱。总体而言，宏大叙事较多，具体建构较少；理论研究偏多，实证分析相对匮乏，尤其缺乏法律制度规范化研究。

(2) 跨界大气污染防治与区域污染联合防治在基本原理和具体措施应对方面既有相似之处，也有显著区别。可以探寻跨界大气污染的制度资源，但是现有跨界大气污染的研究无法涵盖区域大气污染府际合作治理问题。

（3）既有的区域大气污染联合防治具体问题研究还未形成具有逻辑关联的体系化研究。本书研究的侧重点是政府如何行为，以及政府如何合作，从这个视角出发，关于区域大气污染联合防治的合作机制、区域大气污染纠纷解决机制、区域大气污染防治公众参与等方面的研究都有待深化。

（4）实证研究不充分。现有研究集中在京津冀、长三角和珠三角等几个重点区域的已有实践经验，对区域内各城市的关系定位、发展模式以及实践措施的实证研究比较缺乏。如何结合实践中出现的难题进行区域大气污染府际合作治理理论创新，以及如何将区域大气污染府际合作治理的理论研究与区域大气污染应对的实践结合起来，以谋求更高效、更精准和更切合实际地解决具体问题，这是本书研究和创新的主要内容。

（二）区域大气污染府际合作治理研究价值

第一，区域大气污染府际合作治理研究的理论价值。如何因应区域协同发展的背景需求以适时变革区域环境管理体制，这是当下一个顺应时势的重要命题。区域大气污染府际合作治理这个命题关涉到我国大气污染防治行政管理体制、纵向政府关系和横向政府关系、行政组织结构设置、政府环境质量责任、环境治理、司法管辖、污染纠纷解决、生态补偿、风险预防等各方面问题。本书将对国家与地方的相关法律法规和政策进行文本分析，并结合区域大气污染府际合作治理的实践样本，从上述多个视角进行理论创新，以构建体系化的区域大气污染府际合作治理对策。本项研究对现有政策和立法所进行的文本研究和理论分析是对我国环境污染监管体制和区域环境治理理论的极大丰富，也对传统污染防治法理论提出挑战。本项研究可以从理论层面完善我国的污染防治法体系、污染防治管理体制和区域环境治理制度。

第二，区域大气污染府际合作治理研究的实践意义。如何有效应对区域大气污染问题正日益成为公众关注的焦点，区域大气污染府际合作治理新范式也需要有相应的法律制度予以保障。本项研究的制度应对研究包括实体制度体系，也包括了利益协调和纠纷解决这些程序性的机制。本项研究也具有实践探讨的面向，其为区域大气污染协同治理提出有效应对措施，为提升区域大气环境质量提出有效对策，以及为区域环境协同治理提供实践样本。目前，全国几大城市群都面临着严重的区域复合型大气污染。区域复合型大气污染对生命健康和财产安全造成了极大的损害，也对研究区域大气污染防治模式提出了尖锐的挑战和全新的思路。本书探讨政府在区域大气污染联合防治中如何作为，这在区域大气污染联合防治和区域大气环境质量维护中起主导作用。

　　值得一提的是,《2017年两会政府工作报告——2017年3月5日在第十二届全国人民代表大会第五次会议上》开创性地提出"粤港澳大湾区"城市群发展战略,以珠三角区域发展为基础,深化珠三角与香港特别行政区和澳门特别行政区的合作关系,发展世界级的湾区城市群。本书对区域大气污染府际合作治理的法律问题之研究也是对粤港澳大湾区城市群发展的实践探讨,它可以为其他城市群的发展提供可资借鉴的模式。可以说,本书所研究的区域大气污染府际合作治理模式,既契合区域大气污染应对的现实状况,又符合国家层面打造和提升区域一体化的战略定位。

第一章 区域大气污染府际合作治理新范式

如今困扰我国的区域大气污染呈现出不同于上个世纪的显著特征。混合煤烟、臭氧、酸雨、细颗粒物和粉尘的区域复合型污染日益加剧，成为制约社会经济可持续发展的重要因素。近几年频繁发生的雾霾和区域重污染天气引发了人们对区域大气污染防治和区域大气环境治理的深层思考。[①] 区域大气污染治理给现行环境管理模式带来了巨大的挑战，仅从行政区划的角度考虑单个城市大气污染防治的管理模式已经难以有效解决当前愈加严重的大气污染问题，区域内各地方政府协同治理区域大气污染的模式亟待构建和研究。

第一节 区域大气污染和区域大气环境阐释

一、区域大气污染界定

（一）区域的法律意蕴

通常情况下，区域可以在几个层面上来界定：第一，区域是地理学的概念，其标志着地球表面划定出的具有一定范围和边界的空间单位。第二，区域也可以是法学概念。为了便于对不同区域进行行政管理，我国的《宪法》以及宪法性法律规范将国家领域划分为若干层级的行政单元。[②] 立足于区域一体化实践，区域可能是跨省区的区域，如京津冀区域、长三角区域、泛珠三角区域，也有可能是省域范围内跨县、地市级的区域，如长株潭区域等。我国《重点区域大气污染防治"十二五"规划》（2012 年 10 月）提出了应当重点监管的几个大气污染区域，这部规划划定的重点监管区域

---

① 刘毅：《雾霾中还藏着多少秘密》，载《人民日报》2017 年 4 月 1 日 09 版。
② 李煜兴著：《区域行政规划研究》，法律出版社 2009 年版，第 22 页。

主要有京津冀、长江三角洲(以下简称"长三角")、珠江三角洲(以下简称"珠三角")地区、武汉周边城市圈、长株潭城市圈等。应当强调的是,本书的研究不局限于这些区域,在实践中,区域可能是跨省区,如京津冀区域、长三角区域、泛珠三角区域、粤港澳大湾区,也有可能是省域范围内跨县、设区的市的区域,如长株潭区域等。只要是由于大气污染的流动性造成的城市群污染都适用本书的研究,也都是本书的研究对象。

(二)区域大气污染的特征

作为本书研究对象的区域大气污染是指在我国境内的城市群产生的大气污染转移和大气污染累积。区域大气污染可以发生在相邻行政区域之间,也可以发生在不相邻的行政区域之间,但是范围限定在我国境内。区域大气污染集中在几大城市群,诸如京津冀、长三角和珠三角等,往往以雾霾的形式频现,对普通民众的身心健康造成了极大的损害。有数据显示,区域大气污染对人体健康造成显见的或者是潜在的影响。PM2.5的浓度与人体健康和呼吸道疾病有直接的关系。[1] 与各种大小发电厂排放二氧化碳从而造成全球变暖相比,细颗粒物不仅会污染中国的城市空气——世界十大污染最严重的城市中七个都在中国——还会进入全球大气环流并沉降到世界各地,位于美国加州太浩湖附近山区的空气过滤器都因煤烟而变黑了,洛杉矶地区的绝大部分细颗粒空气污染物也都来自中国。[2] 大气污染在区域内的累积和转移不仅危害人群身体健康,还对区域内工业和农业发展造成了威胁,从而成为制约经济和社会可持续发展的重要因素。

治理和应对区域大气污染所形成的法律关系相对复杂。从法律关系的属性角度分析,既有排污者和受害者之间的民事法律关系,也有区域内不同行政区人民政府、环境管理部门和其他相关行政主管部门与行政相对人之间的行政法律关系。从法律关系层级角度分析,有区域内同级别行政区之间的横向关系,还有不同层级之间的纵向关系。对这些复杂的关系,我们需要进行识别和区别对待。区域大气污染不同于传统的以煤烟粉尘为污染物质的大气污染形式。区域大气污染常常是混合了臭氧、粉尘、煤烟、细颗粒物(PM2.5)和酸雨的复合型大气污染。从经济评估角度分析,PM2.5污染造成的过早死亡带来的损失包含三类:受污染影响所产生的

---

[1] Richardson, Elizabeth A., et al, Particulate air pollution and health inequalities: a Europe-wide ecological analysis, International Journal of Health Geographics, 2013, 12: 34 – 55.

[2] [美]马立博著:《中国环境史:从史前到现代》,关永强、高丽洁译,中国人民大学出版社2015年版。

直接经济损失、由直接经济损失所引发的间接经济损失和污染导致的精神上与心理上的无形损失。① 区域复合型大气污染显然不同于传统的大气污染形式。复合型大气污染指的是大气中存在多种污染物质的混合，各种污染物质互相作用，从而形成复杂的大气污染体系。复合型污染的损害后果往往比只具有单纯的某一种污染物质的污染所造成的损害后果更为严重，比如雾霾的形成、大气环境质量急剧下降、大气能见度下降等。② 在实践中，我国以及国际上针对跨界水污染的治理方式和立法比较成熟，而应对区域复合型大气污染的立法和实践则相对不成熟和不完善。这就对我国大气污染治理模式提出了新的挑战，当然这也提供了大气污染治理模式发展的新契机。区域性复合型的大气环境问题给现行环境管理模式带来了巨大的挑战，仅从行政区划的角度考虑单个城市大气污染防治的管理模式已经难以有效解决当前愈加严重的大气污染问题，因此亟待探索建立一套全新的区域大气污染防治管理体系。③

二、区域大气污染成因

区域大气污染作为一种新型的污染形式，其正发生得越来越频繁。为了有效地应对和治理区域大气污染，有必要探寻区域大气污染的形成原因，本书认为主要有如下几个方面的原因：

（一）区域大气污染因子累积和叠加

区域大气污染不同于传统的以煤烟粉尘为污染物质的大气污染形式。区域大气污染常常是混合了臭氧、粉尘、煤烟、细颗粒物（PM2.5）和酸雨的复合型大气污染。区域复合型大气污染的治理模式显然不同于传统的大气污染治理形式。流行病学中的剂量—反应关系式建立了空气污染浓度与健康效应的数量关系。从效应发生的时间角度来看，空气污染导致的健康效应包含急性效应和慢性效应。④ 这个数据根据"微粒子"这个术语的两个不同尺寸来阐释当前的大气污染。对于中国大气污染而言，最关键的是直径小于2.5微米的PM，其大约相当于人的一根头发宽度的三十分之一。PM2.5足够小，以至于它能够穿过人的肺和血管，甚至能够导致某些

---

① PervinT，GerdthamU，Lyttkens CH. Societal costs of air pollution-related health hazards：are view of methods and results，Cost Effectiveness and Resource Allocation，2008，6(19).

② 曹锦秋、吕程：《联防联控：区域大气域大气污染防治的法律机制》，载《辽宁大学学报（哲学社会科学版）》2014年第6期。

③ 《重点区域大气污染防治"十二五"规划》（2012年10月）。

④ PopeIII CA，Dockery DW. Health effects of fine particulate air pollution：lines that connect. Journal of the Air&Waste Management Association，2006，56(6)：709–742.

器官的严重损害。①

区域大气污染之所以成为公众广泛关注的焦点,很大程度上与区域大气污染和区域环境的特征及其所产生的影响有关。当前频仍的区域大气污染已不同于上个世纪以煤烟为主的大气污染,而是呈现出一种混合了煤烟、汽车尾气、细颗粒物、粉尘等多种污染物的复合型大气污染。区域复合型污染会引致系统的且常常是不可逆的人身损害,而且这些损害一般是潜在的。和成人相比,孩子们更容易受到大气污染的伤害,这些伤害一方面通过自然状况和环境质量的恶化对孩子施加影响,另一方面则通过社会因素对孩子施加影响,例如通过冲突、经济制裁、移民等对孩子造成潜在影响。作为主要的受害群体,孩子总体来说从社会因素中受影响更多。② 当人们探讨地方环境质量的时候,很多由于污染对环境质量产生的否定性结果被揭示出来;同时,也有人强调环境污染的客观方面和主观方面的衡量。③

大气污染区域联防机制是一项系统工程,除以往常规性的监管措施外,还应至少协调建立污染防治的统一规划、联合监测、信息共享和公开、联合预警、联合应急响应等具体措施。包括灰霾在内的大气污染具有自然区域性,其监管不能以人为划分的行政区划代替之,而须由区域内各相关地方人民政府综合协调监管和防控。④ 近年来,我国多地遭遇雾霾天气,在京津冀、长三角、珠三角、长株潭、武汉城市圈等经济发达区域已经出现了严重的区域性复合型大气污染。⑤ 实践中,以京津冀区域为例,京津冀区域大气污染府际合作治理的组织机构可以由环境保护部牵头或者三省市协商建立;京津冀区域大气污染府际合作治理机构负责制定京津冀区域大气污染府际合作治理的规划,基于各省市的城市功能定位分配各种污染减排计划和产业结构优化计划,建立京津冀区域大气污染府际合作治理的监督检查机制以及其他保障机制等。⑥ 对区域内大气污染物的总量实现

---

① Gloria S. Riviera, Pollution in China: The Business of Bad Air, World Affairs, Vol. 176, No. 1(MAY/JUNE2013), pp. 43 - 50.

② Janet Currie and Olivier Deschênes, Children and Climat Change: Introducing the Issue, The Future of Children, Vol. 26, No. 1, Children and Climate Change, (Spring2016), pp. 3 - 9.

③ Leena Karrasch, Thomas Klenke, JohanWoltjer, Linking the ecosystem services approach to social preferences and needs in integrated coastal land use management-A planning approach, Land UsePolicy, 38(2014)522 - 532.

④ 竺效:《创建大气污染区域联防联控机制》,载《中国社会科学报》2014年1月10日第A06版.

⑤ 马中、石磊、崔格格:《关于区域环境政策的思考》,载《环境保护》2009年第13期.

⑥ 屠凤娜:《京津冀区域大气污染联防联控问题研究》,载《理论界》2014年第10期.

控制应当遵循两个基本目标：其一是对区域内大气污染物总量实施控制的目标是改善和提升区域环境质量；其二，区域大气污染物总量控制是解决区域性复合型大气污染问题的有效途径。[①]

（二）区域内各行政区政府协作不充分

地方保护主义和地方经济发展至上的理念是区域大气污染形成的主要推手。一个地区的发展观念左右地区产业结构和经济增长模式。通常情况下，一个区域中排污最多的企业往往是利税大户，政府如果追求 GDP 高速增长，则必然会对这些企业睁一只眼闭一只眼。因此，地方政府的绩效考核目标和绩效考核标准对政府是否监管到位起着关键作用。这是从区域污染来源，也就是污染物源头的角度来分析区域大气污染的形成原因。政府越权操作或者不作为在实践中很普遍，这主要是由于环境监管涉及部门众多，而各个部门之间的权限划分不清晰，如此便导致行政部门怠于监管或者疏于监管。比如对大气排污者的监管不力，大气污染物一旦排放至空气中就很难监管，这种特点造成了很多偷排的情况。如果政府环境监管部门和其他相关部门懈于污染源监管，则很容易造成区域中污染物质超过大气污染物排放标准。

区域内的大气污染物因子容易受到区域气候变化和气象条件的影响而进行长距离的且通常是跨行政区的迁移。从源头考察区域大气污染可以发现，地方政府的经济社会发展理念会影响其对排污者的适当监管。那么污染一旦排放，区域内不同政府之间的协作不充分也会加剧污染物的累积和转移。如果是污染物还未排放的场合，区域内不同政府间的协作不充分也无法起到预防和减少排污的效果。在 2014 年新修订的《环境保护法》和 2015 年修订的《大气污染防治法》出台之前，我国在环境协同治理方面的机制主要是通过规范性文件的形式加以规定。尽管这种"软法"性质的规范能够在一定程度上弥补法律规范的不足和缺失，并成为正式立法的法律资源[②]，但是其执行力有限。因此，在两部重要的环境立法修订出台之前，我国区域大气污染政府间合作机制相对松散和低效，这也同样会加剧区域内大气污染的累积和区域大气环境质量的下降。

（三）自然条件影响

2016 年，京津冀最严重的雾霾天气往往发生在冬季，原因是受大气环

[①] 王金南、宁淼、孙亚梅：《区域大气污染联防联控的理论与方法分析》，载《环境与可持续发展》2012 年第 5 期。

[②] 周旺生：《重新研究法的渊源》，载《比较法研究》2005 年第 4 期。

流等影响,大气污染物质很难扩散,从而在京津冀区域内累积和叠加,并最终造成区域内的低能见度和雾霾天气。这也是为什么京津冀区域的雾霾天气在春季和夏季较少发生。相比水污染,大气污染更容易受到气候、地形、风向、大气环流等自然条件的影响而呈现传输性,而风力的强弱也会影响污染物的扩散。① 因此,自然条件也会对区域大气污染的形成和加剧起到至关重要的作用。分析区域大气污染形成的诸多原因是有效应对区域大气污染的前提。

三、区域大气环境属性

与区域大气污染密切相关的另外一个关键词是区域大气环境,区域大气环境也是府际合作治理的对象。区域大气环境质量维护和提升是府际合作治理的目标。

(一)公共物品的特点

如何判断区域大气环境是否是公共物品?公共物品主要有两个决定性的特点:第一,公共物品的消费具有非排他性,即一个人对公共物品的消耗不会使得他人的获益减少;第二,公共物品的消费具有非竞争性,即公益物品每增加一单位的消费,其边际成本为零。② 从这两个角度分析区域大气环境,我们可以确定区域大气环境是典型的公共物品。一方面,一个人对区域大气环境的消耗不会减少他人从区域大气环境中的获益;另一方面,某人对区域大气环境的消费不会产生边际成本。把握和确定区域大气环境的公共物品属性,关键在于引申出区域大气环境治理的制度逻辑。对区域大气环境的治理不同于私有物品,公共物品的制度逻辑所产生的政治社会效应在于,在一个充满信任、团结和宽容的社会治理体系中,人们依靠互惠和合作能够将自己和共同体的利益在一个由高度信任维系的制度中最有效的实现。③

(二)区域大气环境是公共物品

区域大气环境可以称得上是一种急需的"公共物品"。公共物品有两个决定性的特征,即某人从公共物品获益并不会使得其他人的获益减少,

---

① Bergin M S, West J J, Regional Atmospheric Pollution and Transboundary Air Quality Management, Annual Review of Environment and Resources, 2005,30: 1-37.
② 毛寿龙、李梅著:《有限政府的经济分析》,上海三联书店 2000 年版,第 15—159 页。
③ 孔繁斌著:《公共性的再生产:多中心治理的合作机制建构》,江苏人民出版社 2008 年版,第 97 页。

并且不可能限制仅让那些进行了支付的人获利。[1] 即使现在清洁生产和工业生产减排的技术已经发展得很完善了,但是工业生产产生的废气,以及交通和由此产生的废气仍然是人体健康的一个很大的风险。[2] 值得注意的是,区域大气环境的公共物品属性也很容易导致"囚徒困境"和"搭便车"现象。由于区域大气环境是公共物品,所以每个排污企业向大气中排放污染物的行为的实质是在利用区域大气环境容量。这种大气环境容量利用行为往往是个体的,但个体行为也容易导致集体不理性,从而导致区域大气环境中污染物的累积和叠加。前文已述,有些地方政府片面追求GDP的增长而忽视了环境对价。而作为排污者的企业只注重企业经营利润至上,也很少会考虑环境成本或者排污对环境质量下降的影响。

从经济学的视角而言,环境质量或者环境容量是典型的公共产品。由于对公共产品的使用具有非排他性和非竞争性,所以对环境质量这样的公共产品的使用容易造成"搭便车"的行为,从而引发"公地悲剧"。由于公共物品具有负外部性而容易导致利用环境质量进行污染者所支付的成本与社会成本不等,因此可能会导致污染管理的低效率。这些公共资源或者公共环境不可能成为私人占有和收益的对象,因为每个人对它的占有和享有都不需要支付对价。然而,由于环境质量具有公共物品属性,所以它极容易产生"公地悲剧"。在一个信奉公地自由的社会中,每个人都追求本人的最好利益,而整体则是走向毁灭的终点,公地自由带来的是整体的毁灭。国家公园是公地悲剧的一个例子,由于国家公园没有限制地对外开放,所以国家公园的生态价值正在逐渐减弱。全球海洋也因引用"公地随意使用"的哲理而受到残害,持有"公地随意使用"和"四海自由"的人们相信海洋有取之不尽的资源,这种观点导致了大面积的捕杀鱼类和鲸鱼,从而使得他们几乎灭绝。[3] 公地悲剧的另一方面是污染问题,污染问题不是向公地或者公共物品索取,而是向公共环境之中排放污水、化学或放射性污染物质,或者向空气中排放硫化物等,从而引起环境质量下降。[4] 污染者使用的正是环境容量或者环境质量这一类公共物品。对环境质量这类公共

---

[1] 〔美〕约翰·D. 多纳休、〔美〕理查德·J. 泽克豪著:《合作激变时代的合作治理》,徐维译,中国政法大学出版社 2015 年版,第 33 页。

[2] Air quality guidelines for Europe, Copenhagen, WHO Regional Office for Europe, 1987, WHO Regional Publications, European Series, No. 23.

[3] Garrett Hardin, The Tragedy of the Commons, Science, Vol. 162, 13 DEC, 1968, pp 1243-1248.

[4] Garrett Hardin, The Tragedy of the Commons, Science, Vol. 162, 13 DEC, 1968, pp 1243-1248.

物品的使用,和公共资源一样,每一个理性人都认为他向公地排放污染所承担的成本少于排放前清洁污染的成本。因此,大家都倾向于使用这种免费的环境公共物品。

政府是最恰当的公共物品的提供者。清洁的空气和良好的空气质量是政府能够提供给老百姓的最好的公共福祉。① 区域公共物品的表现形式不仅仅有地区公共物品,还有国际范畴的公共物品,或者跨越两个以上不同部门或者区域的公共物品。② 从这个意义上来说,区域大气环境正是跨越几个不同区域的环境公共物品。因此,区域大气环境不仅仅具有公共物品的属性,同时还兼具跨区域的特性。区域大气污染还有可能引起气候变化。通过焚烧大量的化石原料,人类行为已经释放了大量的二氧化碳和其他温室气体,并且这种排放一直在持续。温室气体通常存在于大气之中,其对大气生态环境造成损害,且温室气体通过温室效应造成全球气候变暖。③ 气候变化作为最显见的环境风险,受其影响的群体是不特定的,这也恰当地论证了大气环境质量的公共物品属性。对区域大气环境的治理既要考虑到公共物品的治理之道,同时也要兼顾跨区域公共物品的治理效率。对区域大气环境的治理应当从制度层面应对"囚徒困境"和"搭便车"现象,同时也要考虑区域大气环境涉及不同行政区的特点。

第二节　区域大气污染府际合作治理的理论证成

一、区域大气污染特点决定府际合作治理

（一）区域大气污染通常发生在城市群

城市群发展是我国经济发展的全新模式,这些在地理上接近且在产业结构上相似或者互补的城市群往往抱团发展经济。城市群发展可以扩大城市经济发展的规模,但是城市群经济高度发展的过程中也出现了伴生物——城市群大气污染。其中,我国重点发展的京津冀、长三角、珠三角、

---

① Mel. W. Khaw, Denise A. Grab, Michael A. Livermor, Christian A. Vossler, Paul W. Glimcher, The Measurement of Subjective Value and Its Relation to Contingent Valuation and Environmental Public Goods, PLoSONE 10(7).

② 姜丙毅、庞雨晴:《雾霾治理的政府间合作机制研究》,载《学术探索》2014 年第 7 期。

③ Timo Kuosmanena, Neil Bijsterboschb, c, Rob Dellinkb, d, Environmental cost-benefit analysis of alternative timing strategies in greenhouse gas abatement: A data envelopment analysis approach, Ecological Economics, 68(2009), pp. 1633 - 1642.

长株潭等区域的区域大气污染尤为严重和引人关注。为什么区域大气污染常常发生在城市群？究其原因是因为城市群聚集了更多的人口和工农业。越是发达的城市群,其工业的规模也越大,但其对自然资源的消耗也更严重并且排污行为也更普遍,加之人口增长导致碳消耗增加和汽车尾气排放量大,再加上"热岛效应"的作用,因此城市群往往也是污染集中的地方。近年来中国出现的大范围严重雾霾天气也多发生在城市。人口密度越大,经济规模越大,能源需求越高,大气污染也就越严重。[①] 环境规制是改善生态环境质量的重要措施。为了充分发挥环境规制在改善生态环境质量中的作用,我们必须要优化区域经济结构,以形成城乡一体化可持续发展的模式。如此才可以更好地发挥环境规制在改善生态环境方面的优势,使其成为改善生态环境的主要推动力。[②]

最近,国家环保部及地方环保部门公布的几十年的数据也显示,人口密度越大、城市机动车保有量越大以及经济越发达的区域,发生酸雨和雾霾天气的频率也越高。区域大气污染主要集中在城市群,这些城市群也是国家重点发展的区域。那么,对城市群或者区域大气污染的治理应当首先考虑这种特性,从而基于区域特点对区域大气污染进行防治以及对区域大气环境进行治理。对经常发生在城市群的区域大气污染,我们亟需建立区域复合型污染的协同控制制度体系,从而通过区域内不同行政区之间的协调、决策和管理来优化城市群产业结构,解决区域大气污染问题,促进区域可持续发展。[③]

（二）大气污染易在区域之间转移

由于区域内不同行政区在地理上接近,而且他们往往属于同一个生态系统,所以大气污染容易在区域内不同行政区之间转移。前文已论证,区域内大气污染呈现出复合型污染的趋势,复合污染因子在转移的过程中也容易发生累积和相互作用,从而更加剧了污染状况。[④] 区域大气污染容易发生在城市群,且区域大气污染的转移和累积容易受到气候、风向、地理地形影响,因此区域大气污染兼具自然属性和社会属性。对区域大气污染的

---

① 汪克亮、孟祥瑞、杨宝臣、程云鹤：《技术异质下中国大气污染排放效率的区域差异与影响因素》,载《中国人口·资源与环境》2017年第1期。

② 郝锐、霍丽：《基于环境规制的城乡发展一体化研究》,载《西北大学学报(哲学社会科学版)》2017年第5期。

③ 王自发、吴其重：《区域空气质量模式与我国的大气污染控制》,载《科学对社会的影响》2009年第3期。

④ Bergin M S, West J J, Regional Atmospheric Pollution and Transboundary Air Quality Management, Annual Review of Environment and Resources, 2005, 30: 1-37.

治理需要考虑其自然属性和社会属性。从自然属性的角度考虑,应当基于大气污染容易受到自然因素影响的特点,运用物理、化学、经济手段和政策措施对区域大气污染进行治理。从社会属性的角度考虑,区域大气污染与行政区划并非完全一致,基于行政区划对区域大气污染进行治理应当考虑区域大气污染的生态整体特点,而不能完全以行政区划为单位将区域大气环境割裂成每一个小单元单独进行治理。这就要求在区域内不同行政区之间合作治理区域整体大气生态环境。

对环境问题的正确认知是采取良好环境治理措施的基本前提。区域大气污染和区域大气环境的特质要求不一样的规制模式。环境问题具有系统性、动态性和复杂性的特征,这些特征使得环境问题的治理自工业文明以来就一直是对人类的巨大挑战。环境问题的系统性意味着需要从多个角度来理解环境问题,环境问题治理需考虑多重因素,也意味着需要从生态环境系统整体的角度来考虑环境保护和实施环境治理。环境问题的复杂性意味着环境问题涉及主体多,且不同的主体存在不同的激励和约束因素。公民个人、企业、地方政府、省直部门、省政府等都可能对环境保护产生积极影响或消极影响。只有良好的制度才能产生良好的激励。[1] 府际合作治理区域大气污染由区域大气污染的特点和区域大气环境的公共物品属性决定。属地主义治理区域大气污染的规范基础是现有的《环境保护法》和《大气污染防治法》。在不改变政府环境监督管理权限的前提下,区域府际合作治理的目的是运用合理的制度体系来更大地发挥政府之间合作的力量,以应对区域大气污染这种新型的污染形式,从而最大程度地增进公共利益。

(三)大气污染边界与行政区边界不一致

区域大气生态环境是一个整体,区域大气环境不会因为行政区划而割裂开来,区域大气污染也不会按照行政区划进行流动,而是在相当广阔的空间内自由流动。一般而言,一个区域的大气环境与区域地形、气候、水系、土壤等其他子生态系统息息相关。从社会因素的角度解析,一个区域的经济发展模式和经济发展水平也会影响区域整体大气环境状况。然而,有一个显见的矛盾是在大气污染的流动边界如果与行政边界不一致的状况下,对区域大气污染如何治理?对区域大气环境如何维护呢?这对传统的依据行政区划来管制大气污染的旧有模式提出了尖锐的挑战。区域大

---

[1] 李文钊著:《国家、市场与多中心中国政府改革的逻辑基础和实证分析》,社会科学文献出版社2011年版,第285页。

气污染和区域大气环境的属性决定了必须采用一种全新的应对区域大气污染的模式,这就是区域内不同行政区联合防治区域大气污染。这种规制方式的变革在区域大气污染防治主体、防治机制、防治理念、防治措施等方面均与此前的依据行政区划进行大气污染防治的模式有本质的区别。可以说,是新出现的区域大气污染这个现象决定了必须采用全新的模式对区域大气污染进行规制。

二、区域大气环境属性要求府际合作治理

(一)区域大气环境公共物品属性

公共物品是一个熟悉的概念。公共物品的权利自从中世纪的盎格鲁—撒克逊时代以来在英国和欧洲大陆的实践中就一直存在。[①] 区域大气环境具有公共物品的属性,这在前文已经论证。此处必须强调的是,区域大气环境不仅是公共物品,而且还兼具公益品和公害品两种特征。何谓公益品和公害品?主要指的是,一方面区域大气环境的提升能够满足所有人的非排他和非竞争的需要;而另一方面,区域大气环境质量的下降也会对所有人产生非排他的损害。[②] 生态影响对人体健康也会产生重要影响。例如,主要的城市污染物对植物和动物都有影响,硫化物对动植物和生物圈也有影响。对这些污染物质对生态系统的影响进行研究是重要的,这种重要性在于这些污染物的分布广泛,而且他们在生态系统中的长期累积对人体健康将产生长远的损害。[③]

进一步分析区域大气环境的公共物品属性还可以发现,区域公共物品不仅仅存在于一定的地域范围内,而且还存在于跨界、跨地区,甚至跨国界的范畴。从这个意义上来说,我们称其为区域公共物品。区域公共物品具有明显的地理依赖性和外部性特征。[④] 对区域公共物品的治理依赖区域性知识和区域治理工具。地方性知识是文化人类学家格尔茨的重要概念,其是指在一定情境(如历史的、地域的、民族的、种族的等)中生成并在该情

① Heinvan Gils, Gerhard Sieg, Rohan MarkBennett, The living commons of West Tyrol, Austria: Lessons forland policy and land administration, Land Use Policy, 38(2014), pp. 16 - 25.

② 张世秋:《中国环境管理制度变革之道:从部门管理向公共管理转变》,载《中国人口·资源与环境》2005 年第 4 期。

③ Air quality guidelines for Europe. Copenhagen, WHO Regional Office for Europe, 1987, WHO Regional Publications, European Series, No. 23.

④ 姜丙毅、庞雨晴:《雾霾治理的政府间合作机制研究》,载《学术探索》2014 年第 7 期。

境中得到确认、理解和传承的知识体系。① 区域性知识的范围很广,只要是区域范围内的一切历史的、地域的、民族的、传统的、现代的、文化的、经济发展的相关知识体系都可以成为区域性知识。那么,对区域性公共物品的治理就应当尊重并建基于区域性知识体系。例如,构建基于区域生态环境的区域大气治理信息系统。区域大气治理信息系统中信息的收集应基于区域内不同行政区的治理大气污染数据。将这些数据收集和整合,并供给区域内不同行政区环境监管机关、排污者和公众查询,以作为监管的基础知识,从而提高区域大气环境治理的效率。② 基于环境污染的负外部性和污染排放的规律性,大气污染在市域间表现为一种环境利益网。市域间存在不同程度的外部环境福利损失,并逐渐形成污染的利益关联,但其在治理过程中却陷入"公地悲剧"的困境,从而表现出一种个体行动的低效与动力不足,因而在市域间开展防控协作是有效治理大气污染的必然选择。通过防控协作可以实现环境利益融合,从而在共治过程中重新实现利益分享。③

由于区域大气环境的公共物品属性,对区域大气环境的治理还会产生正外部性。现有的实践经验显示,对区域大气污染进行有效率的联合防治会对区域环境质量产生正外部效益。④ 大气污染毫无疑问是最引人注目的公共健康问题,关于大气污染和人体健康的关系在全世界范围内引发了广泛的研究和讨论。⑤ 区域内的排污者与受污染危害的群体的角色往往不是固定的。有些状况下,一方是污染制造者,另一方是损害接受者;而有些状况下,情况又完全相反了。⑥ 这种复杂的状况是由于大气污染的强流动性和区域大气环境的公共物品属性决定的。因此,在区域大气污染防治和区域大气环境治理过程中,涉及到的利益主体非常多,而且经常是不特定的利益主体。这些利益主体之间的利益分配和权利博弈也非常复杂,能

① [美]克利福德·吉尔兹著:《地方性知识——阐释人类学论文集》,王海龙、张家宣译,中央编译出版社 2000 年版。

② 赵新峰、袁宗:《区域大气污染治理中的政策工具:我国的实践历程与优化选择》,载《中国行政管理》2016 年第 7 期。

③ 白永亮、郭珊、孙涵:《大气污染的空间关联与区域间防控协作——基于全国 288 个地市工业 SO_2 污染数据的空间统计分析》,载《中国地质大学学报(社会科学版)》2016 年第 5 期。

④ 张世秋、万薇、何平:《区域大气环境质量管理的合作机制与政策讨论》,载《中国环境管理》2015 年第 2 期。

⑤ Frank J. Kelly, Julia C. Fussell, Air pollution and public health: Emerging hazards and improved under standing of risk, Environ Geochem Health (2015)37: 631 - 649.

⑥ 张世秋、万薇、何平:《区域大气环境质量管理的合作机制与政策讨论》,载《中国环境管理》2015 年第 2 期。

否有效地应对这些利益关系与协调各方利益,这取决于是否建立起了常态化的区域大气污染治理机制。这就是为什么必须依据区域大气污染和区域大气环境的特点来构建制度化的区域合作治理机制的原因。

（二）公共物品治理要求政府行政的公共性

由于区域大气污染的特点和区域大气环境的公共属性,治理区域大气污染和大气环境的政府行为不可避免地具有公共性。一个良好的政府必须为公民提供优质的公共产品、公共服务和公共管理。[①] 政府行为的公共性表现在几个方面:第一,政府机构的成立出于公共服务的需要,政府成立和运行的基础是解决社会公共问题,以及维护社会的公共利益和每个公民的利益,而不是为某个特殊的利益集团服务。第二,政府行政过程的公共性要求政府职能和政府角色的变化。政府职能应当涉及更多的公共服务。政府的角色应当发生嬗变,即弱化过去的威权管制,而是更多地成为公共产品的生产者和公共服务的提供者。[②] 政府的治理手段也应当更为多元,从过去的"掌舵"转变为发动团体、企业和公民广泛参与行政事务,以及扩张市场化手段。仅仅依靠政府环境管制在资源优化配置方面存在内在的局限,也无法达到最高效的环境风险规制。以市场化机制为补充的风险评估制度则可以超越传统的"命令—控制"型行政管制方法之弊端。在区域大气污染防治和区域大气环境治理领域,市场化的手段也可以保障更多的社会机构和公众参与到大气环境治理过程中。政府这个时候应该更多地退隐,从管理者退隐为监督者和引导者。

（三）区域大气环境的公共物品属性要求区域大气污染府际合作治理模式

由于环境的区域性特点,环境作为公共物品只能在有限的地域范围内来考察供给效率。地方政府提供的地方性公共物品最能迎合该地区居民的偏好,因而也是最有效率的。由于环境的区域差异性和复杂性,以及由此带来的信息获取的困难性,环境治理必定不是单一中心的集权统治,而是分散的。现代环境法运用的是分权化的管理运作,既有地方环境机关的管理,也有区域环境机关的管理。美国 1972 年的《联邦水污染控制法案》和 1987 年的《水质法案》就分别针对点源污染和非点源污染采取了不同的规范措施。为治理点源污染所采取的措施也就是对各种类型的排放源采

---

① 俞可平著:《增量民主与善治》,社会科学文献出版社 2005 年版,第 150 页。
② 何香柏:《我国威慑型环境执法困境的破解——基于观念和机制的分析》,载《法商研究》2016 年第 4 期。

取统一的技术控制手段,其不适用于控制非点源污染。就管理权限而言,非点源污染最好由州和地方机构来解决,因为控制非点源污染的关键在于针对具体的地点,在考虑流域的特点、水体特征、非点源的性质、非点源污染水体用途的破坏状况等情况的基础上,采用灵活具体的管理实践。另一方面,由于各环境要素的特质,环境要素的管理一般由不同的行业部门进行。我国《环境保护法》(2014 年)规定的环境管理体制是统一管理与分别管理相结合的体制。国务院环境保护行政部门对全国环境保护工作实施统一管理,地方则由地方环境保护行政部门对地方环境保护工作实施统一管理。至于"分别管理"则要求与环境管理相关的其他部门在各自职权范围内实施监管,这些部门包括但不限于土地、矿产、林业、农业、水利、公安行政主管部门等。① 可见,在环境管理过程中有各方行政机关的参与的状况存在于各个行政层级。既然在同一个行政层级上有不同的行政主体参与监管和治理大气污染和大气环境,那么如何使得这些行政机关之间的合作达到最佳效果和最高效率呢? 在区域大气污染防治和区域大气环境治理领域,区域政府和行政部门之间联合防治是最有效率的合作方式。②

三、属地治理模式的不足催生府际合作治理

(一)属地治理模式规范基础

大气污染属地治理模式的主要规范依据是《大气污染防治法》(2000 年),其主要表现在如下几个方面:第一,地方人民政府对大气环境质量负责,地方各级人民政府对大气污染的治理以行政区划为基础;③第二,地方大气污染的主管机关主要是县级以上人民政府环境保护部门,公安、交通、铁道、渔业管理等其他部门根据各自的职责,对机动车船污染大气实施监督管理。④ 部门之间的合作限于本行政区域内同级人民政府各机关之间的合作。第三,相邻同级人民政府之间在大气污染防治方面缺少协同合作。大气污染属地治理模式的深层根源是我国的环境管理体制。1989 年的《环境保护法》确立了我国的环境管理体制是"环境保护部门统一监督管

---

① 《环境保护法》(2014 年)第十条。
② 宁淼:《国内外区域大气污染联防联控管理模式分析》,载《环境与可持续发展》2012 年第 5 期。
③ 行政区划的规范基础是 2002 年颁布并实施的《行政区域界线管理条例》,该条例第二条规定,"地方各级人民政府必须严格执行行政区域界线批准文件和行政区域界线协议书的各项规定,维护行政区域界线的严肃性、稳定性。任何组织或者个人不得擅自变更行政区域界线。"
④ 《大气污染防治法》(2000 年)第三条、第四条。

理与其他部门分工负责相结合的管理体制"。① 2014 年修改的《环境保护法》沿袭了这样的环境管理体制。② 这种环境管理体制固然有很多弊端，诸如政府部门在权力分工、纵向协调和横向协调、执法等方面都存在低效率的状况。然而，政府对大气环境公共物品的管理权是颠扑不破的，在政府的环境权力不变的情况下，为了提高大气污染治理效率，我们只能推动政府治理机构、治理机制和治理手段的变革来使政府行为更为符合大气环境公共物品的属性。对于这些问题，我们需要在理论上重新进行思考，并以新时代的治理新科学来重新设计环境管理体制，从而使得这一体制更具有包容性，即能够利用权力逻辑与市场逻辑的优势，并避免两者的缺陷和不足。③ 因此，尽管《环境保护法》（2014 年）和《大气污染防治法》（2015年）④沿袭了这样的环境管理体制，⑤但为了在现有的环境管理体制的框架下更好地治理区域大气污染，《环境保护法》（2014 年）也创新性地提出了构建跨行政区域的重点区域以及建立流域环境污染和生态破坏联合防治协调机制，⑥以求在政府环境管理权的逻辑框架下构建全新的区域大气污染治理模式。历史是重要的，其重要性不仅在于我们可以从历史中获取知识，还在于种种社会制度的连续性把现在、未来与过去连结在一起。现在的和未来的选择是由过去所形塑的，并且只有在制度演化的历史话语中才能理解过去。⑦ 制度是一个社会的博弈规则，或者更规范地说，他们是一些人为设计的、形塑人们互动关系的约束，从而制度构造了人们在政治、社会或经济领域里交换的激励。制度变迁决定了人类历史中的社会演化方式，因而其是理解历史变迁的关键。⑧

（二）属地主义治理模式有悖大气污染和大气环境自然规律

大气污染属地治理模式，简而言之就是地方政府以行政区划为基础各自为政。大气污染治理方面的各自为政表现在各个领域，包括但不限于相邻行政区各自立法、各自规划、各自监测、各自执法、各自监管、各自设定环

---

① 《环境保护法》（1989 年）第七条。

② 《环境保护法》（2014 年）第十条。

③ 李文钊：《环境管理体制演进轨迹及其新型设计》，载《改革》2015 年第 4 期。

④ 《大气污染防治法》（2015 年）第五条。

⑤ 《环境保护法》（2014 年）第六条、第十条。

⑥ 《环境保护法》（2014 年）第二十条。

⑦ ［美］道格拉斯·G. 诺斯著：《制度、制度变迁与经济绩效》，杭行译，韦森译审，格致出版社、上海三联书店、上海人民出版社 2016 年版，第 1 页。

⑧ ［美］道格拉斯·G. 诺斯著：《制度、制度变迁与经济绩效》，杭行译，韦森译审，格致出版社、上海三联书店、上海人民出版社 2016 年版，第 3 页。

境标准等方面。属地治理模式与大气污染和大气环境的自然规律相悖,大气污染物的流动是自然现象,其遵循气象规律和自然规律。大气污染物的流动和转移通常受到大气环流、地理因素和大气化学作用等多重影响,大气污染物是不会根据人为划定的行政区流动的。跨区域公共行政事务治理的重要性和紧迫性日益凸显,其要求打破行政区行政的地域限制,从而促使社会分工体系和资金、商品、技术、人员、信息等市场要素在更大的区域范围内实现资源优化配置,以推进区域经济一体化进程。但是,我国推进区域经济一体化的道路无法像西方国家的城市合作实践那样经历由市场自发推动的、自上而下的、长期合作的自生秩序。[1] 属地治理模式在实践中被证明收效甚微。北京市环境监测数据显示,在多年的监测结果中发现北京地区的大量二氧化硫都是周边地区漂移和流动至北京的。[2] 当然,北京产生的大气污染物也会流动至周边的河北省、天津市等地区。属地主义的治理手段在应对当今的区域大气污染方面显得捉襟见肘。现行的以行政区划为基础,由中央和地方各级人民政府负责的属地治理模式已经成为影响大气污染合作治理效果的重要因素。区域生态系统呈现出一个完整的属性,区域生态系统之中每一种环境要素与其他环境要素之间都存在密切的联系,加上区域内自然资源的公共属性,这些因素决定了对区域环境的治理必须以区域生态环境的整体性为基础实施统一管理,因此要打破区域传统行政区划。[3] 大气污染具有跨地区污染的特征,而且环境产权不明确;同时,当行政区划界限只起到政治权力的空间投影和分割标志的作用时,这条假象分割线却阻隔着跨区域环境治理。[4] 包括灰霾在内的大气污染具有自然区域性,其监管不能以人为划分的行政区划代替之,而须由区域内各相关地方的人民政府综合协调监管和防控。很显然,根据行政区域来管理大气污染与自然规律不相符。区域大气污染防治需要革命性措施,包括区域大气污染防治可采取的指导思想和法治规则的革命措施;区域大气污染防治可采取的能源结构、产业结构与产业布局革命措施;以及区域大气污染防治可采取的制度政策和生活方式革命措施。[5]

---

[1] Leitner H, Sheppard E, Transcending inter urban competition: Conceptual issue and policy alternatives in European Union, State University of New York Press, 1999, pp. 227-243.

[2] 赵喜斌:《霾从何来·北京的车,天津的油,河北的煤》,载《北京晚报》2013 年 1 月 31 日第 18 版。

[3] 江必新:《论环境区域治理中的若干司法问题》,载《人民司法》2016 年第 19 期。

[4] 罗冬林、廖晓明:《合作与博弈:区域大气污染治理的地方政府联盟——以南昌、九江与宜春 SO2 治理为例》,载《江西社会科学》2015 年第 4 期。

[5] 常纪文:《区域雾霾治理的革命性思路及措施分析》,载《环境保护》2016 年第 1 期。

（三）属地主义治理模式无法形成多元主体的合力

通常情况下,区域经济一体化的进程主要通过市场机制来实现。然而,市场也存在失灵的情况,而且市场机制的力量有时候会遭遇行政区划和行政力量的制约。① 按照我国现行的管理体系和法律,地方政府对当地环境质量负责,其采取的措施以改善当地环境质量为目标,但各个城市"各自为战"难以解决区域性大气环境问题。② 这种做法容易造成地方政府片面追求经济发展,而忽略环境承载力。同时,地方保护主义和 GDP 至上的发展观更加会加剧区域大气污染。在一个区域范围内,各行政区之间存在发展程度的差异,从而使得各行政区对大气污染的监管和大气环境质量的需求也存在差异。例如,经济发达的区域往往更倾向于投入更多的力量来保护大气环境质量,而经济欠发达区域则通常更倾向于发展经济。如此,在区域发展过程中容易造成"地方保护主义"和"搭便车"的状况。③ 大气污染属地治理模式忽略了排污地地方人民政府与相邻地方政府之间的关联,即大气污染物易转移至相邻地区地方政府,也忽略了多元主体参与区域大气污染防治和区域大气环境治理的巨大力量。对区域大气污染进行属地治理很容易助长地方保护主义,并且在地方 GDP 至上的政绩观激励下,以行政区划为基础划定大气污染管理范围,以行政区局部经济为中心,以行政区政绩为导向,在行政区内组织生产要素和安排资源,这将使得地方政府缺乏治理大气污染的积极性,从而很容易产生地方政府"搭便车"的行为。

考察美国等发达国家的区域大气污染防治历程可以发现,美国等国家的区域大气污染防治策略经历了如下几个阶段的变化:第一,大气污染防治由行政区扩展至区域范围,甚至全国范围,从而在更为广泛的空间范围内联合防治大气污染。第二,在利益主体方面,考虑更多的利益主体,尤其是不特定的利益主体,只要是受到大气污染损害或者有可能受到大气污染损害的人群都是考虑对象。第三,大气污染的规制目标从单一目标转变为目标体系,从而更为追求效率。第四,更多地关注公众和社会的力量,公众的范围是不特定的,包括专家、社会活动家、普通民众等。早在上个世纪60 年代,美国就认识到大气污染的区域特征,并且基于这个认识设置了区

---

① 叶必丰、何渊、李煜兴、徐健等著:《行政协议区域政府间合作机制研究》,法律出版社 2010 年版,第 1 页。
② 《重点区域大气污染防治"十二五"规划》(2012 年 10 月)。
③ 张世秋、万薇、何平:《区域大气环境质量管理的合作机制与政策讨论》,载《中国环境管理》2015 年第 2 期。

域大气污染应对措施。联邦政府建立了空气质量控制区,全美被划分为247 个空气质量控制区。[①] 区域大气污染防治综合考虑区域生态环境特点、区域环境容量、区域生态承载力、水文地质、气象条件等多种因素。美国还在州的范围内划定空气质量控制区,并对每个控制区适用不同的管制方法。[②] 我国实行的污染物总量控制政策没有考虑不同城市经济发展水平、生态环境敏感性、产业结构等因素差异性,而是采取统一化分配原则,并单纯以污染物总量削减为考核指标而忽略环境质量达标考核,这最终导致了城市控制污染物指标总量削减但城市乃至区域空气质量日益恶化的污染物减排的协同负效应。[③]

区域公共物品的管理主体是多元的,包括政府组织、私人组织和第三部门。区域公共管理是这些多元的主体为了应对区域公共问题,采取协商和调解的方式对区域内各个利益主体进行维护以及建立适当的协调组织进行管理的过程。[④] 认识到区域大气污染的特性和区域大气环境的公共物品属性之后,就有必要破除行政区域的壁垒,加强区域府际合作治理区域大气污染,并在区域内部构建制度化的行政合作机制,以此避免区域环境治理过程中产生的负外部性以及提高区域合作的效率。仅仅依靠污染物排放地人民政府的污染管理既无法应对大气污染的流动和累积,也无法发动民众和公众的力量参与到区域大气污染防治和区域大气环境治理之中。对区域大气污染防治而言,需要统筹考虑区域内各个行政区的经济发展状况和产业结构特点,进行统一协商和统一规划,建立协同合作机制。如果只是简单地依据行政区划来对大气污染源实施监管则很难有效应对新出现的区域大气污染问题。对这种新形式的大气污染,我们必须实施区域内不同行政区联合防治,从理论和实践两个维度探寻区域大气污染治理之道。因此,区域府际合作是应对区域大气污染的逻辑起点。

从区域内各行政区之间的利益关系来看,京津冀、珠三角和长三角等区域一向缺乏"共容性利益",他们也因此在区域环境协同治理方面还未形成非常稳定的利益协商机制和协调机构。而区域大气污染联合防治是大势所趋,从长远看,我们必须研究和探讨如何构建区域大气污染联合防治

---

① 刘向阳著:《清洁空气的博弈环境政治史视角下 20 世纪美国控制污染治理》,中国环境出版社 2014 年版,第 132 页。
② 谢伟:《我国跨区域大气污染传输控制立法初探》,载《社会科学家》2015 年第 8 期。
③ 柴发合、李艳萍、乔琦、王淑兰:《我国大气污染联防联控环境监管模式的战略转型》,载《环境保护》2013 年第 5 期。
④ 张劲松等著:《政府关系》,广东人民出版社 2008 年版,第 254 页。

中的府际合作机制。具体而言,区域大气污染府际合作治理的具体机制包括"五个统一",即统一规划、统一监测、统一评估、统一监管、统一协调。[1]区域内各行政区政府之间的合作有助于产生环境正外部性。京津冀地区是我国经济发展最前沿的区域,同时也是能源消耗量最大和大气污染最为严重的区域。对以京津冀区域为典型代表的重点区域大气污染治理,必须充分考量区域内大气污染的越界转移之特点以及区域大气污染的空间集聚特征和效应,并以此为基础设置区域大气污染协同治理机制。[2]

第三节　区域大气污染府际合作治理的规范与实践

一、区域大气污染府际合作治理的规范基础

（一）现有法律规范和政策

针对重点区域大气污染属地治理模式的弊端,《重点区域大气污染防治"十二五"规划》(2012 年 10 月)提出针对重点区域大气污染实施"联防联控与属地管理相结合"的模式。这部规范性文件开创性地提出区域大气污染联防联控与属地管理相结合,并且提出建立健全区域大气污染联防联控管理机制,实现区域"统一规划、统一监测、统一监管、统一评估、统一协调";根据区域内不同城市社会经济发展水平与环境污染状况,划分重点控制区与一般控制区,实施差异性管理,按照属地管理的原则,明确区域内污染减排的责任与主体。[3] 在此基础上,2014 年修订的《环境保护法》第二十条规定:"国家建立跨行政区域的重点区域、流域环境污染和生态破坏联合防治协调机制,实行统一规划、统一标准、统一监测、统一的防治措施。"该条第二款还规定了跨行政区域的重点区域以及流域纠纷解决方式。继此,《大气污染防治法》(2015 年)"第五章 重点区域大气污染联合防治"对重点区域大气污染联防联控机制[4]、联席会议[5]、重点区域大气污染联合防治

---

① 王红梅、邢华、魏仁科:《大气污染区域治理中的地方利益关系及其协调:以京津冀为例》,载《华东师范大学学报(哲学社会科学版)》2016 年第 5 期。

② 张伟、张杰、汪峰、蒋洪强、王金南、姜玲:《京津冀工业源大气污染排放空间集聚特征分析》,载《城市发展研究》2017 年第 9 期。

③ 《重点区域大气污染防治"十二五"规划》(2012 年 10 月)。

④ 《大气污染防治法》(2015 年)第八十六条。

⑤ 《大气污染防治法》(2015 年)第八十六条。

行动计划①、大气环境标准②、大气污染防治重点区域规划③、重点区域环境监管④、大气污染防治重点区域大气环境质量监测和信息共享机制⑤、联合执法机制⑥等作出了详尽的规定。在区域大气污染防治方面,2014 年修订的《环境保护法》与 1989 年的《环境保护法》相比,以及 2015 年修订的《大气污染防治法》与 2000 年修订的《大气污染防治法》相比,适用了不同的大气污染治理范式,即新《环境保护法》和《大气污染防治法》遵循的是区域大气污染联合防治的模式。

此外,《大气污染防治法》有几处针对大气生态环境的综合防治的规定,包括第二十八条提出建立和完善大气污染损害评估制度等。综合生态系统治理要求运用综合手段对生态系统的各个组成部分进行综合评估、综合考量和综合治理。以水生态系统综合治理为例,综合水生态系统管理和保护要求水量管理、清洁水环境、风险评估、周边人口影响、公众参与、技术手段运用等。⑦ 新《大气污染防治法》对大气生态系统的综合治理仅仅作了原则性的零星规定。这意味着该法在追求大气环境综合生态管理方面迈出了一步,其可以为今后行政法规或者地方立法的细化奠定基础。作为国家层面立法和政策的有力补充,目前还有一些地方和区域层面规制府际合作治理区域大气污染的立法,下文将会进行详细探讨。

(二)区域大气污染防治法律规范评价

现有立法多是从区域大气污染防治的行政管理方面进行规定,对区域大气污染纠纷的救济规范较少。

第一,《大气污染防治法》(2015 年)所规定的"第五章　重点区域大气污染联合防治"是在国家立法的层级上确立了区域大气污染联合防治制度。这部法律的规定具有里程碑式的意义。这部法律的第五章还构建出了重点区域大气污染联合防治制度体系的基本框架,其进步意义不言而喻。但是,从一种广泛的角度理解,区域大气污染联合防治法律制度的构建是一个系统工程,除了常规的大气环境标准、区域规划、重点区域监管、

---

① 《大气污染防治法》(2015 年)第八十七条。

② 《大气污染防治法》(2015 年)第八十八条。

③ 《大气污染防治法》(2015 年)第八十九条。

④ 《大气污染防治法》(2015 年)第九十条。

⑤ 《大气污染防治法》(2015 年)第九十一条。

⑥ 《大气污染防治法》(2015 年)第九十二条。

⑦ Sandrine Simon, A Framework for Sustainable Water Management：Integrating Ecological Constraints in Policy Tools in the United Kingdom, Environmental Review 1：227 - 238 (1999).

重点区域检测等之外,还应当要辅以一系列的配套措施,诸如联合预警、联合应急响应等应急制度,这些都有进一步完善的空间。新修订的《大气污染防治法》刚刚通过实施不久,我们应当更多地采用解释学的立场对《大气污染防治法》"第六章　重污染天气应对"中规定的重污染天气预警做适当解释,并将其运用至区域大气污染联合防治过程中。除了对现有立法采用解释学的阐释路径外,也可以探讨构建全新的法律制度,笔者认为有些市场化的机制,例如环境损害保险制度、环境基金制度等可以进行深入研究和探讨,并在适当的时机进行立法。

第二,区域大气污染府际合作治理强调以政府之间的合作机制为主导,但是同时也有公众的参与以及其他市场机制的运用。比如与总量控制制度相结合的排污权交易制度,我国目前正在试点排污权交易制度。这项制度需要更广泛的利益集团、公众、团体和企业的参与和支持。排污权交易是一种市场化的机制,其可以促进污染企业积极采取减少污染的新技术和新举措,从而在源头上消减污染物。广泛地运用市场化机制也反映出区域大气污染防治的公共治理特点,即以政府为主导的多主体参与的环境治理机制。除了市场机制外,技术措施也是应当关注的。

第三,区域大气污染联合防治是一个系统的制度体系。与区域大气污染密切相关的一些法律权利和法律制度应当得到保障。例如,环境权分为实体性权利和程序性权利,实体环境权可以论证为什么政府负有大气环境质量责任,政府履行大气环境质量责任的理论依据是什么,公众享有在良好的大气环境中生存的权利等;而程序性环境权则赋予了公众大气环境质量知情权和环境参与权,这些权利对区域大气环境治理都是必不可少的。然而,我国 2014 年新修订的《环境保护法》并未明确规定环境权,这不得不说是一个显见的缺失。[1] 还有如 2014 年新修订的《环境保护法》也原则性地规定了生态补偿制度[2]。这种规定符合《环境保护法》的基本法地位,其将生态补偿制度的具体实施和操作留待地方立法和行政法规与行政规章来加以完善。事实上,由于各地情境差别很大,各地方生态补偿的立法关于补偿标准、补偿主体等差别很大。对于区域大气环境治理领域,生态补偿也结合地方和区域具体情况,由地方立法加以规范。

第四,区域大气污染府际合作治理的监督机制和归责机制有待健全。2014 年新修订的《环境保护法》将环境侵权归责机制指向了《侵权责任

---

[1]　吕忠梅:《〈环境保护法〉的前世今生》,载《政法论丛》2014 年第 5 期。

[2]　《环境保护法》(2014 年)第三十一条。

法》。《大气污染防治法》(2015 年)等法律很少涉及侵权行为的责任。实践中,对政府环境质量责任的监督和考核主要依据一些政策文件,如《大气污染防治行动计划实施情况考核办法(试行)》等文件。《环境保护法》(2014 年)和《大气污染防治法》(2015 年)均强调政府环境质量责任,然而具体的考核指标和标准则留待规范性文件规定,这种状况造成政府环境质量责任的监督和考核执行力有限。政策只能作为制度和行为的引导,法律只有在我们仔细地区分赋予权利和设定义务规则的情况下才能被理解和执行。① 环境责任制度、政府绩效考核和政府责任监督制度一向是我国的短板。合理的归责机制能够形成对政府责任的强有力约束,我们应当摒弃目前这种依靠政策来对政府责任实施监督的现状,而采用更有力的归责机制,即将政府环境质量责任的监督和考核运用法定的形式固定下来。

二、区域大气污染府际合作治理的特点分析

(一)区域大气污染府际合作治理与属地治理模式之区别

基于不同的法律规范基础,以及对区域大气生态环境的不同认知和种种差异,区域大气污染的府际合作治理模式与属地主义治理模式呈现出如下显见的差别:

第一,府际合作治理模式与属地治理模式治理的空间和范围不同。府际合作治理模式的范围及于遵守协议约束的相邻行政区域,比如京津冀三地或珠三角地区;属地治理模式的范围仅限于某一单独行政区域。② 以珠三角区域为例,受《广东省珠江三角洲大气污染防治办法》约束的珠三角区域大气污染防治空间范围包括珠江三角洲区域。珠江三角洲区域的范围按照《广东省珠江三角洲经济区现代化建设规划纲要》的规定确定。③ 而大气污染属地治理的范围限于一个单独的行政区。例如《北京市大气污染防治条例》第二条规定的"本条例适用于本市行政区域内大气污染防治",即本条例适用于北京市行政区域,并不适用于京津冀区域内的天津市和河北省。总体上而言,我国大气污染防治模式还是以属地治理模式为主,这一点从《环境保护法》④和《大气污染防治法》⑤的规定可见一斑。本书研究

---

① [英]麦考密克、[澳]魏因贝格尔著:《制度法论》,周叶谦译,中国政法大学出版社 2004 年版,第 74 页。

② 孔繁斌著:《公共性的再生产多中心治理的合作机制建构》,江苏人民出版社 2008 年版,第 97 页。

③ 《广东省珠江三角洲大气污染防治办法》第二条。

④ 《环境保护法》(2014 年)第十条。

⑤ 《大气污染防治法》(2015 年)第五条。

强调的并非否定属地治理大气污染的模式,而是强调对区域大气污染的治理应用更有针对性的府际合作治理模式。这两者并非截然相对立,而是可以相互补充的。

第二,对大气生态环境的认知和治理理念迥异。府际合作治理模式对区域大气环境的基本认知是区域大气环境的公共物品属性,而属地主义治理强调以行政区划为基础的行政管理权限,两者的认识出发点不同。学科研究方法论的意义不仅仅在于对基本逻辑起点和研究对象的认识,作为一种研究外在制度的方法论,其更多地包含着对制度的价值判断。[1] 对大气环境属性的不同认识和逻辑起点的不同预设了两种治理模式的治理机制存在显著的差别。当然,在上文第一点中笔者即强调,两种模式并非完全分立,而是存在互补。府际合作治理的深层治理理念是运用公共物品的治理理念和制度逻辑,因循此思路,府际合作治理更多地强调"合作"和"治理"。"合作"是多个主体之间的合作,既有主导性的政府之间的合作,也有政府和团体及公众的合作。"治理"一词,顾名思义,即是多中心和多主体参与的治理。而属地主义治理模式强调行政权力的运用和监管,且不管是行政区域的划分还是行政权力的实现,都围绕典型的以行政权力为中心的治理模式。

第三,治理手段和措施的差别。府际合作治理强调"治理",这是一种全新的治理理念,其强调多元与开放,也强调协商和协作;而属地治理模式则更多地沿袭传统的行政管制模式。府际合作治理是在打破行政权力的藩篱之情况下促进区域经济一体化发展的理性选择,[2]其是对属地主义治理模式的反思和超越。府际合作治理的目的是通过政府的行政力量来构建区域合作机制,促进区域内不同行政区政府之间的合作,实现区域内资源的有效配置和高效配置。府际合作治理强调多元主体和多样化的自主治理机制,从而使得地方政府获得较好的治理绩效水平,并能实现区域内正外部性效应。府际合作治理还有一个效应,就是能够打破政府间的行政壁垒,从而促进区域内各种要素的自由流动,并以此实现区域资源的高效配置。[3] 而属地主义治理也并非完全不可取,属地主义治理的基础——政府行政权是府际合作治理的基础。政府没有环境资源管理的权限和权力,何谈府际合作治理区域环境。

---

[1] 吴贤静:《环境法学研究的方法论选择》,载《学术研究》2017年第4期。
[2] 刘志彪等著:《长三角区域经济一体化》,中国人民大学出版社2010年版,第368页。
[3] 刘志彪等著:《长三角区域经济一体化》,中国人民大学出版社2010年版,第368页。

（二）以区域内不同行政区政府合作为主导

必须强调的是，尽管府际合作治理区域大气污染这种模式与属地主义治理模式存在诸多差异，但两者也有一些类似的方面。区域大气污染府际合作治理模式也是以政府为治理主体，只是府际合作治理强调的不是一个行政区的地方政府而是强调政府之间的合作，这是府际合作治理模式的关键点。不管是府际合作治理的何种机制，如区域内政府间统一规划机制、统一监管机制、统一监测机制等，这些都是以政府为主体的。治理并非是由某一个人提出的理念，也不是某个专门学科的理念，而是一种集体产物，其或多或少带有协商和混杂的特征。① 府际合作治理的主体包括政府，其是囊括了区域内不同行政区政府及其职能部门的相互协作的治理方式。为何府际合作治理仍然强调以政府为主体，主要原因在于政府的职能和功能使得只有政府才适合成为治理大气污染的主体。政府承载着国家的法律人格，对环境资源行使管理权。政府对环境资源施加的影响是巨大的，主要表现在政府履行职能的过程中。事实上，由于政府享有大气环境治理和大气环境监督管理的公权力，同时政府也代表公共利益，所以政府应该被视为对大气环境治理最有影响力的法律主体。②

三、区域大气污染府际合作治理的实践机制

我国行政区划的碎片化与大气系统的整体性和连续性并不是绝对对立的，流动的大气污染是可以治理好的，这需要构建一套完善有效的跨行政区大气污染防治制度体系。③ 创建区域大气污染联合防治制度体系是为了更好地服务区域经济一体化发展，实现区域经济社会可持续发展，使得区域发展在全球化的浪潮中立于不败之地。实践中，在大气污染联合防治和区域大气环境质量协同治理领域，重点区域已经实现了初步的制度合作，并创制了一些合作机制。本节将以京津冀、长三角和珠三角等重点区域为基本研究对象，本书将在后面探讨这些区域在大气污染府际合作治理中创造的一些宝贵实践经验。

（一）政府间协商决策机制

府际合作治理区域大气污染机制中居于首位的是政府间协商决策机制。构建积极有效的区域大气污染府际合作治理机制能够有效地推动区

---

① ［法］让-皮埃尔·戈丹著：《何谓治理》，钟震宇译，中国社会科学文献出版社 2000 年版，第 19 页。
② 吴贤静：《政府在生态法治建设中的职能与定位》，载《法治社会》2016 年第 2 期。
③ 杨治坤：《论跨行政区大气污染联合防治机制构建》，载《资源开发与市场》2015 年第 8 期。

域内不同行政区政府之间的合理分工和高效的集体行动。以长江三角洲为例,长三角地区的协商决策机制以制度化的协商、常规化的沟通制度和区域公约制度为主。区域内不同行政区政府间协商决策的内容主要包括:区域经济社会协同发展的目标,目标可以是综合性的也可以是某个领域的;区域整体产业结构规划;区域内不同行政区污染减排责任分配,通常根据有区别的责任原则来分配。① 区域大气污染防治规划和区域大气环境质量规划的编制应当以区域地理、地形、地貌、人口分布、工业产业基础、城市布局、能源布局和区域生态环境承载力为依据,合理制定区域大气污染防治规划和区域大气环境质量规划。

区域大气污染府际合作是否成功以及是否能有效率地整合区域内各地方政府以及其他公众的力量,这取决于区域大气污染府际合作治理决策机制是否完备和恰当。因此,京津冀、长三角、珠三角等区域都以构建区域大气污染府际合作治理决策机制为第一要务。实践证明,筹备建立跨区域的且超越各行政区的具有决策权和监督管理权限的综合决策机构有助于凝聚区域内各方主体的力量。构建区域大气污染府际合作协调组织,其基础是理顺区域内各地方政府之间的事权和职权划分,并建立常设化的协调机构。以长江三角洲为例,长三角区域三省一市构建的联席会议制度针对长三角区域的经济社会发展与大气污染防治战略、大气污染物减排、大气污染源监管、生态补偿等问题展开全方位对话和协商,并达成了一致性认识。目前,长三角的联席会议制度已经常态化和制度化,而且设有秘书处等日常工作机构和执行机构。协商组织机构是决策机制的先决条件,协商组织机构通常负责对区域大气生态环境状况进行调查、编制区域大气污染防治规划、协调并落实区域内各行政区政府各自的减排和监管责任、落实区域共同的大气环境质量目标和区域产业结构优化,以协调和处理从源头控制大气污染物、严格控制新增大气污染源等全局性和战略性的问题。

(二)区域规划制度

区域大气污染联合防治和区域大气环境协同治理首先强调的从战略高度对区域大气环境的府际合作治理事务进行统一决策和区域环境规划是所有协同机制中最为基础的。区域大气污染协同治理需要建立高效的协商机制和决策机制,如此才能推动各行政区政府及其职能部门之间的有效协作。2010 年 2 月 8 日印发实施的《广东省珠江三角洲清洁空气行动计划》代表了珠三角区域大气污染联防联控工作的又一项成功合作,这部规

---

① 张世秋:《京津冀一体化与区域空气质量管理》,载《环境保护》2014 年第 17 期。

范性文件的性质是区域专项规划,旨在为广东省珠三角区域大气环境质量提升提供战略部署。这部区域规划提出的规划目标是,至 2020 年,珠三角区域的大气环境质量接近世界先进大气环境质量水平。为了达到这个目标,该区域规划还提出了具体措施,包括完善珠三角区域的大气监测和风险预警机制以及大气污染执法体系。为了细化该规划以使之更好地执行,这部计划还制定了配套规范,将《珠三角地区关停小火电机组项目表》《珠三角各市工业锅炉大气污染治理项目任务表》《珠三角各市重点行业挥发性有机物污染控制项目表》等 16 个工作表附在计划中。这部区域规划和配套规范对珠三角各市提出了具体的实施要求。类似的区域大气污染防治和区域大气环境规划很多,2017 年 3 月初,环保部联合其他一些部委发布了《京津冀及周边地区 2017 年大气污染防治工作方案》,其中对京津冀区域大气环境质量的总体目标提出了更为严格的要求,为了达成这个目标,该方案提出了更加严格的区域大气污染治理举措,以及成立了专门的京津冀区域重污染天气联合应对工作小组。

(三)行政立法和行政协议

以京津冀、长三角和珠三角为代表的区域大气污染联合防治领域已经先后出台了多部立法,例如珠三角区域先后出台了《珠江三角洲大气污染防治办法》,这部办法的法律性质是地方政府规章。除了以珠三角为代表的区域行政立法,还有区域之间的行政协议作为应对区域大气污染的规范。行政协议的法理基础是区域内各政府之间的法律地位平等。在我国的宪制框架和法治语境下,行政区之间的平等主要表现为维护稳定的需要,而我国地方政府享有的自治权不充分。也就是说,我国的区域平等缺乏地方自主权这一前提,缺乏法治的良好保障。[1] 区域内各行政区之间缔结行政协议的主体是区域内各政府及其所属行政机关,而公众在行政协议缔结过程中的参与容易被忽视。以长三角为例,长三角区域内各地方政府缔结行政协议之时没有给予公众参与并表达意见和了解行政协议的机会。如此,公众的意愿和利益并未很好地体现在长三角行政协议当中。区域经济一体化进程中,市场与政府的互动很不充分,甚至连最终缔结的行政协议也没有公开。[2]

区域内各行政区缔结的行政协议内容广泛,主要涉及的是区域内的重

---

[1] 叶必丰、何渊、李煜兴、徐健等著:《行政协议区域政府间合作机制研究》,法律出版社 2010 年版,第 5—7 页。

[2] 叶必丰、何渊、李煜兴、徐健等著:《行政协议区域政府间合作机制研究》,法律出版社 2010 年版,第 10 页。

大行政事务和公共事务。对于那些全面性的合作协议而言,至少是本辖区内的重大行政事务,应按照《地方各级人民代表大会和地方各级人民政府组织法》第四十四条第四项的规定经本级人大常委会讨论决定。[①] 一个卓有成效的例子是珠三角粤港澳之间缔结了诸多行政协议,其中也有关于珠三角九城市与港澳特别行政区之间的大气污染联合防治合作。粤港澳三方共同签署的《粤港澳区域大气污染联防联治合作协议书》重点在于共同建设粤港澳大珠三角区域空气质量联合监管体系,包括共同开展大气污染防治技术研发和合作、加强三地之间的环保技术交流、构建三地的大气污染联合监测平台等。从法律性质上分析,区域内各行政区政府之间的行政协议属于对等性的公法契约。因此,顾名思义,行政协议也具有一般协议的特征,即行政协议的缔结主体之间意思表示真实、缔结主体之间的法律地位平等。[②] 从效率和目标的角度来理解行政协议,则缔结行政协议的原因主要是行政协议的缔结主体期待能够通过行政协议来实现区域内资源的有效配置,从而通过合作以实现效益增加。当然,在行政协议签订的过程中也不排除会对缔结主体某一方产生利益损害,这需要研究和强化行政协议缔结过程中的利益补偿机制。

（四）区域大气环境污染防治机制和大气环境质量监管体系

第一,强化区域大气污染联合监管体系。完善区域大气环境质量监管体系方面应当强化的工作是:从监管体系、科技支撑、资金投入、政策措施、协调机制、责任机制、考核机制等方面入手,构建区域大气污染联合监管体系。以区域内协商决策机制为基础,区域内大气环境质量监管体系是具体的执行措施,其明确要求区域内不同行政区政府应当如何作为。通常情形下,区域大气污染防治机制和区域大气环境质量监管包括制定区域内大气环境技术规范、区域内大气污染物分类管理、区域联合执法以及区域内划定不同等级的控制区域。区域内大气污染物和大气环境质量的监测也是区域环境监管机制之一种。雾霾治理的关键在于设定精准的雾霾浓度控制目标。雾霾浓度控制目标的设定以科学确定区域大气环境的承载力为基础,以 PM2.5 浓度控制目标和污染物减排计划为主要内容。[③]

① 叶必丰、何渊、李煜兴、徐健等著:《行政协议区域政府间合作机制研究》,法律出版社 2010 年版,第 13 页。
② 叶必丰、何渊、李煜兴、徐健等著:《行政协议区域政府间合作机制研究》,法律出版社 2010 年版,第 106 页。
③ 石敏俊、李元杰、张晓玲、相楠:《基于环境承载力的京津冀雾霾治理政策效果评估》,载《中国人口·资源与环境》2017 年第 9 期。

除了《大气污染防治法》(2015年)规定的对污染源进行动态监测之外,区域环境监管还应当强化区域联合监测以及监测数据的共享。监测数据的统计和共享是为了给政府监管提供更好的基础,从而使得区域内不同行政区政府能够对其他合作政府的监管更为了解。同时,区域信息共享还可以为区域协同规划提供基础。现代社会是信息社会,因此区域大气污染防治和区域大气环境质量监管也应当充分发挥信息化手段的作用。信息化手段不局限于信息平台和数据库,还有政府不同部门之间的信息互通、信息公开等机制。以地方性知识为基础的多样化的地方自主治理和地方控制能够很好地提升地方治理绩效水平。在地方政府治理的较小范围内,地方政府的反应能力明显增强将有助于把地方政府辖区内的公共服务水平极大地加以发挥,从而达成区域内资源的有效配置。[1] 区域大气污染监测和区域大气环境质量监测除了有常规监测外,还有在区域重污染天气应急场合下的区域大气污染应急监测和区域大气环境质量应急监测。以应急监测数据为基础,政府应及时发布预警和应急信息。

第二,区域大气污染统一技术规范。由于新的污染物的出现和扩散,目前区域大气污染监测和大气环境质量监测范围也在扩张。例如,2012年制定并于2016年实施的《环境空气质量标准》(GB3095－2012)规定了PM2.5和PM10的标准。就PM2.5和PM10监测而言,其应当涵盖立体综合监测网络、颗粒物组分源解析、数值分析与预报预警、成效评估和情景预测、环境健康服务和环境风险控制等必要方面,这样才能够满足区域大气污染防治技术支持的需求。[2] 在实践中,重点区域例如京津冀、长三角、珠三角等已经构建了区域联合监测和监测数据共享系统。以此为基础,这几个区域也构建了联合执法、污染减排机制等。[3] 构建信息化的区域大气环境质量监测网络体系,加强区域内联合发布和统一发布的大气环境技术标准,完善细颗粒物的监测方法和风险评估方法,强调区域大气污染物分类管理,根据不同的大气污染物类型制定不同的环境标准和规范。区域大气污染联合防治的统一技术规范需要先进的科学技术支撑。

以区域统一发布的技术规范为基础,区域内各地方政府监测部门实施区域大气污染和区域大气环境质量联合监测。以珠三角和港澳特别行政

---

[1] 孔繁斌著:《公共性的再生产多中心治理的合作机制建构》,江苏人民出版社2008年版,第97页。

[2] 李健军:《PM2.5监测能力建设与重点区域大气污染防治》,载《环境保护》2013年第5期。

[3] 杨学聪:《京津冀推进区域大气污染联防联控近期将致力于燃煤替代、机动车治理、整治秸秆焚烧》,载《经济日报》2015年4月17日第010版。

区的联合监测为例,在两岸三地的规划和行政协议指引下,粤港澳建立了联合监测站点。其中,位于澳门特别行政区的大潭山空气质量监测子站更名为"粤港澳珠江三角洲区域空气监测网络",以覆盖粤港澳区域的大气污染和大气环境质量监测空间范围。粤港澳珠江三角洲区域空气监测网络拥有23个监测点,由广东省环境监测中心、香港特区环境保护署、澳门特区环境保护局及澳门特区地球物理暨气象局分别负责各自的大气环境质量和大气污染物监测工作,并且这三个机构会将数据进行分析和共享。这三个站点的技术标准都达到了国家标准,且监测的污染物范围广。除此以外,珠三角与港澳特别行政区的合作监测还增加了新的监测工作和发布方式,从而为两岸三地的政府制定区域大气污染府际合作治理的规划、决策和执法提供科学依据。珠三角九市与港澳特别行政区的联合监测网络覆盖面广,广东省和港澳特别行政区都分别发布24小时空气质量指标。

（五）政府考核机制

区域大气污染府际合作治理以政府为治理主体,并强调区域内不同行政区政府之间的合作。因此,区域大气污染联合防治和区域大气环境治理效果如何,取决于区域内参与协同治理的行政区政府的履职状况。另外一方面,为了约束和促进政府更好地履行职能,也有必要设置严格的绩效考核机制。我国的《环境保护法》和《大气污染防治法》均规定了政府环境质量责任和政府大气环境质量责任,但是对政府责任的考核和评价则主要依靠规范性文件进行。这种状况在区域大气污染防治和区域大气环境治理的场合同样如此。必须构建和完善以科学的目标考核为导向的政府责任追究机制,如此才能倒逼区域内行政区政府加大区域大气污染联合防治的力度。作为《环境保护法》的配套制度之一,我国目前实施的行政约谈制度的主要规范依据是《环境保护部约谈暂行办法》。行政约谈制度也是促进政府履行职能的制度之一。然而,行政约谈制度并非常态化的机制,只是在特殊情况下才予以运用。为了构建常态化的机制,应当以法律法规的形式确定政府环境绩效考核,并将环境治理状况纳入政府政绩考核内容。

（六）其他保障机制

区域大气污染府际合作治理的其他保障机制是除了法律机制之外的其他机制,包括但不限于如下机制:第一,经济激励机制。对区域内重点污染行业和企业进行核查,在区域内推行大气污染排污权交易,推进大气污染物排放指标有偿使用。区域内各地方政府还可以综合使用税收、财政补贴等手段激励区域内企业主动减少大气污染物和鼓励其他主体参与大气污染防治。第二,充分发挥价格引导和价格杠杆的作用,对区域内达到更高环境标准的排污企业加以鼓励,对能耗超过国家和区域限额标准的企业实施差别化的价格制度。第三,排污收费制度的完善,针对区域内重点污染物,研究实施有针对性的专门的排污费征收办法。第四,建立区域大气污染防治专项基金,用于对区域内的环境保护科学研究、节约能源以及个人环境保护予以奖励。第五,推行绿色信贷和环境保险制度,对实施清洁生产和循环经济的企业给予更高的信贷支持,利用金融杠杆调节和激励大气污染物减排。

第二章　区域大气污染府际合作治理
正当性基础

亚里士多德曾说:"人在本性上应该是一个政治动物"①,也只有政治共同体才能提供"使人成为人"的场域,而人类在组织政治共同体的时候发明了一种装置——宪法,它"是人为了自己的生存和发展有意识地组织政治共同体的规则,以及由该规则所构建的社会秩序"②。因此,当我们探讨区域大气污染府际合作治理问题,并为其寻求法律正当性基础之时,宪法规范和宪制框架仍然构成一切分析和探讨的基础,宪法法理也为我们解读行政法法理和环境法法理提供理论基础。

第一节　区域大气污染府际合作治理的宪法基础

正如陈新民教授所言,在法治国家下,所有位阶低于宪法的法规范及国家行为,由法律至行政命令,由大法官会议之解释到行政处分,都必须与宪法之规定及基本理念相互一致方可。易言之,就是应具体实践宪法。③这里所言的宪法规范,不仅指的是那些构成宪法典的具体条款,而且主要指的是那种综合意义上的宪法规范体系。④ 从立宪主义的立场来看,宪法规范虽然可拥有庞杂的条款和复合的结构,但其价值的核心乃落定于宪法的权利规范之中,整个宪法规范的灵魂在此,传统立宪主义的精神于焉,而且这也是宪法规范之所以有待于向"规范宪法"升华的价值基础,且其进一

---

① [古希腊]亚里士多德著:《政治学》,吴寿彭译,商务印书馆 1981 年版,第 130 页。
② 刘茂林:《宪法究竟是什么》,载《中国法学》2002 年第 6 期。
③ 陈新民著:《公法学札记》,中国政法大学出版社 2001 年版,第 19 页。
④ 林来梵著:《从宪法规范到规范宪法　规范宪法学的一种前言》,法律出版社 2001 年版,第 2 页。

步为宪法规范的保障提供价值依据。① 探求区域大气污染府际合作治理的理论依据,理当从实质宪法和形式宪法的角度全面地梳理相关宪法规范,研究宪法规范为区域大气污染府际合作治理提供的理论依据、宪法制度为区域大气污染府际合作治理提供的制度性依据以及宪法秩序为区域大气污染府际合作治理提供的制度环境。

一、区域大气污染府际合作治理的宪法规范基础

(一) 宪法关于资源国家所有权的规定

宪法制度作为根本性的制度,其通常为其他领域的制度提供四个方面的基础知识:第一,其他领域制度所依赖的知识基础取决于宪法制度;第二,宪法制度决定其他领域创制制度的成本和难度;第三,宪法秩序决定其他制度的变迁、选择和演化的方式以及空间;第四,宪法制度和宪制秩序决定整个社会的经济文化观念,这种价值意义上的观念也会引入到其他领域的制度构建中。正因为宪制秩序和宪法制度的这种重要性和基础性,本节首先探讨区域大气污染府际合作治理的宪法基础。

首先,从宪法规范的角度分析区域大气污染府际合作治理。我国2018年3月的《中华人民共和国宪法修正案》沿袭了2004年的《中华人民共和国宪法修正案》的规定,矿藏、水流、森林、山岭、草原、荒地、滩涂等自然资源都属于国家所有。有一部分森林和山岭、草原、荒地、滩涂属于集体所有。② 我国《宪法》并未直接规定国家对大气环境享有国家所有权。我国《环境保护法》(2014年)第二条规定的环境要素之中包括有"大气"③。《宪法》中的条款宣示的是国家对资源的所有权,此所有权不等同于《物权法》中规定的所有权。国家对资源的国家所有权更多地强调国家对资源的主权和管理权限。根据我国《大气污染防治法》(2015年)④和《环境保护法》(2014年)第六条第二款的规定⑤,可以作这样的理解:政府对大气环

---

① 林来梵著:《从宪法规范到规范宪法——规范宪法学的一种前言》,法律出版社2001年版,第9页。

② 《中华人民共和国宪法修正案》(2018年3月11日第十三届全国人民代表大会第一次会议通过)第九条。

③ 《环境保护法》(2014年)第二条规定:"本法所称环境,是指影响人类生存和发展的各种天然的和经过人工改造的自然因素的总体,包括大气、水、海洋、土地、矿藏、森林、草原、湿地、野生生物、自然遗迹、人文遗迹、自然保护区、风景名胜区、城市和乡村等。"

④ 《大气污染防治法》(2015年)第五条规定:"县级以上人民政府环境保护主管部门对大气污染防治实施统一监督管理。县级以上人民政府其他有关部门在各自职责范围内对大气污染防治实施监督管理。"

⑤ 《环境保护法》(2014年)第六条第二款确定了地方人民政府的环境质量责任。

境污染负责、政府对大气环境质量负责。尽管《宪法》并未直接规定国家对大气环境的所有权,但是政府对大气污染和大气环境的责任是不证自明的。

（二）生态文明入宪的规定

我国 2018 年的《中华人民共和国宪法修正案》中将"生态文明协调发展"写入宪法序言,并且将生态文明建设规定为国务院的职权。[①] 生态文明建设自我国 2014 年修订《环境保护法》时已经写入该法,并作为该法的立法目的。继而,2015 年修订的《大气污染防治法》和 2017 年修订的《水污染防治法》以及相当多的地方立法都将生态文明建设作为立法目的。生态文明建设不是一句口号,而是应该内化为实实在在的法律规范和法律制度,这样才能够得以贯彻。如此,作为我国中央政府的国务院和地方人民政府才可以更好地履行生态文明建设的职责。依据《宪法》,生态文明建设是我国人民政府的基本职责之一。各级人民政府建设生态文明的职责也必须通过法律制度加以实施,生态文明建设的基本内涵囊括了节约资源、环境保护和生态保育三大领域。这三大领域实质上反映的是资源趋紧、污染加剧和生态破坏的实践问题。区域大气污染作为新兴的污染形态,不仅仅表现为区域污染加剧的态势,同时也是资源过度利用的结果,其还会引发区域生态平衡遭到破坏的恶果。从这三个层面而言,区域大气污染是生态文明建设亟待解决的具体领域。因此,生态文明写入《宪法》可以为区域大气污染府际合作治理提供规范依据、组织依据和制度依据。

（三）宪法权利的视角

关于环境权的性质有很多学说,无论这些学说在论证上如何千差万别,有一点不能忽视,即当代大多数从法律上确立了环境权的国家都强调将环境权作为人权的一个方面。纵观世界范围,有相当多的国家在宪法中规定了环境权。德国《巴伐利亚州 1984 年宪法》、2005 年 2 月 28 日通过的法国《环境宪章》都确定了环境权的宪法地位。环境权在很多国家的立法中得到了直接或者间接的规定。我国《环境保护法》（2014 年）规定了单位和个人环境保护的义务和节约资源的义务。[②] 对环境保护和资源节约义务的规定是环境权的一个方面,即环境义务的层面。除此之外,我国《环境保护法》（2014 年）和《环境影响评价法》（2016 年）等诸多法律法规还规定

---

① 《中华人民共和国宪法修正案》(2018 年 3 月 11 日第十三届全国人民代表大会第一次会议通过)第三十二条。

② 《环境保护法(2014 年修订)》第六条。

了公民参与环境保护和环境事务的权利。对公民环境参与权的规定实质上也只规定了环境权的一个方面,也就是环境权的程序性权利,但是对良好环境权等环境权的基本内容没有涉及。值得一提的是,我国有一些地方立法中有关于环境权的规定。例如,《宁夏回族自治区环境保护条例》(2009年)对环境权的规定既包括了良好环境权的内容,又包括了环境义务和环境参与权的内容。[1] 这是少数民族地方立法直接规定个人(公民)和组织的良好环境权。尽管环境权在我国立法中存在诸多缺失和不足,但是环境权理论足以能够论证为何政府对大气环境质量应承担责任以及政府为何应当合作治理区域大气污染。

二、区域大气污染府际合作治理的宪法制度基础

(一)纵向政府间关系

第一,中央政府与地方政府关系。在区域大气污染府际合作领域,中央政府和地方政府之间在监管区域大气污染方面的互动和博弈也是应当研究和探讨的。具体应当关注如下层面:

1. 中央政府在区域大气污染监管方面的放权与区域内地方政府谋求更大的自主权之间如何衡平。我国的环境管理体制也是契合我国基本行政管理体制的,环境管理职权的纵向划分以行政组织的纵向划分为依据。中央政府在环境决策和实施层面享有宏观权力,而地方各级人民政府则对本辖区的环境质量负责。[2] 也即环境治理的具体职责是由地方人民政府的环境管理部门来实施的。除此之外,对区域层面的环境问题则必须在中央政府和地方政府之间找到一个平衡点。京津冀区域如何在贯彻国家层面的京津冀战略目标的同时,平衡区域内的北京市、天津市和河北省的地方政府自治权,并找到最佳的平衡点,这正是本书研究的一个着力点。

2. 中央政府贯彻的国家整体生态环境控制目标和大气环境质量目标与区域内各地方政府的大气环境管制目标之间如何衔接。在这个方面有一个比较好的制度是重点大气污染物总量控制制度。生态环境部制定实施国家层面的重点污染物总量控制目标,然后向省、自治区和直辖市人民政府下达该行政区的总量控制目标以及污染物消减目标。[3] 省、自治区和直辖市人民政府根据生态环境部下达的本行政区污染物总量控制目标,根

---

[1] 《宁夏回族自治区环境保护条例》(2009年)第七条。

[2] 王树义、蔡文灿:《论我国环境治理的权力结构》,载《法制与社会发展》2016年第3期。

[3] 《大气污染防治法》(2015年)第二十一条和第二十四条。

据本行政区的具体状况再向下级行政区政府下达总量控制目标,如此逐级下达大气污染物总量控制目标,从而通过向下级行政区政府分解总量控制目标来完成上级或者国家层面的大气污染物总量控制目标。污染物总量控制过程中,中央与地方政府的关系非常清晰明确,本级行政区设定污染物总量控制目标的基础是本级行政区的大气环境承载力和上级行政区下达的总量控制目标。

3. 中央层面的大气污染防治政策的落实实效与地方政府的利益以及其他地方利益如何平衡。区域大气污染府际合作治理涉及的利益主体主要有三类:第一类是区域内大气污染物排放者,即排污者。区域大气污染常常呈现为复合型污染,排污主体也是不特定的,有固定污染源的排放者(如排污企业),也有流动污染源(如机动车等)。第二类利益主体是政府,即治理区域大气污染的主体。根据上一节论证过的公共信托理论和宪法规范,政府有责任和义务治理本行政区大气污染,保障区域大气环境质量。第三类主体是公众,公众既有可能是排污者,也有可能是受大气污染伤害的主体。

必须强调的是,政府的大气环境质量责任以及政府的公权力决定了政府无疑是区域大气污染府际合作治理中最强势的利益主体。一方面,政府与排污者之间存在监管关系;另一方面,政府与公众之间也存在提供公共服务和公共产品、保障大气环境质量的关系。因此,无论是在府际合作治理过程中还是属地治理过程中,政府都是当之无愧的"最高责任人"和"第一责任人"。[1] 政府的最高责任和第一责任不仅仅体现在对区域大气污染治理的职责和义务方面,还体现在对政府职责的问责和追责上。本书研究区域大气污染防治的府际合作也是基于此思路。府际合作治理中的"府际"—"政府间关系"不仅仅存在于纵向关系之中,也存在于横向关系之中。中央政府可以给予地方政府一定的资源保障,地方政府间的合作利益要大于竞争利益。虽然伙伴关系运行的层面主要在各地区的地方政府之间,但是地方政府间的竞争关系、伙伴关系和合作关系可以最终增加中央政府对区域大气污染治理事务的影响。[2]

在区域大气污染府际合作领域,纵向政府间关系是多重的。中央政府或者上级人民政府既可以从政策方面指导和支持区域内各地方人民政府之间的合作,同时也可以创制治理工具对区域内各地方人民政府产生积极

---

① 郭高晶:《空气污染跨域治理背景下府际空气生态补偿机制研究——以山东省空气质量生态补偿实践为例》,载《资源开发与市场》2016 年第 7 期。
② 张志红:《地方政府社会管理创新中的伙伴关系研究》,载《南开学报(哲学社会科学版)》2013 年第 4 期。

影响。① 甚至中央人民政府或者上级人民政府还可以为区域内各地方人民政府之间的协作和纠纷提供指导或者作出处理决定。区域大气污染防治和区域大气环境治理领域的纵向关系应当保持一定平衡。一方面,由于中央政府或者上级政府对地方性知识往往了解得不够全面,如果中央政府或者上级政府管制过度,那么就容易导致集权和低效率。而且,中央政府和上级政府强于全面性的指导,而弱于具体执行,因此在执行层面应当适当放权。地方政府具有处理地方事务的先天性优势。② 以区域大气污染联合防治行政协议为例,在地方政府协商民主和发挥积极性的基础上,国务院又通过区域行政规划和区域行政指导,对区域经济一体化中的法治协调实施领导。③ 同样,区域协同意味着区域主体的自主或自治,既不受另一区域主体的强制,也不受上级主体的任意干预。④

　　第二,区域大气污染防治的中央与地方事权划分。如何划分中央政府与地方政府在区域大气污染防治方面的事权,这与区域大气环境的属性有着密切的关系。⑤ 在大国治理中,对中央与地方关系的处理一直是宪法中极其关注的问题之一。在我国,中央政府的统一领导与发挥地方的积极性和主动性并行不悖。在现有的宪法体系和立法框架下,单一制的国家治理结构中的中央政府对地方政府的地方自主权限的空间与大小具有决定性话语权,地方政府的自主处置权限于宪法和组织法中的明确、肯定性列举,除此之外的权力不属于地方政府,也就是说,地方的创造性并不具备经典意义上的制度性保障。⑥ 但是,随着现代中央与地方分权化的发展以及在提供公共物品中中央与地方政府服务效率的不同,中央与地方之间的权力配置日益被要求合理化,即不应当将权力过度集中于中央或者过度下放地方政府,而应在中央与地方之间实现权力的分散与均衡,以实现权力的制约和适度。⑦ 因此,基于这种基本的权力分散与均衡的思路,在区域大气污染府际合作治理中,也

---

① 赵新峰、袁宗:《区域大气污染治理中的政策工具:我国的实践历程与优化选择》,载《中国行政管理》2016 年第 7 期。

② 张磊、王彩波:《中国政府环境保护的纵向研究——关于集权与分权的争论》,载《湖北社会科学》2013 年第 11 期。

③ 叶必丰:《区域经济一体化法制研究的参照系》,载《法学论坛》2012 年第 4 期。

④ 叶必丰:《区域协同的行政行为理论资源及其挑战》,载《法学杂志》2017 年第 3 期。

⑤ Vincent Ostrom, Charles M. Tiebout & Rebort Warren, The Organization of Government in Metropolitan Areans: A Theoretical Inguiry, American Political Science Review, Vol. 55, 1961, p. 4.

⑥ 叶必丰、何渊、李煜兴、徐健等著:《行政协议区域政府间合作机制研究》,法律出版社 2010 年版,第 157 页。

⑦ [德]奥托·迈耶著:《德国行政法》,刘飞译,商务印书馆 2002 年版,第 58 页。

应当在中央与地方、上级与下级政府之间,甚至是横向的政府之间,建立纵横两个维度的组织管理体系。考虑到府际合作治理实效,以及打破当前行政区属地管理的界限,在府际合作治理组织建构上,建议成立存在共同上级的且具有实权的区域大气污染协调组织机构,由其来负责区域内各行政区大气污染治理的立法、执法、监督等环节的协调工作。在纵向维度,中央政府在区域公共管理中扮演的是"裁判"的角色,其主要的功能就是协调各个地方利益主体之间的矛盾,对一些重大的区域公共问题进行宏观上的掌控与部署,派遣专门的调查小组与区域公共管理组织相配合,从而更好地协调各方利益。[①]

就地方层面而言,在职责方面可考虑省市人民政府之间的协调事宜,以及区县人民政府层面如何落实组织结构和协调机构。[②] 在一定区域内,政府之间的横向合作也是府际合作治理区域大气污染的一个重要维度。中国式分权和经济增长的绩效考核体制是中国经济持续高速发展的不竭动力,但这种偏重经济的制度安排在纵向政府关系和横向政府关系上招致了不同的行政策略:纵向上,地方政府为经济发展目标过度牺牲环境发展而对中央的法律与政府采取"软化"策略[③],减损或架空中央法律与政策的规范效用;在横向上,各地方政府之间为行政区经济发展展开恶性竞争,实施"邻避效应"策略。两种策略叠加,从而导致区域大气环境质量恶化。由于区域大气污染兼具公益品和公害品两种属性,而区域内地方政府是区域大气污染防治的直接执行者,区域内地方政府之间也存在竞争和相互推诿的状况,因此,也有必要明确区域内横向政府关系。需要强调的是,在区域大气污染府际合作治理的纵向关系之中,中央政府始终处于主导地位,其对区域内各地方人民政府加以管理和监督。而区域内各地方人民政府(比如珠三角区域的广东省人民政府)都应当执行中央政府的指导和政策。区域内各行政区政府或者区域政府作为区域大气污染防治的具体执行者,同时也是区域大气污染府际合作治理的核心。如何认识区域内各行政区之间的横向关系决定着区域大气污染府际合作治理的具体成效。

(二)横向政府间关系

第一,府际合作治理公共事务。在区域大气污染防治和区域大气环境治理领域,区域内政府之间也存在横向关系。如果我们采用广义的政府概

---

① 张劲松等著:《政府关系》,广东人民出版社 2008 年版,第 262 页。

② 上海市环境科学研究院课题组:《深化长三角区域大气污染防治联动研究》,载《科学发展》2016 年第 2 期。

③ 蓝庆新、陈超:《制度软化、公众认同对大气污染治理效率的影响》,载《中国人口·资源与环境》2015 年第 9 期。

念,那么政府包括行政、立法和司法部门。① 我国正处于经济和社会的转型时期,市场经济体制不完善,无法建立有效的市场机制引导地方竞争,相关的制度安排,如地方政府绩效考核制度、中央对地方的监管制度等仍处于不规范与低水平阶段,由此引发了地方无序竞争,导致弊端丛生,如重复建设导致产业结构趋同、地区之间的贸易封锁和争端、跨地区性公共物品供给不足等。地方政府间竞争如此激烈的原因在于:其一,市场经济条件下地方利益凸显;其二,地方政府及官员的考核评价制度不科学;其三,中央与地方关系尚未理顺。② 实现区域大气污染府际合作治理,其关键支撑在于在区域发展中分离出区域整体利益和行政区地方利益,也即共享与差异性问题,从而求同存异,在追求区域整体利益最大化中最大程度发展行政区利益。

不同区域和不同地方的大气环境存在差异性和独特性,对区域大气污染的治理模式应当尽量遵从这种差异性和独特性,采取求同存异的思路,力求从差异入手,谋求共性的治理策略,如此才能获得更好的区域大气污染治理效果。求同存异的治理措施和路径同样可以最大程度地激励区域内各地方政府合作治理的积极性。在较小的地方区域范围内,政府组织的回应性和反应能力明显增强,从而有助于把握辖区公众的效用和需求,以及达成资源配置的有效性等。③ 有一些规则能将共同体成员限定于非暴力性的冲突解决方式。当潜在的冲突被这类规则非个人化时,共同体的和平一般都会得到加强。使个人间或集团间冲突非个人化的一种途径,就是将要靠政府这种集体行动来决定的领域缩减至最小范围,将政府的行动限定于保障生命、制度和物质资产,以及建立负责这种政府保护职能的行政机关。而对收入、财产和生产的配置则基本上留给非个人性的市场竞争机制。当这种职能被整治化以后,集体对抗性就极易生根,而整治经营者就可能煽动情绪以实现整合。④

地方治理主体的多元化是地方治理最为明显的特点,主体多元意味着以地方政府为主导,其他主体广泛参与。如此,在区域大气污染防治中形成了"分散化的公共治理"或"多中心治理"的格局。⑤ 横向政府间关系涉及到区域内不同行政区之间的政府关系,也涉及区域内行政区政府内各部门的关系。这两种关系的一个共同点在于,除了专门性的环境保护行政管

---

① 冯兴元著:《地方政府竞争理论范式、分析框架与实证研究》,译林出版社 2010 年版,第 41 页。

② 薛刚凌著:《行政体制改革研究》,北京大学出版社 2006 年版,第 204—207 页。

③ 孔繁斌著:《公共性的再生产:多中心治理的合作机制建构》,江苏人民出版社 2008 年版,第 97 页。

④ [德]柯武刚、史漫飞著:《制度经济学》,韩朝华译,商务印书馆 2002 年版,第 98 页。

⑤ 马斌著:《政府间关系:权力配置与地方治理——基于省、市、县政府关系的研究》,浙江大学出版社 2009 年版,第 9 页。

理部门外,其他的政府部门都具有各自的职权,他们各自的职权会与环境管理权存在冲突。[①] 区域内各地方人民政府作为区域大气污染府际合作的主导主体,至少有三个构成要素:其一是稳定的管辖范围;其二是辖区内稳定的人口;其三是合理的政府机构。[②] 为了最大可能地发挥区域内各地方人民政府协同治理区域大气污染的积极性,构建反映各方政府意愿的合作机制是关键。这种机制的主要职能应包括:协调和实施跨区域的重大基础设施建设、资源开发、生态环境保护以及生产要素流动等问题;制定符合本区域发展的产业规划和政策;在充分考虑区域内各地方经济发展战略和规划的同时,进行区域整体性规划,以保障区域整体发展和各地方发展的衔接。[③] 如何实现这种精确的协作呢? 可以从三个层面努力:第一,为区域内各地方人民政府的协商和沟通创造机会;第二,为区域内各地方人民政府提供自主选择的空间;第三,对政府行为加以约束,使其合法和合理。[④]

在区域大气污染府际合作治理中,各行政权运作的重心与方式必须在行政内部事务与区域公共事务之间有所权衡分配,这实际依据的是权力的集中与分散原理。美国学者约翰·肯尼思·加尔布雷思说:"权力的大规模的组织性集中和在行使权力及似乎在行使权力的个人中间的大规模的分散,这两者的结合就是当代的现实。如果现实非集中即分散,那么就会给目前的目标带来方便,但是一种社会现实却总是以一种混杂的形式存在。"[⑤]在实践中,权力的集中与分散这两种状态是并行的和并存的。这种并行和并存现象既存在于国家政权结构中,也存在于某一国家的行政系统之内。[⑥] 这种权

---

① 陈海嵩、陶晨:《我国风险环境治理中的府际关系:问题及改进》,载《南京工业大学学报(社会科学版)》2012 年第 3 期。

② 马斌著:《政府间关系:权力配置与地方治理——基于省、市、县政府关系的研究》,浙江大学出版社 2009 年版,第 48 页。

③ 薛刚凌著:《行政体制改革研究》,北京大学出版社 2006 年版,第 215 页。

④ 张维迎著:《信息、信任与法律》,生活·读书·新知三联书店 2003 年版,第 304—305 页。

⑤ [美]约翰·肯尼思·加尔布雷思著:《权力的分析》,陶远华、苏世军译,河北人民出版社 1988 年版,第 133 页。

⑥ 有学者对国内的权力流变存在着分散与集中的趋势进行了总结。(1)分散化主要表现为:一是权力从中央政府向地方政府分散,从官僚体制的顶端和中枢向体制的下层和外围分散;二是从政治形态的权力体制向社会形态的组织体制分散;三是权力从个人权威型向体制权威型转化。(2)集中化主要表现在:一是竞争主体之间需要有较强的协调能力;二是当分散的权力主体在自我利益驱动下行时,高一级的权力主体就需要加强制定规则、宏观和全局计划、发展战略的能力和宏观调控的能力;三是全球化带来国家之间的激烈竞争,在竞争的国际体系中,国家需要集中某些方面的作用来提高其竞争能力;四是各种灾变的预防和救济在现代越来越需要动用整个国家,甚至几个国家或全人类的能力。参见陈玉刚、俞正梁:《21 世纪权力的流变:集中与分散》,载《学习与探索》1998 年第 6 期。

力的分散化与集中化导源于分权与集权的政治理论：集权理论的目的在于权力的快捷有效的贯彻，其体现了权力本身的冲动；分权的目的在于整体的利益安全，或在于个体的自由与权利，其关注权力的合法性问题。[①]传统的区域内部公共问题和公共事务趋向外部化，跨行政区划的公共问题大量形成，而地方政府的单边努力却无法解决上述问题。以行政协议制度为代表的地区间合作机制则是回应上述挑战的制度选择，其目的在于引导地区间竞争从对抗型走向差异化与合作型竞争。[②]

府际合作是处理跨区域公共行政事务的一种合作治理方式。区域大气污染府际合作治理不是一种活动，而是一个持续的过程。区域大气环境府际合作治理过程包括多中心主体的互动；治理既涉及公共部门，也包括私人部门；治理不是一种正式的制度，而是持续的互动。[③] 在府际合作治理区域大气污染的过程中，区域内各地方政府之间的关系是合作关系、伙伴关系和协商关系。区域内各地方政府之间通过协商确立公共的治理目标，通过协商的手段实现对区域内大气污染的联合防治。在区域内地方政府合作和协商的过程中，也不能忽视公众参与和市场机制的力量。"从政府角度看，公众参与可以为推进有效的政府治理、构建互动合作的政府与社会关系、重建公共权力的权威等提供新的社会资源；从社会角度看，公众参与有助于促进多元利益主体的对话合作、超越零和博弈游戏以及促进社会公平。"[④]因此，政府间合作治理区域大气污染不仅仅涉及政府之间的职能配置与协作，实质上还关涉到区域内排污企业、公民、利益集团以及其他利益相关者的行为监管。质言之，区域大气污染府际合作治理仰赖利益相关者最大程度的公众参与。区域内各地方政府之间的合作包括有决策权、执行权、监督权等各方面的合作。《立法法》于2015年修订之后，区域内各地方政府之间的合作事实上还包含有地方立法制定方面的合作。[⑤] 地方立法不仅仅包括地方性法规，还有地方人民政府制定的政府规章，而这些地方立法的执行和实施都依赖区域内企业、机关和公众的参与。

第二，政府横向职责分立与职权配置。各地方政府既是上级政府在本

---

① 周永坤著：《规范权力：权力的法理研究》，法律出版社2006年版，第376页。

② 叶必丰、何渊、李煜兴、徐健等著：《行政协议区域政府间合作机制研究》，法律出版社2010年版，第121页。

③ 全球治理委员会：《我们的伙伴关系》，牛津大学出版社1995年版，第23页。转引自俞可平主编：《治理与善治》，社会科学文献出版社2000年版，第4—5页。

④ 王锡锌主编：《行政过程中公众参与的制度实践》，中国法制出版社2008年版，第16页。

⑤ 马斌著：《政府间关系：权力配置与地方治理——基于省、市、县政府关系的研究》，浙江大学出版社2009年版，第51页。

地区的执行代表,也是本地权力机关的执行代表。这种双重属性反映出了其所代表公共利益的多层次性。正如俞可平所说,每一个政府组织都代表了某一方面的国家利益。① 政府之间的关系组合反映了对不同层次公共利益的协调关系,这种组合无论是自愿形成的,还是命令强制的结果,都是多维度的。最常见的一种政府间关系结构是允许两个或多个政府达成合作安排的结构,也就是说,一个辖区的政府可能会因一个问题而与其他各级政府发生联系。②

对区域内各地方政府之间的关系来说,应当打破行政隶属关系的束缚,引入同级政府之间的竞争机制,促进区域内各地方政府之间的有效合作和竞争。这也符合当前政治体制改革和经济体制改革的要求。③ 从我国构建生态文明体制的角度来看,生态文明管理体制也要求促进政府在生态文明法治建设中的竞争和合作,将更多的权利授予团体和公众,充分发挥民间环保团体的作用。在创新国家治理结构的过程中,以环境治理为基础构建完备的治理体系是一个恰当的契机。而新出现的区域大气污染合作治理恰好是一个良好的尝试和实验领域。环境治理不仅仅是国家治理的重要领域,也是国家治理实现现代化的重要指标。从组织法的视角理解区域大气污染合作治理,不仅仅要求设立环境保护部门,更多的是要求丰富和创新政府间合作机制,以及充分发挥公众参与的力量。④

三、区域大气污染府际合作治理的宪法理论基础

(一)公共信托理论的宪法解读

著名的公共信托理论可以为政府环境治理责任提供理论基础。美国密执安大学的约瑟夫·萨克斯教授首创了这个理论,他如此解释公共信托理论:空气、阳光、水这些公共物品不完全等同于无主物。这些公共物品属于全体公民共同所有,那么政府对这些公共物品的治理权力来自何处?来自于全体公民的授权。全体公民将这些公共物品的管理授权给政府,则政府有职责和义务为了全体公民的利益代为管理。⑤ 公民和国家在环境

---

① 俞可平著:《权利政治与公益政治》,社会科学文献出版社 2005 年版,第 171 页。

② [美]菲利普·J.库珀著:《二十一世纪的公共行政:挑战与改革》,王巧玲、李文钊译,中国人民大学出版社 2006 年版,第 101 页。

③ 浦善新著:《中国行政区划改革研究》,商务印书馆 2006 年版,第 264 页。

④ 金国坤:《国家治理体系现代化视域下的行政组织立法》,载《行政法学研究》2014 年第 4 期。

⑤ Joseph L. Sax, "The Public Trust Doctrine in Natural Resource Law: Effective Judicial Intervention", Michigan Law Review, Vol. 68, 1970, p. 538.

资源领域就建立起了"委托人—受托人"的法律关系。① 政府运用公权力对环境资源施加管理,其理论基础应该是"公共信托"。因此,环境管理规范对政府的行为也科以约束。政府的环境资源管理行为应该以环境资源本身的规律为基础,而不能超越这个范围。"公共信托理论"被用来解释政府的权力来源以及政府的权力约束。

如今,公共信托理论已经不局限于理论的层面,美国很多州的立法都对公共信托理论加以规定,使其成为制定法依据,并成为宪法规范的一部分。如美国《佛罗里达州宪法》第一条第十一款规定:"本州境内的所有可通行水域的土地所有权,基于其主权和人民的信任由政府持有。"②根据公共信托理论和已有的宪法规范,在环境公共物品问题方面,政府和公众之间的关系是一种信托人和受托人的关系。所有的民众对这些环境公共物品享有共有权,民众将这些环境公共物品委托给政府代为管理。政府作为受托人,必须尽职尽责地代为管理,而不能滥用权力,且必须为了所有民众的公共利益代为管理。因循公共信托理论,政府的环境管理权限来源于全体公民的信托,政府受全体公民的信托而为了公共利益代为管理环境。以公共信托理论为基础可以很好地论证政府环境质量责任的基础,以及公众为何享有权利对政府环境行为实施监督和问责。

(二)促使政府维护公共利益

公共信托理论对大气环境的基本认识是大气环境是公共物品,对这种公共物品的管理与其他私有物品必然是不一样的,其制度逻辑也大为不同。所有民众对大气环境享有共有权,民众将大气环境委托给政府代为管理,政府应当为了所有民众的利益而履行职责。所有民众享有的所有权能够制约政府的管理权力。所有民众是一个抽象的主体,这个抽象的主体不可能自己行使管理大气环境的权利,因此只能基于自己的所有权而将大气环境委托给政府代为管理。由政府进行管理可以极大地提高大气环境作为公共物品的利用效率。全体公民将公共物品委托给政府代为管理的同时,民众保留了对公共物品的所有权。这种所有权是政府接受委托管理权的基础,它随时可以制约政府的管理权。这两种权利(权力)的理论构造能够最大限度地发挥政府对公共物品进行管理的效率,同时也能够最大程度地保障全体公民对环境享有的公共利益。③

---

① 陈海嵩:《环境法国家理论的法哲学思考》,载《甘肃政法学院学报》2016 年第 3 期。

② Palmer v. Virginia, 628 S. E. 2d 89 - 90(Va. Ct. App. 2006).

③ Michael C. Blumm. Public Property and the Democratization of Western Water Law: A Modem View ofthe Public Trust Doctrine, Envtl. L, 1989,19: 573 - 583.

无疑,公共信托理论既能够合理地解释政府管理大气环境的权力来源,同时也能够保证对政府权力进行适当地制约。因此,将这样一种精妙的理论运用至区域大气污染府际合作治理实践中,其所产生的巨大能量就显而易见了。公共信托理论第一个层次的目的是解释政府权力来源和制约政府权力。在更高层次上,公共信托理论的目的是促使政府为了全体民众的利益代为管理大气环境。这个理论同样可以适用于区域大气环境治理,区域大气环境是区域公共物品。在区域大气环境治理领域,存在两种权利(权力)类型。一种是所有民众享有区域内大气环境的所有权,这种所有权是抽象意义上的。公众将其所共有的大气环境委托给政府代为管理,如此便产生了区域内行政区政府的管理权。这两种权利(权力)的凸显,一方面强调政府的管理职权,另一方面也强调政府必须为区域内民众的公共利益而进行管理和治理。

第二节　区域大气污染府际合作治理的行政法基础

区域内各地方人民政府协同治理区域大气污染,其归根结底仍然是以政府间行为为主导。可以为区域大气污染府际合作治理提供行政法规范依据和基础的行政要素是多元的[1],有经济、政治、社会、文化的,也有国内、国外的,这些要素相互纠缠在一起,制约和影响着行政系统内外的能量平衡。本节着重从国内的维度对区域大气污染府际合作治理的行政规范基础进行梳理。

一、区域大气污染府际合作治理的行政生态分析

所谓行政生态环境就是"与行政系统有关的各种条件之总和"[2]。从生态学角度看,通过行政体制改革,多数情况下以局部性改革为表现形式而在行政系统与外部系统之间不断进行着"输入——反应——输出——反馈——再输入——……"的交互作用,两系统不断进行着"不协调——变革——协调——不协调……"的波浪式博弈,从而在内外系统之间呈现"不

---

[1]　研究行政生态理论的集大成者弗雷得·雷各斯认为,影响一个国家行政的生态要素是多种多样的,但其中最主要的有五个要素,即经济要素、社会要素、沟通网、符号系统和政治构架。参见徐中奇:《行政生态学研究述评及其对我国行政改革的启发》,载《载江西行政学院学报》1999 年第 4 期。

[2]　王沪宁著:《行政生态分析》,复旦大学出版社 1989 年版,第 31 页。

平衡——平衡——不平衡——……"的动态关系格局。

（一）服务型政府

所谓服务型政府，是指在主体间性的本体框架和治理者主权的民主框架中组建起来的，以为公民服务为宗旨并承担公共服务责任的政府。作为多中心治理的引导性主体，服务型政府的角色塑造和建构涉及体制、文化和战略管理重组等诸多方面，但公共性的价值、引导型的职能和以注意义务为特质的这三个公共责任维度，则成为服务型政府权能再造的核心。[①]服务型政府虽然本质上是一种制度安排，但其最终是在地方政府这一中观层面得以实现，其满足的对象则为地方社会乃至具体的公民。服务意味着政府对社会的服务，而中央政府并不直接作用于地方社会，地方政府才是地方社会的直接服务者，服务型政府的载体应该是地方政府。地方政府公共行政效率的提升以及服务型政府的构建，其根本动力来自于地方政府间围绕此内容所展开的各种竞争。[②]

我国政府改革的目标就是要建设一个服务型政府——它是目的与手段、价值与工具的统一。服务型政府与法治政府、责任政府、透明政府、有限政府等相比，其涵义更丰富、更具有包容性。[③]政府在本质上是公众的服务者。从理论上说，行政机关是全体社会成员共同利益的受托人和各社会成员个人利益的维护者，其与公众之间的利益关系是受托人与委托人、公共利益与个人利益之间的关系。行政机关受托的公共利益是用于保障个人利益的利益。公共利益的集合、维护和分配是因为单个的社会成员无法或难以实现自己的这种利益。因此，社会成员需要这样的服务机关，行政机关的职能是服务。[④]行政机关的服务职能承载了构建服务型政府的基本功能定位。

当前大气环境治理领域中存在的职能交叉，客观上导致了多部门参与、决策周期长、协调困难、增加决策执行成本、降低行政效率等问题。职权交叉使得由多个部门对同一公共行政事务行使管理与服务职责，从而造成权责不清甚至权责脱节，客观上减轻了行政部门应当承担的责任。[⑤]服

---

① 孔繁斌著：《公共性的再生产多中心治理的合作机制建构》，江苏人民出版社 2008 年版，第 225 页。

② 王焕祥著：《中国地方政府创新与竞争的行为、制度及其演化研究》，光明日报出版社 2009 年版，第 355 页。

③ 石佑启、杨治坤：《我国行政体制改革目标定位之求证》，载《湖北行政学院学报》2008 年第 5 期。

④ 叶必丰著：《行政行为原理》，商务印书馆 2014 年版，第 16 页。

⑤ 石亚军著：《政府改革多视点探微》，中国政法大学出版社 2008 年版，第 48—49 页。

务作为行政行为的新理念,并不是讲这一理念输入原行政行为及其理念之中,而是行政行为及其理念的根本性和实质性嬗变。① 服务型政府强调政府的服务功能,主要有如下两个方面的内涵:

第一,服务型政府更多地强调政府提供社会公共产品,公共产品主要涉及城市市政设施、环境保护、基础教育、公共安全和社会治安等方面。一个良好的政府必须为公民提供优质的公共产品、公共服务和公共管理。② 仅仅依靠政府行政管制很难解决城市肆意扩张和现代化过程中产生的住房、环境和交通问题。③ 政府的角色应当从"划桨者"转变为"掌舵者"和"服务者"。政府的治理角色决定政府政策、规范性文件和法律规范的价值取向以及制度设置。④

第二,服务型政府不仅仅要求政府扩大公共服务的范围,而且要求政府服务理念的更新,即政府提供公共服务过程中角色的变化。政府应当在行政管制的角色中逐渐放松行政监管,而允许公众和民间组织更多地参与到公共事务的管理过程中。即使在政府必须履行管理责任的地方,政府也应当有服务意识和平等意识,而不是进行居高临下的家长制管理。⑤ 引申开来,服务型政府要求政府信息公开和透明,即所谓"阳光政府"和"透明政府"。阳光政府意味着政府信息的公开和公众知情权的保障。政府信息公开是否全面和及时关系到公众能否恰当地参与到公共事务管理过程中,也关系到政府的廉洁和公众能否有效制约政府行为。公众享有知情权的范围包括但不限于如下事项:与自身利益相关的立法、政策和规划制定、公共开支等,每个选民都有权获得应当由自己选举产生的政府官员的相关信息。⑥ 只有服务型政府的公共服务范围和公共服务意识发生转变,政府才能够朝着实现公共性的角度迈进。换言之,"政府在何种程度上拥有了公共性,也就需要在同等程度上提高公共服务的水平和改善公共服务的质量"。⑦

---

① ［德］巴杜拉:《在自由法治国与社会法治国中的行政法》,陈新民译,载陈新民:《公法学札记》,台湾三民书局 1993 年版,第 112、113、126 页。

② 俞可平著:《增量民主与善治》,社会科学文献出版社 2005 年版,第 150 页。

③ ［美］理查德·G.菲沃克主编:《大都市治理——冲突、竞争与合作》,许源源、江胜珍译,重庆大学出版社 2012 年版,第 3 页。

④ 刘志彪等著:《长三角区域经济一体化》,中国人民大学出版社 2010 年版,第 371 页。

⑤ 俞可平著:《增量民主与善治》,社会科学文献出版社 2005 年版,第 150 页。

⑥ 俞可平著:《增量民主与善治》,社会科学文献出版社 2005 年版,第 151 页。

⑦ 孔繁斌著:《公共性的再生产多中心治理的合作机制建构》,江苏人民出版社 2008 年版,第 226 页。

（二）责任政府

在为民众提供清洁空气与保障大气环境质量方面,区域内各地方政府负有不可推卸的责任。在我国当下的政府职能中,管制性职能偏多,公共服务产品总量不足,存在服务性职能结构性失衡。[①] 即使是在公共行政服务领域,也还存在服务方式的运动型、公共服务存在差别与歧视、服务模式单中心化、服务水平不高等制度性缺陷。这种状况与服务型政府应当是一个高效的政府,一个负责任的政府,一个为民众提供多样化与个性化的无缝隙政府之间存在一种内在紧张关系。所以,建设责任型政府内在要求进行制度和机制创新,职能整合与职能结构调整同步推进,适度加强公共服务职能,与之对应的则要求整合行政组织和行政职权,并对履行公共行政服务职能的组织在行政编制上倾斜,优化行政组织结构和行政职权结构及其运行机制。在现阶段实现国家环境保护义务的基本路径是"立法＋行政",其包含两个主要策略:立法路径发挥主导作用,行政路径发挥基础作用。[②]

在地方政府职能"外包"领域,越来越多的市和县开始重组地方行政,其途径是建立一些既在经济上保持地方的"所有权",同时又具有独立法律地位和自己的预算的组织和公司。尽管地方政府在过去就利用过这样的组织,至少在"地方工程"中是如此,但他们已经在形式上完全私人化了。[③] 一句话,政府是为人民服务的政府。这样,我们可以进一步区分它与纯经济组织(如企业)的区别:一是企业的规范目的是利润,而政府的规范目的是社会福利的最大化;二是企业收入来自企业为社会提供的服务,而政府的收入主要来自公共权威强制征收的税收以及只有公共权威才能举借的公债等;三是企业所处理的都是私益物品,而政府所处理的主要是公益物品。[④] 需要强调的是,政府大气环境质量责任的实现,关键在于落实政府环境保护目标责任制和考核评价制度。环境保护目标责任制的核心是如何为政府环境责任设定具体的、定量的环境保护目标,以及依据定量目标对政府行为加以考核。在《环境保护法》(2014年)修改之前,对政府环境管理责任的考核往往强调特定污染物的减排,这种考核方法仅仅注重单一

---

① 中国行政管理学会课题组:《加快我国社会管理和公共服务改革的研究报告》,载《中国行政管理》2005年第2期。

② 陈海嵩:《国家环境保护义务的溯源与展开》,载《法学研究》2014年第3期。

③ ［德］赫尔穆特·沃尔曼著:《德国地方政府》,陈伟、段德敏译,北京大学出版社2005年版,第118—119页。

④ 毛寿龙、李梅著:《有限政府的经济分析》,上海三联书店2000年版,第22页。

污染物的减量,缺少对整体环境质量的考量,因此在实践中对整体生态环境的提升来说收效甚微。

十八届三中全会提出将"保护环境"列入政府五大核心职能之中,并将环境资源和生态保护纳入政府绩效考核范畴,这为加快政府职能向生态文明方向转变提供了契机。政府的环境立法、执法和监管三种职能应该有机统一和配置,达到权力的有效整合和运作。提高环境责任和政府机构责任对提升普通民众的环境友好行为是有助益的。因此,不同政府部门关于自然资源和环境管理的责任目前是非常虚弱的,有待强化和明晰。基于成果的污染物减排,包括硫化物和化学需氧量,立法有必要加强污染控制和生态保护方面的环境目标责任制。同时,严格的行为评价机制也应当完善,目的是为了建立环境法的执行机制。这些手段将有助于确保生态系统和环境管理的有效。[①]　建立政府生态环境质量问责机制,明确政府行政首长以及行政机关的法律责任,建立生态环境质量综合考核制度,完善对地方政府及政府官员的考核体系。[②]　自上个世纪 80 年代末我国施行《环境保护法》(1989 年)以来,政府在环境监督管理中的职责经历了一个嬗变的历程:从最初的法律强调政府对污染者的监督管理转变为强调政府对环境质量的责任。同时,政府的角色也在悄然发生变化,从最初的环境行政管理者和"守夜人"转变为环境治理的主导者。"在对待环境这类公共物品的过程中,政府机关的角色是多样的,即兼具决策者、服务提供者、管理者和监督者的功能。政府角色转换的根本在于从统治环境向治理环境和'有限政府'的思路转变"[③]。遵循这个思路,《大气污染防治法》(2015 年)不仅强调政府对大气环境质量负责任,同时为了使得政府大气环境质量责任不至于落空,还在第四条规定了大气环境质量目标责任制和考核制度,要求将这种环境质量责任落到实处。

加强对政府承担的整体环境质量保护目标责任的考核和对地方政府和干部环境保护工作的考核,能够促使地方政府主动承担自身管辖区域内的环境责任,同时可在一定程度上避免互相推诿管辖权现象的出现。第一,健全考核指标。相比污染物总量考核方式,基于环境质量的考核方式具有如下优势:减少了总量考核复杂且不确定性高的数据获取需求以及多环节的人为核算干预;大幅缩减了总量考核对大量污染源排放数据的监

---

①　Yihe Lu, Zhimin Ma1, Liwei Zhang, Bojie Fu, Guangyao Gao, Redlines for the greening of China, nvironmental Science & policy, 33(2013)346 - 353.

②　吕忠梅:《中国生态法治建设的路线图》,载《中国社会科学》2013 年第 5 期。

③　吴贤静著:《"生态人":环境法上的人之形象》,中国人民大学出版社 2014 年版,第 285 页。

测、采集、人工核算、现场审核、专家组抽检等程序,节约了人力物力资源。第二,完善考核程序。政府环境质量考核制度作为法定制度也必须依照法定的程序进行考核。因此,完善考核指标和完善考核程序是同等重要的。第三,硬化考核结果。将区域和流域的污染物减排以及环境质量标准作为硬性的约束指标。各省级规划、行动计划和立法基于上述做法也建立了本行政区域的考核机制,对上述机制进行落实和发展,如《北京市大气污染防治条例》第二十五条规定:"市人民政府应当实行环境质量目标责任制和考核评价制度,定期公示考核结果。对市人民政府有关部门和区、县人民政府及其负责人的综合考核评价,应当包含环境质量目标完成情况和措施落实情况。"①此外,依据《环境保护法》和《大气污染防治法》,对未完成总量控制目标的区域,还可以实行区域限批制度。

二、区域大气污染府际合作治理的行政法治维度

(一)行政法治的意蕴

在探究法治意蕴的时候总不免让后人落入"必言古希腊"的俗套。古希腊哲学家亚里士多德在《政治学》中指出:"法治应包含两重意义:已成立的法律获得普遍的服从,而大家所服从的法律又应该本身是制订得良好的法律。"②亚氏的法治思想从"法律至上"和"法律正当"两个维度为后人探寻法治真谛开创了一种具有普适性理念的窗口。现代意义的法治早已突破了政治哲学意义上的法治思想与理念,进而转入法学领域对法治进行研究。哈耶克就认为:"法治政府要求行政的所有行为必须受到确定的规则的约束和制约——这些确定的法律规则应当能够使政府部门预先判断如何使用公权力,也能够使得每个公民能够预先认识并规划个人事务。"③这表明法治是这样一种理念与制度:法治即意味着"法的统治",法治要求政府与人民的所有行为都受到事前订定的规则约束。英国著名行政法学家韦德也认为,法治包涵几个层次,即任何事件都必须依法而行,政府必须根据公认的、限制自由裁量权的一整套规则和原则办事,对政府行为是否合法的争议当由完全独立于行政之外的法官裁决,法律必须平等对待政府和公民。④ 周天玮先生则认为法治包括四个坐标,即排除人治的专断、维

---

① 常纪文:《中欧区域大气污染联防联控立法之比较——兼论我国大气污染联防联控法制的完善》,载《发展研究》2015年第10期。

② [古希腊]亚里士多德著:《政治学》,吴寿彭译,商务印书馆1981年版,第199页。

③ F. A. Hayek, The Road to Serfdom, University of Chicago Press, 1944, p. 54.

④ [英]威廉·韦德著:《行政法》,徐炳等译,中国大百科全书出版社1997年版,第23—27页。

护个人自由权利、政府依法行事而且本身受到法律规范,以及守法作为一种道德承担,并且他认为,法律至上要求人人都在法律之下,人人应当守法,只有这样才能抑制人治的专断以及约束政府依法行事。法律正当则指良法要能维护个人自由权利,它构成了人人应当守法成为一种道德标准的条件。① 而当将法治作形而下的制度设计与实践操作之时,一般认为法治的要素包括:公布一部法律,特别是通过权力分立制度来限制国家权力的成文宪法;通过基本权利来保障个人的不可侵犯与不受国家干预的活动范围;法院为防止国家权力侵犯公民的公权和私权而提供法律保护;因征用、为公献身和滥用职权而造成损失的国家赔偿义务;法院的独立性;保证法定审判官制和禁止刑法的追溯力;最后是行政机关依法办事的原则。②1959 年的《德里宣言》中关于法治原则的部分也重申了对整个国家权力规制和公民自由维护的精神。一句话,法治的主旨就是制约权力与保障权利。我国《宪法》第十三条规定:"中华人民共和国实行依法治国,建设社会主义法治国家。"这表明法治原则在我国已正式确立。

　　法治是宪制的制度性基础,宪制对权力的监控与对权利的维护是通过法治来进行的,即使是宪制关于国家权力相互制约和建设有限有为政府的制度安排也是依赖于法治的制度保障。"法治决定国家权力的运行状态,没有了它,宪制制度不仅不完善,而且国家权力也会丧失约束机制,公民个人的自由权利也会失去合法保障的来源。"③法治涵盖了对社会关系的全方位调整,在政府行政权力范围内则表现为对行政权力和公民权利的平衡加以规范。一方面,政府行为必须依照宪法和法律来实行。另一方面,政府公权力的允许应当在合法的边界内,公民基本权利应当得到保护。④ 而1959 年通过的《德里宣言》在关于现代化国家法治进程中的行政方面作出如下规定:要防止权力滥用;要有效维持法律秩序以保障社会和经济生活条件;行政机关如果获得制定法律规章之权,则应当明确限定权力之目的与范围,并确立生效的程序。在任何情况下,基本人权不得被剥夺;行政机关的行为凡直接不利于个人人身权利或财产权利的行使,皆应当受到司法审查;行政机关的不法行为如果使公民权益受损,则应当尽速给予救济。⑤

---

① 　周天玮著:《法治理想国——苏格拉底与孟子的虚拟对话》,商务印书馆 1999 年版,自序第 7 页。

② 　张文显著:《二十世纪西方法哲学思潮研究》,法律出版社 2006 年版,第 515 页。

③ 　王人博著:《宪政文化与近代中国》,法律出版社 1997 年版,第 169 页。

④ 　石佑启:《论行政体制改革与宪政的契合》,载《广东社会科学》2008 年第 5 期。

⑤ 　周天玮著:《法治理想国——苏格拉底与孟子的虚拟对话》,商务印书馆 1999 年版,第 83 页。

这为我国在行政领域厉行行政法治提供了指导性框架,其当然性地内涵了区域大气污染府际合作治理中对区域内各地方及其职能部门有关管理与执法理念、执法方式等环节的变革回应。

行政法体系的独特功能在于为行政机关的权力确定边界,为行政权力的行使确定范围。为了保障行政行为的合法性,行政法体系还划定了行政部门合理的权力范围,并为行政组织实施行政行为规定恰当的合法程序,从而使得行政行为具有合法性和合理性。① 行政法制度作为法定制度之一类,其为行政权力的使用和行政行为的具体行动实施制定规则。考虑在论述不同制度在时空的两个维度上的影响时,把制度分为四类:(1)道德制度;(2)宪法;(3)一般法律与法规;(4)其他规则。②

三、区域大气污染府际合作治理的行政组织基础

国家采用区域行政规划、区域行政协议、区域协作立法和区域行政指导方式来调控市场经济的合法性,对此必须从宪法规定来解释。③ 区域大气污染治理源于区域大气环境风险所带来的伤害的不确定性。区域大气环境风险也呈现出产生原因的多面性、表现形式的多样性、损害程度的多层次性、分布地域的差异性等特征,这给行政机关的风险规制活动造成了极端困难,使风险规制的任务出现多目标性和复杂性。④ 技术变迁与制度变迁是社会与经济演化的关键,这二者都呈现出路径依赖的特征。⑤ 在追求这些目标的过程中,组织逐渐地改变着制度结构。组织并非总是社会生产性的,因为制度框架也时常会提供一些反常的激励。组织之所以被设计出来,是为了实现其创立者的目标。⑥ 在区域大气污染治理中,各地方政府及其职能部门、企业、社会组织以及公民个人都对其负有责任并应加入这一合作治理事业之中。政府作为当然的责任主体,其在区域大气污染治理中负有主体责任,而府际合作则是破解当前行政区在大气污染治理中各自为政困局的必然选择。因此,在行政区行政向区域合作行政的转向中,

---

① 〔美〕菲利普·J.库珀著:《二十一世纪的公共行政:挑战与改革》,王巧玲、李文钊译,中国人民大学出版社2006年版,第61页。

② 冯兴元著:《地方政府竞争理论范式、分析框架与实证研究》,译林出版社2010年版,第31页。

③ 叶必丰:《区域经济一体化的法律治理》,载《中国社会科学》2012年第8期。

④ 戚建刚:《应急行政的兴起与行政应急法之建构》,载《法学研究》2012年第4期。

⑤ 〔美〕道格拉斯·G.诺斯著:《制度、制度变迁与经济绩效》,杭行译,韦森译审,格致出版社、上海三联书店、上海人民出版社2016年版,第122页。

⑥ 〔美〕道格拉斯·G.诺斯著:《制度、制度变迁与经济绩效》,杭行译,韦森译审,格致出版社、上海三联书店、上海人民出版社2016年版,第88页。

以行政区模式为基础的组织架构依然是府际合作治理的组织基础。

（一）行政权力均衡

某项行政职权总是配置给一定的行政组织，行政职权的调整也必然会涉及对行政职权的承载主体即行政组织的调整，包括纵向行政组织和横向行政组织，二者又直接决定着行政组织的总体规模。行政权力在纵向上的划分与配置首先受制于一国的国家结构形式，其在权力配置层面通过集权与分权加以表达。我国《宪法》明确规定："中华人民共和国是全国各族人民共同缔造的统一的多民族国家。"该规定表明了我国采用单一制的国家结构形式，但又具备复合制的一些特征。过分强调单一制容易走向高度集权而压抑地方积极性，过分强调复合制容易削弱中央权威而导致宏观无序①。因此，考察区域大气污染府际合作治理的既有组织设置必须遵循现行《宪法》规定的单一制的国家结构形式，在处理中央与地方政府关系上必须坚持集权与分权的合理均衡。另一方面，《宪法》规定："中央和地方的国家机构职权的划分，遵循在中央的统一领导下，充分发挥地方的主动性、积极性的原则。"这为我国探寻中央与地方政府之间权力的合理划分提供了框架性的指引，但如何划分中央与地方政府之间的行政权力却是再无其他法律规范调整。法律规范的缺失也是导致中央与地方政府的行政权力划分不清晰、集权与分权还不成熟的最为重要的原因——而这又是分析区域大气污染府际合作治理各政府组织结构必须首先解决的一个问题。在区域大气污染府际合作治理中，政府行政职权在纵向上的合理配置也应当体现集权与分权均衡的理念，有些行政职权必须集中由中央政府及其职能部门行使，有些行政职权由地方政府或基层政府及其职能部门行使可能更具效能，而集权与分权在宏观层面主要是指中央政府与地方政府之间的关系——后者实际上是中央政府与省级政府之间的关系②。行政集权与分权尽管紧密关联但还是有区别，不过也可将二者理解为是一个同步配置过程。所以，在府际合作治理中，纵向上的中央政府与地方政府、上级政府与下级政府，以及不具有行政隶属关系的斜向政府之间的行政权力应该考虑职权履行的有效性与职权结构的均衡性。

（二）行政组织结构优化

在遵循实践集权分权均衡的理念下，欲实现区域大气污染有效治理，或许在横向与纵向行政组织结构优化层面有一定的制度需求。在纵向行

---

① 金太军等著：《中央与地方政府关系构建与调谐》，广东人民出版社 2005 年版，第 72 页。

② 谢庆奎：《中国政府的府际关系研究》，载《北京大学学报（哲学社会科学版）》2000 年第 1 期。

政组织结构方面，《宪法》明确规定了行政区划从中央到地方分为中央、省级、市(县)级、乡(镇)级四级，但实践中却形成了事实上的五级政府，即在省级政府与市(县)级政府之间增加了一个管理层次——行政公署(有些已经改为地级市)现为《立法法》所确立的"设区的市"，这"不仅导致机构膨胀，政府管理成本增加，工作效率大大降低，而且使得市和县之间的城乡矛盾、经济利益之争、行政管理矛盾等呈现扩大化趋势"[①]；在行政组织横向结构方面，宏观管理幅度太小，微观行政组织部门又过于分散，呈"破碎化"状态。纵向行政组织和横向行政组织结构不合理，既不利于中央对地方的政治控制，也不利于行政管理，因此，优化纵向行政组织和横向行政组织结构是发挥中央与地方两个积极性的组织载体保障。在区域大气污染府际合作中，各地方人民政府、环境行政部门以及其他职能部门在合作治理中的角色与职能分工不同，凸显责任分工和有效履行职责也要求横向行政组织整合，减少部门林立，从而在整体上促进行政组织结构优化，实现大气污染合作治理效用最大化。

无论是区域内各地方人民政府行为，还是跨区域协调机构的建立，以及其他合作协议的签订等，都仰赖完备的制度基础。[②] 行政组织的优化也可以为区域大气污染府际合作提供制度基础，可以为区域大气污染府际合作治理过程中的多元利益实施再分配。对多元利益加以识别和再分配，其目的是为了保障优先利益，实现利益追求的公平。政府是公共利益的代表者，政府行政提供的是公共服务和公共产品。这种公共服务是无法由他人替代的，这种服务权是不能抛弃和转让的，抛弃或转让将使公民难以充分享受公共服务，受转让者所作的服务就不再是公共服务，因此，行政权又是一种服务职责。[③] 区域内大气污染协同治理主体的有效性取决于稳定的合作制度。只有稳定的区域内各政府的合作机制才可以有效扫除行政壁垒，提高协作效率。因此，区域内各地方人民政府合作机制的构建能够形成区域大气污染府际合作治理的有效推动力，推动区域内各地方人民政府的有效合作。[④]

十三届全国人大一次会议通过的《关于国务院机构改革方案的说明》决定整合国家发展和改革委员会、国土资源部、水利部、农业部、国家海洋

---

① 张志红著：《当代中国政府间纵向关系研究》，天津人民出版社 2005 年版，第 42 页。

② 刘志彪等著：《长三角区域经济一体化》，中国人民大学出版社 2010 年版，第 366 页。

③ 叶必丰著：《行政行为原理》，商务印书馆 2014 年版，第 17 页。

④ 刘志彪等著：《长三角区域经济一体化》，中国人民大学出版社 2010 年版，第 368 页。

局、国务院南水北调工程建设委员会办公室的一部分职责,组建生态环境部。① 这是从国务院层面对生态环境监管加以改革的组织基础。具体到地方层面,地方各级人民政府的职责也会随之整合和改革。必须强调的是,组建生态环境部以将污染防治和生态保护统筹协调起来有利于维护污染物与污染源和环境介质之间的统一性。② 无论是从自然属性还是社会实践属性考察,污染防治和生态保护都是维护生态服务功能的两个并行的层面。将两者割裂开来是不利于两者的保护的,更不利于生态系统的整体综合保护。

　　在环境资源管理领域,综合生态系统管理要求对环境和资源要素采取一种综合的管理策略和方法,要求将生态系统的各个组分进行综合考虑。在看待和认识环境要素和资源要素的生态价值时,不仅仅考虑环境资源要素的生态价值,还综合考虑其社会、经济等价值。综合生态系统管理对学科基础的要求也是综合性的,包括行政管理、市场手段和社会调整机制的综合运用,以解决生态系统退化的问题,达到人类的经济与社会全面的发展进步,达到人与环境的多元惠益,以实现人类社会与自然生态系统的和谐共处。目前有不少环境法律和政策文件已经确认生态系统方法的作用和地位。③ 从部门管理的角度,综合生态系统方法和协同发展原则要求所有相关部门在自然资源和生态环境的管理过程中能够做到协同管理,当然这依赖协同发展机制来实现。具体到资源管理领域,要求建立部门间协同管理机制。综合生态系统管理要求各管理机构之间的协同管理,在这方面法国的环境与能源控制署(Agence de l'Environnement et de la Maîtrise de l'Energie,简称 ADEME)是一个成功的范例。法国环境与能源控制署是一个综合性的机构,其直属于法国中央政府管理,该控制署对法国能源、

---

① 王勇:《关于国务院机构改革方案的说明——2018 年 3 月 13 日在第十三届全国人民代表大会第一次会议上》,载《人民日报》2018 年 03 月 14 日 05 版。

② 王金南、秦昌波、田超、程翠云、苏洁琼、蒋洪强:《生态环境部组建的理论基础》,载《中国环境管理》2015 年第 5 期。

③ 例如,美国环境质量委员会、农业部、陆军部、国防部、能源部、住房和城市发展部、内政部、司法部、劳动部、国务院、运输部、环境保护局和科学技术政策局等 14 个单位在 1995 年签署了"鼓励生态系统方法的谅解备忘录"。接着成立了联邦部门间生态系统管理任务组(Federal Interagency Ecosystem Management Task Force),以促进美国联邦政府有关部门对生态系统方法的认识。1999 年通过的《加拿大环境保护法》在其前言中强调"加拿大政府认可生态系统方法的重要性";在第二条中强调,在本法的执行中,加拿大政府除应当遵守加拿大宪法和法律外,还应当"实施考虑到生态系统的独特的和基本的特性的生态系统方法"。《俄罗斯联邦土地法典》(2001 年)第十二条明确规定:"利用土地应当采取能够切实保护生态系统的方式。"《俄罗斯联邦森林法》(1997 年制定,2006 年修改)在森林经营原则中规定:"维护森林生物多样性并遵循生态系统方法的要求。"

空气、噪声、交通、废物、污染土壤等环境和能源事务进行综合管理。

第三节　区域大气污染府际合作治理的环境法基础

从立法理念和法律规范条文以观,区域大气污染协同治理成为我国新修订的《大气污染防治法》重点关注的领域和问题。在法理念层面,这部法律以政府环境质量作为理念基础来实现政府间协同治理。在法制度层面,《大气污染防治法》(2015 年)创新性地设置了"第五章　重点区域大气污染联合防治"以及一些原创性的制度来应对区域大气污染。本节的论证以我国近几年新修订的几部环境立法为规范依据,探究区域大气污染府际合作治理的环境法基础。

一、区域大气污染府际合作治理的政府责任

(一)大气环境质量在立法中凸显

历史和生态往往是制度规范的决定性要素。[①] 我国在区域大气污染府际合作治理方面处于起步阶段,理念和制度构造都亟待完善和成熟。在污染防治理念层面,我国的环境立法传统是以排污企业为主要的政府管制对象,而忽略对政府行为的规范和约束。在这样的立法思路引导下,我国尚未有成熟的法律法规来规范和约束政府环境质量责任,政府环境质量责任的监督和约束主要通过规范性文件这种"软法"机制加以推行。[②] 区域大气污染府际合作治理仰赖制度环境。在我国现行环境管理体制下,大气污染存在属地治理的状况,这种状况与区域大气污染的属性很难匹配,因而存在着碎片化的问题。以环境污染属地治理的模式来治理区域大气环境整体,难免造成治理效率低下和区域内地方人民政府治理积极性不足等问题。政府间合作治理区域大气污染,其合作机理与合作制度体系不同于政府管理本辖区的大气环境。如何以政府环境质量责任为基础展开区域大气污染府际合作实践,这仰赖于完备的制度供给和制度环境。无论是政府间合作行为与协调机制、区域大气污染府际合作治理机构的建立,抑或是微观主体的市场活动都离不开较强约束力的、完善的制度环境。[③] 实体

---

① ［日］青木昌彦著:《比较制度分析》,周黎安译,上海远东出版社 2006 年版,第 57 页。
② 马波:《论政府环境责任法制化的实现路径》,载《法学评论》2016 年第 2 期。
③ 刘志彪等著:《长三角区域经济一体化》,中国人民大学出版社 2010 年版,第 366 页。

制度体系以及利益协调和纠纷解决是对区域大气污染府际合作治理的实践探讨。

从立法理念和法律规范条文以观,环境质量已经成为我国环境立法的立法目标。以环境质量的维护和提升为环境立法的目标,则环境保护制度的设置和制度架构均围绕环境质量目标而展开。[①] 首先考察 2015 年修订的《大气污染防治法》,这部法律直接规定了防治大气污染和对大气污染进行规范的目的是改善大气环境质量。[②] 在立法理念层面,为了实现这个目标,《大气污染防治法》(2015 年)主要贯彻的理念包括大气污染物源头治理、以大气环境规划为先行、为了源头控制必须转变经济发展方式和调整优化产业结构和布局,以及广泛运用新能源和清洁能源发展清洁生产机制。大气环境质量评价依赖一系列的以环境科学为基础的评价指标体系。在法律制度层面,围绕如何维护和提升大气环境质量,《大气污染防治法》(2015 年)设置了大气环境质量标准、大气环境质量限期达标规划、大气环境质量和大气污染源的监测和评价规范、大气污染损害评估制度、重点区域大气污染联合防治等制度。在中国,很长一段时间里,不同的大气环境质量评价体系基本上专门适用于对大气环境质量的观察和城市的大气环境质量趋势,而不适用于向公众公开日常的大气环境质量。[③]《大气污染防治法》(2015 年)"第二章　大气污染防治标准和限期达标规划"除了规定严格的大气环境标准外,还同时规定了日常的大气环境质量应该向公众公开。

(二) 政府大气环境质量责任

尽管政府代表的是公共利益,但环境法律也能够保障公众参与环境治理,从而使其能够成为监督政府实现环境多元治理的重要手段。但是,环境问题的产生原因复杂,除了"市场失灵"的原因,另外一个重要的原因是所谓的"政府失灵"。多重成因和多种类型的主体形成的合力最终导致环境问题的产生和环境质量下降。政府作为对环境影响最大的主体,其运用行政手段对环境质量加以规制。如果在政府环境质量规制的过程中出现了监管不力,则有可能会出现政府失灵的情况。由于环境问题的成因复

[①] 徐祥民:《环境质量目标主义:关于环境法直接规制目标的思考》,载《中国法学》2015 年第 6 期。

[②] 《大气污染防治法》(2015 年)第二条。

[③] Yu K, Chen Z, Gao J, Zhang Y, Wang S, Chai F, Relationship between Objective and Subjective Atmospheric Visibility and Its Influence on Willingness to Acceptor Pay in China. PLoSONE10(10).

杂,因此环境问题的解决方法也很复杂。环境质量下降如何应对,其根本出路在于对多元参与环境治理的主体所施加给环境的影响加以全面分析。以维护和提升环境质量为基本目标,分析政府的环境规制工具、政策以及执法行为如何对环境质量施加影响,且如何影响其他环境治理的主体。

《大气污染防治法》(2015 年)强调政府负有大气环境质量责任。为了监督和保障政府大气环境质量责任的红线,该法在第四条还规定了政府大气环境质量目标责任制和考核制度。以环境质量改善为导向的环境管制措施,除了传统的污染控制措施以外,还应重视区域环境规划、城市综合管理、区域产业优化、生态红线的空间管控、区域环境综合整治等以综合环境管理为特征的环境管制措施,以及构建多部门协调和联动的环境治理模式,促进公众参与和环境共治。[1]

政府环境质量责任的内涵是丰富的。第一,政府为何是环境管理的最适合主体,主要原因在于环境物品的公共属性。在环境政策研究领域,受制于环境本身作为公共物品或公共资源而具有的"非排他性",以及环境污染治理的正外部性,政府介入环境治理因而具有了客观上的正当性和有效性。[2] 第二,环境管理是现代政府的主要职能之一。现代政府的职能从过去的统治职能更多地转向了公共服务和公共行政的职能。政府不再是绝对的统治者,而是服务者和责任者。[3] 政府环境职能的履行也应当强调政府的身份和角色的嬗变。第三,政府履行环境管理的职能和环境质量责任的目的是增进公共利益。政府职能是多样的,除了环境管理外,还有国家安全、国防、教育等职能,这些职能与环境管理职能的性质有差异。分析其原因主要在于国防和国家安全等职能的维护是为了国家整体利益,而政府履行环境职能则是为了增加全体公民的公共利益,这是由环境质量的公共物品属性决定的。[4] 第四,政府环境质量责任的理念和制度构建与其他职能大不相同,这也要求政府在履行环境质量责任之时以提供环境公共物品和环境公共服务为基本导向。政府环境质量责任履行的公共利益导向使得政府履行环境质量责任的目标和管理理念大不相同。区域内各地方人民政府之间不仅仅存在着协同性,也存在竞争性。这种竞争性表现在区域

---

[1] 李挚萍:《论以环境质量改善为核心的环境法制转型》,载《重庆大学学报(社会科学版)》2017 年第 2 期。

[2] 赵新峰、袁宗:《区域大气污染治理中的政策工具:我国的实践历程与优化选择》,载《中国行政管理》2016 年第 7 期。

[3] 张康之、李传军、张璋著:《公共行政学》,经济科学出版社 2002 年版,第 28 页。

[4] 李文良等著:《中国政府职能转变问题报告》,中国发展出版社 2003 年版,第 2 页。

内各地方人民政府之间,以及各地方人民政府与地方其他主体之间的竞争产生效益。[①] 政府公共行为之间的竞争目标是追求集体理性。这是由于充分的公开和公平竞争更容易产生协同和规模经济,更能够提供优良的公共物品以及提升政府竞争力。[②] 在实践中,京津冀、珠三角、长三角等区域地方政府间的协作就充满了合作与竞争。如此,才可以有效地消除行政壁垒,充分竞争以保障区域整体优势的发挥和区域内各地方人民政府实现利益共赢。

任何一个行政组织都有自身的行政目标,其对行政管理起着导向和激励作用,对行政管理活动起着重要的控制作用。政府履行环境质量责任的目标不是单纯地对环境实施管理,其终极目标是为民众提供环境质量这种公共产品。这个基本点为政府公共行政行为的总体目标和措施提出了更高的要求。为了实现提升和维护环境质量的目标,政府应当制定污染减排目标、总量控制目标、生态保护措施等,以提升区域环境质量,实行目标管理。《大气污染防治行动计划》也强调,为了实现大气环境质量的提升,重点区域必须将重点污染物的减排目标作为约束性的目标,以此为基础构建以改善环境质量为核心的政府责任考核机制。[③]

（三）区域大气污染府际合作治理的政府角色

第一,政府环境管理转向环境治理。前文已述及,由于环境质量的公共物品属性,政府履行环境质量责任的理念和措施必然不同于传统的行政管理。区域大气污染和区域环境质量的公共物品属性也决定了政府的环境管理理念转向环境治理。区域大气污染、区域大气环境质量和区域环境质量的特性使得我们在探讨政府的角色时,不得不考虑其他主体的因素。政府是区域大气污染府际合作治理的主导,但并非唯一的主体。区域大气污染和区域大气环境质量多多少少带有协商的特性。那些可能会受到区域大气污染和区域大气环境质量下降影响的主体,他们也有可能会利用自身掌握的知识和采取不同的策略来参与区域大气污染和区域大气环境的治理。多主体的参与也意味着多种来源的知识和多种决策途径。这个时候,在区域大气污染和区域大气环境质量治理领域发挥竞争机制、协商机制和契约机制的作用就显得非常有必要。尤其重要的是,环境问题经常是

---

① 王焕祥著:《中国地方政府创新与竞争的行为、制度及其演化研究》,光明日报出版社 2009 年版,第 343 页。

② 王焕祥著:《中国地方政府创新与竞争的行为、制度及其演化研究》,光明日报出版社 2009 年版,第 343 页。

③ 《大气污染防治行动计划》。

动态的,其影响范围甚为广泛,而且受影响的主体也是不特定的,通常需要通过谈判、协商和契约机制来解决大家都共同面临的大气污染问题。① 事实上,政府的环境公共行为与民众之间的互动正是相互影响的,公众与政府之间的契约、协商和互动正是导致政府角色转变和政府环境质量提升的推手。而在区域大气污染和区域大气环境质量治理过程中,政府与公众之间在互动和博弈的过程中增进公共利益。② 政府治理理念和实践的发展既可以通过传统的规范性演进路径,也可以在实践中推行。当区域大气污染和区域大气环境质量治理的新领域凸显,以及当公众都需要参与到这个治理领域时,政府便有意识或者无意识地进行制度建构以实现对区域大气污染和区域大气环境质量的多主体治理。③ 这种引导性的制度建构形式包括公民参与区域大气污染防治事务管理等。

考察环境治理的含义可以发现,环境治理指的是环境保护制度和规则运行过程结合政府、企业、社会多元主体的模式。环境治理展示的是国家能力、制度能力与治理体系良性互动的"良治"。④ 环境治理的规范基础、治理事项以及公共行政的使用,皆不同于传统的环境管理。⑤ 区域环境公共治理是在区域一体化发展的背景下,由区域内多元主体(包括政府、企业、个人等)共同解决区域内公共问题、实现区域公共利益和采取协商机制实现区域公共事务管理的过程。⑥ 非营利组织还不受地域限制(而地方政府要受地域限制),能在多辖区的基础上提供服务。它的这些特点进一步凸显了发展政府部门与非营利组织关系的重要意义。事实上,双方的这种合作并非仅限于公共服务的边缘地带,而是更多地发生在公共服务的核心领域。⑦

第二,政府角色如何转变。事实上,由于政府与环境的多重关系,政府在治理环境之时的角色也是多样的。政府既是环境管理者,也是环境公共物品提供者,政府还是监督者,甚至还是消耗自然资源和利用环境容量的

① 李文钊著:《国家、市场与多中心中国政府改革的逻辑基础和实证分析》,社会科学文献出版社 2011 年版,第 283 页。
② [法]让-皮埃尔·戈丹著:《何谓治理》,钟震宇译,中国社会科学文献出版社 2000 年版,第 22 页。
③ [美]杰里·马肖著:《贪婪、混沌和治理》,宋功德译,商务印书馆 2009 年版,第 15 页。
④ 《"十三五"生态环境保护规划》。
⑤ 俞可平著:《权利政治与公益政治》,社会科学文献出版社 2005 年版,第 142 页。
⑥ 张劲松等著:《政府关系》,广东人民出版社 2008 年版,第 254 页。
⑦ [美]菲利普·J.库珀著:《二十一世纪的公共行政:挑战与改革》,王巧玲、李文钊译,中国人民大学出版社 2006 年版,第 107 页。

消费者。为顺应环境管理向环境治理的转换,政府在环境治理方面的角色也应当从统治环境转向治理环境,从管制政府和威权政府转向有限政府和服务型政府。在环境治理的过程中,伴随政府自身角色转变的是政府与其他环境治理参与主体之间的关系互动。政府环境治理应当在与企业、团体和公众的互动之中来推进。

政府角色转变还表现在治理工具的多样化,传统的环境管制模式中政府管理环境的工具主要是"行政命令"式的,而环境治理则更多地强调政府运用多元手段进行环境治理。这种治理模式更具有协商的色彩,其中环境行政合同就是一个显著的治理工具和现实手段。环境行政合同也称为环境行政契约,它是环境行政主体与公民等主体之间就环境事务达成的协议,这种行政行为加强了政府与公民等主体之间的对话。在日本,地方公共团体与事业者基于相互的合意达成公害防止协定。公害防止协定作为生态契约的典范,事实上启动了两个层次的交流。一方面,地方公共团体能够最大程度地反映民众的生态环境利益,要求事业者遵守政府环境法律。另一方面,反映了事业者直接关于生态利益的对话、分配和沟通机制。① 此外,环境时代的行政手段还有环境行政指导和环境行政补偿等。在传统环境行政手段的基础上,新型的环境行政手段是契合环境问题特点的,而且充分彰显了公共行政的精神。

政府作为环境治理的主导机关是环境治理的中心,但不是唯一的主体。公众的范围非常广泛,包括专家、团体、利益集团和普通民众,以及一切利益相关者。日本、美国和英国等发达国家的地方立法中都赋予了环保团体在一些事项方面的自治权利。这种自治权是以居民的环境权为基础的,因为自治权的行使与公民环境利益的获得息息相关。对于居民自治领域的事务而言,地方公共团体显然比国家行政机关更容易获得关于地方事务的实情,能够更及时准确地掌握区域公害状况,也能够更容易与区域居民密切接触从而更好地接纳民意,因此地方公共团体是最适合解决地方环境自治事务的公共团体。② 然而,具体到区域大气污染防治和区域大气环境治理领域,每个区域的大气污染问题都不是以一个相同的模式出现的。每个区域的大气污染物、污染浓度、雾霾天气等大气污染的质和量都是带有每个区域的特性的。对这些多样的特点和多元的利益主体,政府作为环境治理的主导者如何充分表达不同利益主体的利益,如何谋求区域大气环

---

① ［日］原田尚彦著:《环境法》,于敏译,法律出版社1999年版,第113—123页。
② ［日］原田尚彦著:《环境法》,于敏译,法律出版社1999年版,第97页。

境治理以更大程度地符合地方特色,这些对地方政府来说都是很大的挑战。因此,亟待构建完备的制度体系,以保证不同利益主体能够充分地表达自身的环境利益,以确保政府决策和政府行为能够更优化和更高效。环境治理的理念和政府在环境治理中的主导观念能够为区域大气污染府际合作治理提供全新的视角。这种全新的视角是政府以区域大气污染协同治理主导主体的角色设定区域大气污染和区域大气环境质量治理目标,吸收企业、非政府组织和公众参与区域大气污染和区域大气环境治理实务,通过协商和契约机制来实现治理目标。在区域大气污染和区域大气环境治理过程中,政府是治理主导,政府与企业和公民个人是真诚的合作关系。[1] 这种全新的视野和合作治理理念将贯彻至区域大气污染府际合作治理的各个层面。

二、区域大气污染府际合作治理的空间趋势

(一)空间管控作为环境规制的新趋势

以《生态文明体制改革总体方案》确定的"到 2020 年,构建起由自然资源资产产权制度、国土空间开发保护制度、空间规划体系"为基础,2016 年12 月 27 日,中共中央办公厅、国务院办公厅印发了《省级空间规划试点方案》。该方案要求开展省级空间规划的试点工作,落实空间管控策略。空间管控是环境规制领域的新趋势,空间规划是由整个制度体系构成的。空间管控也是环境规制的全新理念,构建空间管控制度体系,以国土空间条件为基础,划定需要特殊保护的空间,构建以生态空间为基础的环境管控措施,包括生态红线制度、空间规划、区域限批制度等其他空间管控措施。

空间管控作为环境规制的新趋势,它是在我国工业化和城镇化进程快速推进过程中产生的,环境和资源的空间分布状况不同决定了污染物质空间分布的特点。在不同的空间范围内,由于地理、地形、地貌的特点,大气、水、土壤等环境资源要素交错作用的特点也不同,不同污染物的累积、扩散、汇聚以及互相影响也形成明显的空间特点。尤其是城市群的发展带来区域环境问题的加剧,这更加论证了以区域环境为基本空间进行空间环境管控的必要性。环境问题与人口、资源和环境要素的空间分布有着相当程度的关联性,环境资源保护状况与经济社会要素存在空间耦合性。而且,环境影响具有潜在的效应,不可能采取静止的思维

---

[1]　王华:《治理中的伙伴关系:政府与非政府组织间的合作》,载《云南社会科学》2003 年第 3 期。

来进行环境管控,只有运用动态的和空间管控的思维,才能够有效解决环境问题。

（二）空间管控的主要机制

第一,空间规划。区域环境协同治理也是顺应了环境空间管控的新趋势。对一个区域而言,区域生态环境是一个整体,如何将区域生态环境整体视为一个管控空间来施行有效管控,这依赖于对区域生态环境状况的恰当认知。对于普通民众而言,如果能够参与到区域环境规划之中,那就可以表达自身的利益。[①] 我国规划种类非常多,而且通常是以部门利益为导向的。以空间为基础的环境规划应当能够整合这些规划,从而形成综合性的"空间规划"。以区域为基本空间的环境规划应当改变传统部门利益为导向的环境规划,以区域整体生态承载力为基础,划分区域环境管控的基本空间,例如重点开发区域、优化开发区域、限制开发区域和禁止开发区域等四类主体功能区;又如划定生态红线区域以实施特殊的空间保护措施。划定为四类的主体功能区,每种功能区的开发利用模式和优先顺序是不同的。需要注意的是,以区域为基本空间的环境规划不仅仅要避免部门利益导向,同时也要避免规划职能部门的职权交叉和在规划执行过程中互相推诿的状况。

第二,生态红线制度。生态红线制度指的是通过划定最小保护空间,对生态脆弱区、重要生态功能区等空间实施特殊保护。《生态文明体制改革总体方案》等规范性文件都将生态红线制度作为国土空间管控制度之典型。国土空间是实施生态文明建设的空间载体。生态红线制度的制度目标在于:第一,生态红线为国土空间划定最小的保护空间范围,在这个划定的空间范围内实施对生态系统和生态要素的特殊保护;第二,生态红线制度为国土空间开发设定限度,即国土空间开发不能超越生态系统的最高承载力,否则会危及生态安全和生态系统的稳定。

尽管环境质量红线是在污染物总量控制的基础上发展起来的,但这两者的关系仍然是相辅相成的。我国新修订的《环境保护法》强调政府对环境质量负责,质量改善除了完成固定源的重大治理工程外,还要充分发挥国家和地方两个层面的积极性。地方政府对改善环境质量负责,对质量恶化的应采取公开约谈、环保巡察、区域限批等手段措施。根据《环境保护法》(2014 年)的规定,政府对环境质量负责主要通过区域限批、环境质量

[①] 朱芒:《论我国目前公众参与的制度空间——以城市规划听证会为对象的粗略分析》,载《中国法学》2004 年第 3 期。

目标责任制、部门间协作制度等手段以提升区域环境质量为目的的环境法制度。从我国《环境保护法》中的环境质量维护法律制度的发展演变历程也不难发现其规律。《环境保护法》(1989 年)对环境质量维护侧重于通过污染物浓度控制、污染物总量控制和设置环境质量标准来间接维护环境质量;而《环境保护法》(2014 年)将环境质量责任规定为政府负责任的目标,规定了环境质量目标责任制、空间管控制度、区域限批、部门间协作制度等,从立体的维度来提升环境质量。总体而言,我国环境法对环境质量的规制经历了从污染物管理到空间管理和区域管理的历程,这也从侧面论证了我国环境制度和环境保护理念发展进化的历程。

第三,区域限批制度。区域限批制度是我国新创制的一项生态空间管制措施。区域限批制度的法律规范依据是《环境保护法》第四十四条第二款的规定。区域限批制度适用的前提条件是未完成环境质量目标或者超过重点污染物排放总量控制指标。[①] 区域限批制度实施的配套制度是区域大气污染物总量控制制度和区域环境质量目标制度。《大气污染防治法》(2015 年)第二条直接规定防治大气污染和对大气污染进行法律规范的目标是改善大气环境质量。为了实现这个目标,《大气污染防治法》(2015 年)主要贯彻的理念包括大气污染物源头治理、以大气环境规划为先行、为了源头控制必须转变经济发展方式和调整优化产业结构和布局,以及广泛运用新能源和清洁能源发展清洁生产机制。大气环境质量评价依赖一系列的以环境科学为基础的评价指标体系。在中国,很长一段时间里,不同的大气环境质量评价体系基本上专门适用于对大气环境质量的观察和城市的大气环境质量趋势,而不适用于向公众公开日常的大气环境质量。[②] 认识到这一点,区域限批制度的制度特性就很明显了,区域限批制度的管控基础即是区域生态环境整体。除了区域限批制度,还有一项新创制的制度与区域限批制度配套适用,这便是行政约谈制度。大气环境管制中的行政约谈状况也适应区域管理和空间管理的趋势。限批措施的启动对受限地区来说无疑是柄"双刃剑",其在强化区域环保工作的同时,也会带来抑制地区经济发展的不利后果。[③] 行政约谈制度没有在《环境保护

---

① 《环境保护法》(2014 年)第四十四条第二款。

② Yu K, Chen Z, Gao J, Zhang Y, Wang S, Chai F, Relationship between Objective and Subjective Atmospheric Visibility and Its Influence on Willingness to Acceptor Pay in China. PLoSONE10(10).

③ 黄锡生、韩英夫:《环评区域限批制度的双阶构造及其立法完善》,载《法律科学》2016 年第 6 期。

法》(2014年)之中加以规定,而是通过《环境保护部约谈暂行办法》加以规定的。

区域限批制度具有多重法律制度的属性。一方面,区域限批制度带有行政制裁制度的属性。它是只有在地区环境质量未达到环境质量标准或者超过污染物总量控制指标的状况下才实施的一种制裁。然而,这种制裁也同样带有环境管制的特点,因为这种制裁的内容是限制整个区域的新增"重点污染物排放总量的建设项目环境影响评价"。[1] 环评区域限批的实施主体是行政机关,并且行为指向一个行政辖区,其事实上是通过一个政府部门向下级政府部门作出抽象行政命令的方式实施的。[2] 可以说,区域限批制度的适用条件是基于区域整体环境监管,区域限批的制裁内容也具有维护区域整体生态环境质量的制度目标。在这个意义上,可以将区域限批制度也视为环境管制的措施之一种,而且是空间管控措施。考察与区域限批制度经常配套适用的行政约谈制度可以发现,行政约谈制度作为环境管制的措施之一,其是由上级行政管理部门来实施的。《环境保护部约谈暂行办法》规定了适用行政约谈的十一种情形,这十一种情形几乎都与区域污染防治和区域生态环境保护相关。例如区域环境质量恶化、区域存在严重污染风险、未完成区域污染物总量控制目标、触犯区域生态保护红线等。[3] 这些适用环境行政约谈的情形都多多少少带有区域环境管控的色彩,也具有维护区域整体生态环境的制度面向。

第四,基于区域空间的环境管理机制。除了上述三类区域环境空间管控措施外,还有其他一些区域环境空间管控措施,诸如技术措施、产业结构调整等。根据《大气污染防治行动计划》,要对大气污染进行源头控制,最为首要的是改变区域产业结构。中共中央最新设立的"雄安新区"就强调技术创新和高科技产业。调整产业结构和能源布局能够从根本上消减大气污染的来源,优化空间布局和结构。除此以外,清洁生产技术和循环经济的提倡也能够提升资源使用效率与减少污染物排放,并且可以提高区域环境管理的技术标准和技术门槛。此外,基于区域规划的产业结构调整也是区域环境空间管控措施之一。例如,2017年成立的雄安新区就强调区域内发展高新技术和优化产业布局。清洁的生产技术和高新技术产业由于能耗少,所以往往能够从源头消减污染物排放,同时还可以带来数以倍

---

① 《环境保护法》(2014年)第四十四条第二款。

② 竺效:《论新〈环境保护法〉中的环评区域限批制度》,载《法学》2014年第6期。

③ 《环境保护部约谈暂行办法》第三条。

计的生产力。对区域生态空间整体范围内的各类空间要素加以管理也是区域空间管理的措施之一。具体而言,对区域空间要素的管理应当建立在完善的产权登记和完备的空间要素使用权的基础之上,如此才可以物尽其用,最大限度地发挥生态空间要素的管控。同时,应当对各空间要素的互相作用加以把握,并从生态空间整体性视角加以管控,如此可以达到生态空间优化的整体性效果。

三、区域大气污染府际合作治理的多元机制

(一)环境协同治理新要求

2015年的《生态文明体制改革总体方案》[①]、十九大报告和"十三五"规划均提出要改革和完善生态文明体制,其中一个最重要的内涵就是构建区域生态环境协同治理模式。无论是作为我国立国策略的生态文明建设,还是我国经济社会发展的重大方针"十三五"规划,都将区域环境协同治理作为重要建设目标。本书研究区域大气污染的府际合作治理正是顺应了这一趋势。环境协同治理主要采用沟通的方法以增加政府间的合作,并将焦点放在协力合作的培养,即建立共识的方法。从学理上对政府间的环境合作进行治理,可以归纳为四个方面,具体包括下列四个要素:(1)中央协调规划;(2)重塑结构和法律授权;(3)联合规划;(4)联合财政。[②] 这四个要素对政府间合作的精髓进行了深刻地归纳,成为政府间合作治理环境绕不开的研究对象。这四个要素的实施主体是政府,也即区域环境协同治理的主体是政府之间的合作治理。如何构建区域环境保护机构和区域环境协同治理机制,这是我国环境管理体制中的一个短板。区域大气污染府际合作治理也是环境管理领域的一个全新的研究范式。

(二)区域环境协同治理具体层面

区域环境协同治理新范式主要包括以下几个方面的协同治理:

第一,区域环境治理的目标协同。根据区域生态环境的承载力、排污总量和经济社会发展状况,区域内各地方政府共同协商确定区域环境协同治理总目标和阶段性目标。第二,区域环境治理的信息机制协同。区域环境监测信息协同机制包括区域内信息的交换与公开以及信息平台的建设,从而使得区域执法机制的信息基础公开透明。第三,区域环境治理的执法协同。区域环境治理执法方面目前主要是通过运动式的执法来实现,这种

---

① 《生态文明体制改革总体方案》。

② 张志红著:《当代中国政府间纵向关系研究》,天津人民出版社2005年版,第180页。

风暴式的、运动式的执法方式可以取得暂时的阶段性成效,但是从远期和常态化的机制构建方面来看收效甚微。第四,区域环境治理的评估协同。区域环境治理的评估协同主要包括环境影响评价机制、绩效考核评估、评估标准、评估程序、评估结构的公开等方面。第五,区域环境治理的技术协同。区域环境治理的技术包括监测技术、污染物治理技术、污染清单技术、污染损害识别技术、污染预警技术、污染评估技术等方面。

区域环境协同治理是以政府为主导,由多元主体参与的动态过程。除了政府以外,利益相关者还有环保团体、企业和普通民众。政府应当摈弃之前那种全能型政府的理念,积极促进民众参与区域环境协同治理。前文已经阐述了我国的《环境保护法》(2014 年)和《大气污染防治法》(2015 年)这两部法律中关于区域环境协同治理的相关规定。总体而言,区域环境协同治理的法律规定比较笼统和原则,地方性法规和地方政府规章中有一些有益的经验。① 例如,《上海市大气污染防治条例》不仅仅规定了上海市辖区范围内下级人民地方政府之间的大气污染协同治理,②而且还对上海市如何参与长江三角洲大气污染协同治理进行了规定。③

（三）公众参与的力量

根据上文的论述,区域环境协同治理以政府为主导,但是仍需要公众的普遍参与,这才是现代环境治理的根本理念。一方面是政府在区域大气环境公共治理中的角色嬗变;另一方面是政府治理模式的嬗变。政府在公共治理中的角色嬗变可以通过几个方面来认识:第一,中央政府与地方政府关系;第二,政府与民众关系。此外,"市场式政府"意味着政府管理从传统的政府管理模式向"市场模式"的转变。审视市场化既需要广角镜以摄取整体图景,也需要显微镜以透视其运作细节和复杂性。④ 治理的目的是在各种不同的制度关系中运用权力去引导、控制和规范公民的各种活动,以最大限度地增进公共利益。所以,治理是一种公共管理活动和公共管理过程,它包括必要的公共权威、管理规则、治理机制和治理方式。⑤ 强调政府主导区域环境协同治理也不能忽视公众的力量,而普通民众的力量可以被视为是从微观视角观察区域环境协同治理的细节。

---

① 叶必丰:《区域合作的现有法律依据研究》,载《现代法学》2016 年第 2 期。

② 《上海市大气污染防治条例》第六条。

③ 《上海市大气污染防治条例》第九章。

④ ［美］唐纳德·凯特尔著:《权力共享:公共治理与私人市场》,孙迎春译,北京大学出版社 2009 年版,第 7 页。

⑤ 俞可平著:《论国家治理现代化》,社会科学文献出版社 2014 年版,第 21 页。

公众在区域环境治理中的积极作用是由我们每个人在环境中的地位决定的。人在环境体系中扮演着多重的角色。人类与环境的关系也是多元的,我们既是环境中的一部分,同时又是环境的改造者和观察者。当我们观察环境状况的变化之时,我们实质上是在讨论我们自身与环境的关系。我们对环境的参与远甚于我们先前所能意识到的,而且更清醒的自我意识能够促成审慎的行为。[①] 事实上,每个人对生态环境的影响远远比我们自己意识到的更为巨大。[②] 每个人在日常生活中都会消耗资源和利用环境容量,每个人的日常生活都会有碳足迹,每个人的日常行为对生态环境的影响都是难以估量的。[③] 如果说区域环境协同治理以政府为主导且强调政府在宏观层面的掌控,那么区域环境协同治理的微观层面则是以公众为实施主体的。如果完全依靠区域内各地方政府的行政决策,那可能会导致行政管理高成本或者行政行为低效率,如果以政府行政行为为主导而辅之以公众参与机制和市场机制,则可以实现区域环境协同治理的效率最大化。与传统的“命令—控制”型行政管制模式相比较,行政行为与市场机制和公众参与机制的结合能够有效地激励民众参与环境事务,也能够有效地监督政府行为,并且能够最大地发挥市场机制的作用。因此,区域环境协同治理和现代环境治理的趋势一样,多多少少混杂了行政行为、市场机制和公众参与的力量,它是这三者的互动和三者利益的衡平。或者,更为客观地说,它是这三者的共赢。第三方治理的性质类似于行政强制执行中的代履行。环境规制者将本来应该由企业执行的环境事务委托给专业服务机构代为履行,而本来应该承担这项事务的企业则支付相应的对价,政府环境规制者则对第三方治理机构的行为和结果加以监督。[④] 2014 年新修订的《环境保护法》规定的环境影响评价机构、环境监测机构以及其他环境服务机构的连带责任则是对第三方治理的法律约束。[⑤]

（四）市场机制的力量

区域环境治理作为一种全新的环境治理模式也有着重视市场机制的面向和逻辑。传统的“自上而下”式的政府权力授予模式被打破,来自“下

---

① ［美］彼得·S.温茨著:《环境正义论》,朱丹琼译,上海人民出版社 2007 年版,第 2 页。

② Gert Spaargaren, Theories of practices: Agency, technology, and culture Exploring the relevance of practice theories for the governance of sustainable consumption practices in the new world-order, Global Environmental Change 21(2011),813-822.

③ Inge Røpke, Theories of practice-New inspiration for ecological economic studies on consumption, Ecological Economics 68(2009),490-2497.

④ 谭冰霖:《环境规制的反身法路向》,载《中外法学》2016 年第 6 期。

⑤ 《环境保护法》(2014 年)第六十五条。

面"的和来自"外部"的压力不仅增强了社会权力对政府公共权力的控制力度,而且也为非政府组织的发展提供了契机。① 市场机制的产生与发展超越传统的"命令—控制"型行政管制的显著优势在于,市场机制能够为排污者提供持久的激励机制,并运用成本效益的方法最大程度地发挥市场的效率,从而避免传统行政行为的低效率。因此,将行政管制与市场机制相结合进行环境治理无疑是一种低成本高效率的方法。治理不仅仅明确了治理主体不是单一的,也明确了各治理主体之间的相互依赖,只有这样才能够达到治理的最优效果。为达到目的,各个组织必须交换资源,并通过谈判来达成共同的目标;交换的结果不仅取决于各个参与者的资源,而且也取决于游戏规则以及进行交换的环境。② 环境治理不仅是多中心的,也是多元机制的结合,其中广泛运用市场机制就是环境治理的一个显著特点。多中心治理不仅是公共物品的物质再生产,同时也是公共责任伦理的再生产,即公共权力理性化的成长。③

运用市场机制也是市场经济的基本法则,市场机制不仅仅可以运用于商品交易领域,也可以运用于环境治理领域。以排污权交易为例,传统的点源式污染管制方法只是考虑每个排污企业的排污量和环境管制标准,而没有考虑整个区域的排污量和环境容量。如果一味地要求企业减少排污量也许会起到很好的管制效果,但是也许会增加企业的生产成本。如果以区域整体环境容量为基础确定排污权交易,那么一部分使用良好设备和先进技术的企业势必获得更多的可交易排污权,他们可以将这些可交易的排污权投放市场,由其他一些生产技术落后和排污量大的企业来购买这些排污份额。如此,既可以保证区域整体环境容量不被突破,又可以激励企业去更新和采用先进的环境技术和措施。这就是市场机制的力量,可交易的排污权可以降低政府的管制成本,政府只需要根据一个区域的环境容量设置整体的排污上限,其他的排污份额的使用则完全交由市场来决定。环境规制制度的重要一类——经济激励机制可以充分利用市场机制对污染负担和污染减排实现再分配。如此,利用市场机制可以得到节约污染成本以及激励采用清洁生产和清洁技术的效果。必须指出的是,传统的"命令—控制"型方法在理论上也可以实现成本最小化,但这需要对每个污染源制

---

① [美]莱斯特·萨拉蒙:《非营利部门的崛起》,何增科译,载何增科主编《公民社会与第三部门》,社会科学文献出版社 2000 年版。
② 俞可平著:《论国家治理现代化》,社会科学文献出版社 2014 年版,第 20 页。
③ 孔繁斌著:《公共性的再生产:多中心治理的合作机制建构》,江苏人民出版社 2008 年版,第56 页。

定不同的标准。为此,环境管理机关必须掌握每个企业所面临的执行成本的详细信息,然而由于环境的区域差异性,这样的信息环境管理机关显然是无法获取的。如此,引入市场机制的环境治理措施能够考虑自然生态利益,也能够兼顾经济效益。我国目前有几个城市进行了排污权交易试点,也取得了一些有益的实践经验。可以说,区域环境质量领域恰恰是最适合于适用排污权交易的领域,应当将当前的一些有益经验适用于区域环境治理过程中。如此,既可以打破区域经济社会发展不平衡的状况,也有助于打破行政壁垒,还有助于增进公共利益。

第三章　区域大气污染府际合作治理
基本原理

　　区域内各地方人民政府在合作治理大气污染时，仍然必须遵循一定的原则。这些基本原则是区域大气污染府际合作的基本行为准则，其用以指导府际合作行为，从决策或规则创制，至执行与实施，全方位地促进府际合作的开展与深化，保障府际合作各方利益。

第一节　区域大气污染府际合作治理基本原则

一、合法原则

　　"权力法定"是任何行政权力的行使必须遵循的一项基本原则。"权力法定"的基本内涵是权力形式和权力内容的来源由法律规定。

　　（一）区域内各政府履行区域大气污染治理的权力源自法定

　　只有法律才是权力存在的合法性基础和运行依据，法律是一切权力的本原。① 区域大气污染府际合作治理领域中的政府行政权力行使也不例外。区域内各行政区政府间的合作是区域大气污染联合防治的主导，政府间的合作以政府行政权力为基础。政府之间的合作也是行政权力的协调，政府对大气环境质量负责的责任基础也是政府享有的环境资源管理行政权力。"权力法定"原则构成区域内各行政区政府合作的基本法则，政府间任何协商、协调机制和政府行为都应当贯彻"权力法定"原则。"权力法定"的"法"可以表现为宪法性法律，例如宪法性法律赋予政府环境资源管理权，关于这一点前文也有所述及。我国政府行政权力配置的基本法律依据主要有《宪法》《地方各级人民代表大会和地方各级人民政府组织法》《国务

---

① 叶必丰：《国家权力的直接来源：法律》，载《长江日报》1998 年 6 月 8 日。

院组织法》等宪法性法律。这些宪法性法律是行政权力配置的基本法律依据。"权力法定"的"法"还可以表现为单行法律,例如《环境保护法》(2014年)、《大气污染防治法》(2015年)等对区域大气污染和区域环境协同治理作出规定的法律。这些法律的规定都可以成为区域内各行政区协同治理大气污染的行政权力来源。值得一提的是,涉及到区域内不同行政区之间边界关系的还有《行政区域界线管理条例》《地名管理条例》等行政法规,区域内各地方政府在行使行政权力之时也应当遵守这些行政法规的规定。

(二)区域内各政府行使区域大气污染治理的权力应当依据法定程序

在区域大气污染府际合作治理过程中,政府行使行政权力防治大气污染应当依据法定程序。程序是交涉过程的制度化,其实质是"管理和决定的非人情化,其一切布置都是为了限制(权力的)肆意、专断和裁量"①。在当代行政过程中,如何防止政府行政权力的滥用,并保障行政相对人的权利,这是民主和人权的基本保障。② 如果说笔者在第一点中强调区域内各行政区政府权力来源法定是关注政府行政权力的静态层面,那么强调区域内各行政区政府权力行使依据法定程序则是关注政府行政权力的动态过程。实体层面和程序层面的政府行政权力能够保障最低程度的正义实现。程序法定的含义也很丰富,至少应当包括程序中立性、参与性和公开性三项要求。③ 在区域大气污染府际合作治理过程中,政府行使行政权力要依据法定的程序、方式和事先要求,如此才能够实现恰当的、合理的、合法的实体法律决定。扩展开来,在区域大气污染府际合作治理过程中,政府行使行政权力应符合恰当的程序要求,包括回避制度、职能分离制度、信息公开制度、说明理由制度、禁止单方面接触制度、听证制度等。这些程序性制度一方面可以保障政府行政行为的程序正义,另一方面也可以为行政相对人提供更多地参与行政决策,以及更好地与行政机关进行沟通和协商的机会,从而可以从根本上实现当代行政程序法的基本价值追求——实质正义和程序正义。

二、效率与公平原则

(一)效率与公平原则阐释

构建区域大气污染府际合作治理制度机制,提升区域大气环境质量,

---

① 季卫东:《法律程序的意义》,载《中国社会科学》1993年第1期。

② 吴德星:《论中国行政法制程序化与行政程序法制化》,载《中国人民大学学报》1997年第1期。

③ 周佑勇著:《行政法基本原则研究》,武汉大学出版社2005年版,第247页。

两者应当遵循效率与公平原则,从而对区域内各地方政府职权进行优化配置和协调,降低区域内各地方政府之间的协调治理成本和整体提高行政效能。政府之间在区域大气污染防治和区域大气环境治理方面进行协同合作,归根结底,政府行使的仍然是行政权力。对于行政权力的规范,强调效率原则与行政权力的公权力属性和行政权力的特点密切相关。行政权具有公权力属性,行政权的行使主体只有政府,政府是行政行为的主导主体,政府对行政权力享有独一无二的控制权。因此,对于政府而言,行政权力的行使是政府管理的一个工具和手段。行政权行使的最优结果是用最小的权力行使成本换取最大的社会效益。[①] 即使是在传统的行政领域,行使行政权力被视为执行国家意志,行政部门行使行政权力和执行行政事务应当对公共利益负责任。同时,行政效率也应当是行政行为的价值目标,应要求行使行政权力以建立高效率的政府。[②] 否则,政府很容易滋生低效率的行为。

在区域大气污染防治和区域大气环境治理领域协同合作层面,区域内各地方政府行为也具有伦理主义的向度。政府公共行政的价值必须以公共利益和公共价值为基本导向。政府行为以最大程度地促进民众公共利益的实现为最高价值。为了实现普通民众的公共利益,政府行政行为应当坚持程序公正和公平。公正和公平应当是政府行政行为的核心价值。这个核心价值主导公共行政行为的程序和过程,强调政府公共行政的设置和偏好,强调政府公共行政的公平以及公共管理者的决策和项目执行过程。[③] 认识到政府行为必须坚持的基本价值后,就应当将基本原则整合进政府行政行为的过程中,在区域大气污染府际合作治理过程中充分吸纳公众意见和民意,以满足公民多元化的价值。

(二)效率与公平原则在区域大气污染府际合作治理中的运用

公平与效率既是公共行政行为的基本原则和价值目标,又是区域协同发展战略的基本原则和目标,也是区域内各地方政府关系处理的基本原则和目标。[④] 在不同的历史发展阶段,我国采取不同的区域发展战略,因而也产生了不同的发展效果。改革开放之前,我国强调区域均衡发展战略,实施东西部和南北部公平原则,推动内地经济发展。改革开放之后二十

---

① 关保英著:《行政法的价值定位》,中国政法大学出版社 1997 年版,第 25 页。

② 郭夏娟著:《公共行政伦理学》,浙江大学出版社 2004 年版,第 13 页。

③ Frederickson, New Public Administration, the University of Alabama Press, 1980. pp. 1–12.

④ 杨小军、何京玲:《基于公平与效率视角的我国区域经济发展战略演进》,载《商业研究》2009 年第 5 期。

年,国家实施区域非均衡发展战略,强调沿海与中西部发展有各自的特色。在社会主义市场经济发展过程中,由于区域内市场要素的自由流动而导致区域综合竞争力出现了显著的差距,特别是中西部区域差距逐渐扩大。2000 年之后,我国实行西部大开发政策,重点支持发展西部地区,试图缩小沿海与中西部之间的差距。进入 21 世纪第二个十年之后,我国又实行区域协调发展战略,目的是对城市群的优势和群聚效力加以优化,通过构建区域合作机制和扶持机制,加大对区域集聚效益的刺激,促进城市群整体发展。[①] 区域协调发展战略即凸显公平与效率结合的原则。区域发展战略所遵循的基本原则同样适用于区域内各级政府在区域大气污染治理领域中的合作。

探讨制度选择路径首先要明白人类行为的两个具体方面:(1)动机;(2)对环境的辨识。[②] 信息的高昂成本是交易费用的关键。[③] 制度的首要问题是交易的成本,交易成本对于制度微观理论的构建来说具有重要价值。[④] 另外,人们的观念和意识也决定着制度的选择路径,而制度选择又决定社会的发展方向。因此,在选择和制定区域发展战略和具体制度安排之时,应当遵守公平与效率原则,尽量将公平效率原则贯彻至区域协同发展战略的具体制度之中。在区域内各地方人民政府合作领域,首先应当依据公平原则分配各地方人民政府的利益,区域内各地方人民政府合作的效率取决于各地方人民政府是否能够达成合作意向以及合作意向的执行状况。因此,兼顾公平与效率原则的合作制度是区域大气污染府际合作治理的基本取向。

三、协调发展原则

(一)协调发展

综合生态系统方法要求实现不同部门和不同学科的协同发展和协同合作,便于相关领域方法融合。综合生态系统管理是一种新的管理策略和方法,综合生态系统管理要求综合生态学、环境科学、管理学、法学、政治学

---

① 段娟:《从均衡到协调:新中国区域经济发展战略演进的历史考察》,载《兰州商学院学报》2010 年第 6 期。

② [美]道格拉斯·G.诺斯著:《制度、制度变迁与经济绩效》,杭行译,韦森译审,格致出版社、上海三联书店、上海人民出版社 2016 年版,第 23 页。

③ [美]道格拉斯·G.诺斯著:《制度、制度变迁与经济绩效》,杭行译,韦森译审,格致出版社、上海三联书店、上海人民出版社 2016 年版,第 32 页。

④ [美]道格拉斯·G.诺斯著:《制度、制度变迁与经济绩效》,杭行译,韦森译审,格致出版社、上海三联书店、上海人民出版社 2016 年版,第 33 页。

等多学科的知识,综合运用多种调整机制,它对生态系统的诸要素采用系统的观点进行统筹管理,对生命系统与非生命系统实行统一管理,从单要素管理向多要素综合管理转变,将人类活动纳入生态系统的协调管理之中,从对自然生态的统治和"善政"向"治理"和"良治"转变。由于我国现行的自然资源和环境管理体制是部门导向的,所以将综合生态系统方法运用至环境管理和自然资源管理之中,就要求涉及到环境和自然资源的各部门间实行协同管理,打破传统管理体制的弊端。自然资源和生态环境综合管理能够真正实现尊重生态系统的规律和自然规律,而不是将生态系统和自然环境割裂开来进行片面管理。

在环境资源管理领域,综合生态系统管理要求对环境和资源要素采取一种综合的管理策略和方法,要求将生态系统的各个组分进行综合考虑。在看待和认识环境要素和资源要素的生态价值时,不仅仅考虑环境资源要素的生态价值,还应综合考虑其社会、经济等价值。综合生态系统管理对于管理手段与方式的要求也是综合性的,包括行政管理、市场手段和社会调整机制的综合运用,以解决生态系统退化的问题,达到人类的经济与社会全面的发展进步,达到人与环境的多元惠益,以实现人类社会与自然生态系统的和谐共处。目前有不少环境法律和政策文件已经确认生态系统方法的作用和地位。[1] 从部门管理的角度,综合生态系统方法和协同发展原则要求所有相关部门在自然资源和生态环境的管理过程中能够做到协同管理,当然这依靠协同发展机制来实现。具体到资源管理领域,就是要求建立部门间协同管理机制。

反观我国的环境管理体制,我国《环境保护法》(2014 年)和《大气污染防治法》(2015 年)均规定我国的大气污染监督管理是环境保护机关统一管理和分级分部门管理相结合的体制。前文已论证,生态系统之中的每一个要素都是相关联的,大气生态环境与水生态环境、土壤生态环境等都会

---

[1] 例如,美国环境质量委员会、农业部、陆军部、国防部、能源部、住房和城市发展部、内政部、司法部、劳动部、国务院、运输部、环境保护局和科学技术政策局等 14 个单位在 1995 年签署了"鼓励生态系统方法的谅解备忘录"。接着成立了联邦部门间生态系统管理任务组(Federal Interagency Ecosystem Management Task Force),以促进美国联邦政府有关部门对生态系统方法的认识。1999 年通过的《加拿大环境保护法》在其前言中强调"加拿大政府认可生态系统方法的重要性";在第二条中强调,在本法的执行中,加拿大政府除应当遵守加拿大宪法和法律,还应当"实施考虑到生态系统的独特的和基本的特性的生态系统方法"。《俄罗斯联邦土地法典》(2001 年)第十二条明确规定,"利用土地应当采取能够切实保护生态系统的方式"。《俄罗斯联邦森林法》(1997 年制定,2006 年修改)在森林经营原则中规定:"维护森林生物多样性并遵循生态系统方法的要求"。

互相产生影响。这种相互关系也会对整个生态系统的平衡产生影响。[①]基于生态系统的相互关联特性,对生态系统的某一个要素实施管理之时,应当强调和考量其对其他生态系统要素的影响,这就要求我们对区域大气污染和区域大气环境实施协同管理。我国在立法和实践中也有一些协同管理机制,例如部门联席会议、跨行政区行政协议、信息通报交流、交叉备案、协调委员会、联合执法、联合检查等。[②]我国的环境管理相关机构之间协同管理并非常态,而是以联席会议、信息通报、协调委员会等来实现,这与法国的综合性管理机构相去甚远,也不符合对环境资源进行综合管理的需要。

（二）可持续发展理念

1987 年,联合国环境与发展委员会在题为《我们共同的未来》的著名报告中提出了"可持续发展"的概念,可持续发展是指"既满足现代人的需求也不损害后代人满足需求的能力"。[③]这项定义在 1992 年的巴西联合国环境与发展大会上被广泛认可。可持续发展作为国家发展战略,其基本原则包括发展原则、和谐原则和公正原则。根据可持续性原则,所有资源的使用都必须考量到后代人的需要。要实施可持续发展原则并非易事,提高可耗竭资源利用的代际公平性是一个恰当的起点。虽然对那些使用当地动植物资源的研究活动和样本采集设立学科并不难,但是设计出一种方法保证对每一种派生的基因产品都能够提取使用就难多了。还有一种调节可能面临物种灭绝的可能性。为灭绝物种而赔偿子孙后代并不恰当,不仅因为我们不知道赔偿的适宜水平,而且有可能后代人的价值偏好认为保存下来的物种价值超过我们这代人愿意提供的任何可能补偿。考虑到后代人偏好的不确定性,一种策略是把物种保护包含到可持续的定义中去,允许后代自己作出评价。在这种途径下,不管净收益的计算结果如何,导致物种灭绝的策略显然是行不通的。保护后代人的选择权而不是试图猜测他们的偏好,这样才能保护他们的利益。[④]

可持续发展就是要既着眼于当下经济发展的需求,又要照顾到子孙后

① 吴贤静:《生态文明建设与环境法制度创新》,载《江汉大学学报(社会科学版)》2014 年第 1 期。

② 杨治坤:《论跨行政区大气污染联合防治机制构建》,载《资源开发与市场》2014 年第 8 期。

③ 世界环境与发展委员会:《我们共同的未来》,王之佳、柯金良等译,吉林人民出版社 1997 年版,第 3 页。

④ [美]汤姆·蒂坦伯格、琳恩·刘易斯著:《环境与自然资源经济学》,王晓霞、杨鹏、石磊、安树民等译,中国人民大学出版社 2011 年版,第 524 页。

代的需求,即留给我们的子孙后代一个体面生活的机会。① 生态可持续发展就是保持生态系统健康。生态系统相互作用的方式是允许体面保持功能的充分完整性以便继续提供给人类和该生态系统中其他生物以食物、水、衣物和其他所需的资源。可持续发展并不单纯地意味着持续的经济增长。如果经济增长过度依赖资源量的持续增长,而这些资源来自供给能力有限的生态系统,那么要想维持经济增长的持续性是不可能的,在经济发展和其他优势(如社会公正)实现之后,如果追求奢华的消费,那么可持续发展也是不可能实现的。一般来说,可持续发展对资源的需求强度越大,对生态系统稳定状态和生态安全的需求就越大。

（三）绿色发展理念

绿色文明(或称为绿色道路)认识到绿色象征着生命,预示人们呼唤绿色,重建绿色,从"绿色道路"走向可持续发展的未来。② 绿色发展观是近几年我国提出的一项发展观和发展理念。绿色发展要求经济社会发展应尽量遵循节约资源、高效利用资源和环境友好的理念,使绿色原则、绿色消费和绿色经济贯穿至全社会的发展过程之中。具体而言,绿色发展要求低碳经济、循环经济、清洁生产、绿色消费。从法律制度的层面则要求与这些方面相适应的法律体系构建和法律制度构建。绿色发展原则与可持续发展原则是一脉相承的。从人类文明发展的总体路径而言,是沿着这样一条思路:从工业文明到生态文明,从不可持续发展到可持续发展。③ 绿色发展理念不仅仅要求发展理念的变革,还要求一系列的配套制度以及行为模式的变革。

四、公众参与原则

（一）公众参与的基本理念

美国学者弗朗西斯·福山指出,"构成社会资本的规范必须能够促进群体内的合作,因此,它们往往跟诚实、遵守诺言、履行义务及互惠之类的传统美德存在联系。"④互信是社会交往的基本要素,在区域大气污染协同治理领域,互信是构建区域内各地方人民政府之间合作关系的基本要素,

---

① ［英］杰拉尔德·G. 马尔腾著:《人类生态学——可持续发展的基本概念》,顾朝林、袁晓辉等译校,商务印书馆2012年版,第10页。

② 余谋昌著:《生态哲学》,陕西人民教育出版社2000年版,第240页。

③ 蔡守秋著:《调整论——对主流法理学的反思与补充》,高等教育出版社2003年版,第88页。

④ ［美］弗朗西斯·福山著:《信任:社会美德与创造经济繁荣》,彭志华译,海南出版社2001年版,第30页。

也是区域内各地方人民政府之间有效合作的基本要件。同时,互信还是区域内各地方人民政府促进公众参与的基本前提。只有在互信的基础上,人们在无重复信息条件和认知的基础上才可以达成共识。互信还会对政府实现区域整体利益和区域发展目标提供策略选择。在一个缺乏信用的时代,区域内各地方人民政府之间都有可能承担潜在的受伤害的风险。显然,只有互信才可以最大程度地保障区域内各地方人民政府之间的充分合作以及最大程度的公众参与。区域内各地方人民政府以及公众的利益实现也是以互信为基础的。如果区域内各地方人民政府之间缺乏信任基础,有可能导致各地方人民政府之间的疏远和敌视感,也有可能造成行政冲突,甚至可能导致区域内各地方人民政府之间的合作计划难以推行。① 区域内各地方人民政府之间是否具有合作的互信基础,决定着对于合作行为和合作计划的目标是否是可预期的。区域内各地方人民政府之间在区域大气污染协同治理过程中是否具有互信基础,也取决于区域内各地方人民政府的行政决策是否合理以及政府是否具有政治智慧。区域内各地方人民政府之间具有互信基础,可以有效促进各合作人民政府相互妥协,从而保障区域整体利益的实现和合作计划的推进。尽管在府际间合作治理中建立必要的管制制度是必要的,"但过度的监管可能对信誉带来损害。一味地依赖政府管制,忽视其对信誉可能带来的影响,就会产生更严重的信任问题"②。"你的利益暗含我的利益。另外,从理性选择的角度看,信任是矛盾的。一方面,信任关系在增加合作效用的同时减少了信息成本;另一方面,因为政治主体是自私的,所以那些信任其他政治主体的政治主体似乎在非理性的选择增加他们受其他政治主体伤害的可能性。"③

在区域大气污染府际合作治理中,各级政府都具备"理性人"思维和"搭便车"策略,为走出"囚徒困境",参与合作的政府应当经过充分协商。在充分协商的过程中,最大程度地分析各地方人民政府的利益差异和发展差异,探讨共同利益和共同发展目标。这就是所谓"求同存异"的过程。为了实现区域整体利益的最大化,有可能会出现区域内某一个地方的利益有所牺牲,这个时候必须给予补偿才可以更好地平衡各方利益,从而达到共赢。以区域各地方人民政府共赢为基本目标,要求区域内各地方人民政府树立正确的思维和策略,具有"唇齿相关"的意识,并以此为基本思路构建

① 〔美〕加布里埃尔·A.阿尔蒙德等著:《比较政治学》,曹沛霖译,上海译文出版社 1987 年版,第 44—45 页。

② 张维迎著:《信息、信任与法律》,生活·读书·新知三联书店 2003 年版,第 17 页。

③ 〔美〕马克·E.沃伦著:《民主与信任》,吴辉译,华夏出版社 2004 年版,序言,第 1—2 页。

合作机制。区域内各地方人民政府之间既有合作关系,也有明显的竞争关系,激励区域内竞争从而达到更好的合作目的应当充分发挥区域内公众参与的力量和价值。在区域内各地方人民政府之间的合作和竞争过程中,公众也有强烈的参与区域事务的需求,而在实践中,区域事务公众参与的力量非常微薄。因此,区域大气污染协同治理机制应当在政府充分授权的基础上,完善公民参与机制及利益表达机制,并形成多中心的和分散的政府—地方社会治理网络。在公共物品的提供中,政府与地方社会通过交换资源、共享知识、谈判目标以及采取有效的集体行动来协作完成共同的目标,因此,这一模式也是与西方的治理模式相契合的。①

(二)公众参与原则

区域合作是一个求同存异的竞合过程,制度是区域大气污染协同治理的基础。通过制度规范行为和分配利益,从而达到利益协调的目标,这是有效减少区域内各地方人民政府冲突的途径。② 区域大气污染协同治理过程中的公众参与主体是多样的,参与机制是多元的。府际合作治理的理念也发生了巨大变化,从过去单纯的行政命令和消极行政转向政府主导和公众参与。行政相对人不再是政府行为的客体,而是转变为具有参与主体地位的公民,并成为公共行政的主要参与主体。政府行政过程也不再是单向的管理行为,而成为一个多元主体利益博弈和沟通协商的过程。③ 公众参与原则要求充分的信息公开和信息沟通,单纯的封闭信息对于公众参与是没有好处的,只有让参与的各方主体充分了解信息,充分享有知情权,并且充分地沟通、协商和论辩,才能真正实现公众参与的价值。同时,应当疏通和拓宽各治理主体的参与渠道,包括各地方政府及其职能部门、大气污染的排污者、环保社会组织、普通民众,建立和完善具有实质性意义的双向沟通与参与程序制度,以规范化和程序化机制保障多元主体参与到区域大气污染府际合作治理之中。

(三)区域大气污染府际合作治理呈现多元共治格局

我国"十三五"规划里对环境治理体系的归纳是"形成政府、企业和公众共治的环境治理体系"。环境治理体系的总结精准地指出了环境治理的

---

① 王焕祥著:《中国地方政府创新与竞争的行为、制度及其演化研究》,光明日报出版社 2009 年版,第 347—348 页。

② 庄士成:《长三角区域合作中的利益格局失衡与利益平衡机制研究》,载《当代财经》2010 年第 9 期。

③ 石佑启、杨治坤、黄新波著:《论行政体制改革与行政法治》,北京大学出版社 2009 年版,第 13 页。

多方主体,主要包括三大类:政府、企业和公众。政府和企业一直是我国环境立法和环境规制的主体和对象,而公众参与则是近些年才兴起的环境治理路径和思路。只有这三大类主体有机结合,才可以形成开放的、动态的、多元主体参与的环境治理系统。无论是公众中的利益集团还是利益相关者,无论是环境决策的支持者还是反对者,无论是公众中的民众亦或是专家,都是公众参与的重要力量。只有充分发掘各方力量对环境治理和环境决策的影响力,只有发掘其不同的利益差别以及对于环境决策的动力机制,并且只有了解不同公众的态度和价值诉求,才能把每一个参与环境政治的"人"鲜活地凸显出来,也才能实践环境史提倡的真正的和彻底的人本主义。①

第二节　区域大气污染府际合作治理软硬法混合规制

区域大气污染府际合作治理不仅是对当前行政区环境执法的拓展甚至是反叛,也是对当前我国既有的环保法律规范体系提出的新要求。府际合作治理的多元化主体以及多样化与复合化的行为组合方式所要求的治理规则也应当是多元的。传统的硬法规范体系显示出固有的局限性,而以政策、指导规则或指导标准为载体的软法则可以在区域大气污染府际合作治理中大展身手。在区域大气污染府际合作治理中,硬法与软法可以联手以发挥各自的规范优势,相得益彰,从而形成一种软硬法混合规制方式。

一、软硬法混合规制趋势

在不同的区域发展战略阶段,府际合作协调机制从无到有,从仅具有宣示意义到实际操作,其一直在不断深化完善之中。但无论是中央政府或上级政府制定政策约束型的府际合作协调模式,还是通过签订行政协议以承接中央或上级制定的区域发展战略及其政策的自我约束型的府际合作协调模式,这两种模式在本质上均可归结为政策协调,而这又可归纳为软法规制范畴。

（一）区域大气污染府际合作治理从政策协调转向法律规制

我国的法律规范体系与"条块"管理体制相吻合,但对跨区域公共行政

---

① 刘向阳:《清洁空气的博弈:环境政治史视角下20世纪美国控制污染治理》,中国环境出版社2014年版,第15页。

事务治理既缺乏系统的法律规范规制,也无完整的相应跨区域行政组织设置(当然存在例外,如金融监管机构的跨区域设置),加之法治化程度还处于完善之中,故对于跨区域公共行政事务治理,当前采用政策协调,由政府自上而下地依靠行政权威方式来推行,即以新制度经济学中所谓的"强制性制度变迁"①为主要路径。府际合作协调政策与国家区域协调发展战略一脉相承,当然,国家区域发展战略的决策主体呈现多元化:既有中共中央作为决策主体,也有中央人民政府国务院作为决策主体,还有联合决策主体——中共中央和国务院。同时,这种国家层面的重大决策往往首先由中共中央在党的会议或文件中提出战略构想,并由中共中央与国务院联合或国务院单独发文对党的战略决策进行具体化。为对接国家层面的区域发展战略,地方政府之间则多通过缔结行政协议的形式或者地方政府单独颁布政策,使国家区域发展战略在本行政区域内能够细化落实,如 2009 年1 月 8 日国务院发布《珠江三角洲地区改革发展规划纲要(2008—2020年)》,2011 年 3 月 6 日广东省人民政府分别与香港特别行政区、澳门特别行政区政府签订了《粤港合作框架协议》和《粤澳合作框架协议》,2009 年 6月 10 日广东省人民政府办公厅颁布《关于加快推进珠江三角洲区域一体化的指导意见》,2010 年 7 月 30 日广东省人民政府办公厅同时颁布《珠江三角洲产业布局一体化规划(2009—2020 年)》《珠江三角洲基本公共服务一体化规划(2009—2020 年)》和《珠江三角洲环境保护一体化规划(2009—2020 年)》,以积极推动珠三角一体化协调发展。

　　府际合作包括区域大气污染府际合作政策协调,其表现出比较强烈的行政权威色彩,一方面,政策方案的设计局限在行政系统内部,公众缺乏参与渠道(当然也不排除有专家参与论证和提供决策咨询意见),公众最后知晓的就是以"通知""框架协议""规划纲要"等为载体的冷冰冰的政策文本,协调政策文件从制定到颁布呈现封闭状态;另一方面,中央政府或上级政府垄断了作为制度供给的府际合作协调政策制定权力,地方政府或下级政府作为府际合作协调政策的直接关系主体,其制度供给主体地位被降低,仅仅成为协调政策的执行者。同时,我们是否也可以得出政策调整的一个悖论,即政府一方面作为府际合作协调政策的强制主体,另一方面它又是

---

① [美]科斯等著:《财产权利与制度变迁》,刘守英等译,上海三联书店 1991 年版,第 391—392页。

府际合作协调政策的调整对象。① 府际合作协调政策调整还涉及政策本身可能存在的民主与科学精神的缺失,因而导致政策执行难度加大和成本增加。相比较而言,法律调整的稳定性、规范性、国家强制力保障等优势以及告示、指引、评价、教育等功能,更能保障府际合作协调得以有效落实。

(二)区域大气污染府际合作治理硬法规制的内在理据

第一,硬法规制的行政生态格局。全球化和地区化并行发展,全球治理和区域治理共同崛起,这构成了当代世界各国治国理政无法绕开的全新政治行政生态格局。正是世界经济一体化的裹挟和中国社会主义市场经济体制的建立与完善使我国区域经济一体化获得快速发展,在地域空间单元上从早期的珠三角、长三角和环渤海湾,到后来的西部开发、振兴东北和中部地区崛起,形成了多层次、多对象、多目的的区域发展战略和区域经济板块。党的十八大以来,党和国家在深入实施西部开发、东北振兴、中部崛起和东部率先发展的区域发展总体战略的基础上,相继内推京津冀地区协同发展战略、长江经济带发展战略,外推"一带一路"建设,把国家层面的区域发展战略与全球范围的区域合作格局有机地联结在一起。但整体来讲,我国区域发展战略的推进主要是以新制度经济学中所谓"强制性制度变迁"②为主要路径,并依靠党和国家的区域政策予以推进。但是,在区域经济一体化的政策推进过程中,与之伴随的行政性分权下的中央与地方之间的权力结构、"政绩合法性"主导下的地方干部考核制度、政府机构庞大与地方财政困境,以及计划经济时代遗留的工业布局,共同造成了区域经济一体化的体制障碍,③而加强区域政府合作则是突破这一体制障碍的路径选择。④

尽管中国特色社会主义法律体系已经形成,但其完备性、协调性、精致性等仍在不断完善之中。就区域合作领域而言,"当前,我国有关区域合作的立法还处于单行法律和行政法规的分散规定不断丰富和积累,积极探索制定专门的统一立法的阶段"⑤。可以说,有关区域合作法律规范体系的

---

① 傅大友等人认为,行政体制改革的主客体出现重叠现象,即政府一方面作为行政体制改革的强制主体,另一方面它又是作为机构改革的对象即强制的客体而存在。傅大友等著:《行政体制改革与制度创新——地方政府改革的制度分析》,上海三联书店 2004 年版,第 7 页。

② 〔美〕科斯等著:《财产权利与制度变迁》,刘守英等译,上海三联书店 1991 年版,第 391—392 页。

③ 陈东琪、银温泉主编:《打破地方市场分割》,中国计划经济出版社 2002 年版,第 2—27 页。

④ 陈剩勇、马斌:《区域间政府合作:区域经济一体化的路径选择》,载《政治学研究》2004 年第 1 期。

⑤ 叶必丰:《区域合作的现有法律依据研究》,载《现代法学》2016 年第 2 期。

完善还任重道远。与此同时,在我国区域协调发展战略实践层面,有关区域合作的规范调整则主要依赖于党和政府的政策文件,以及政府间为加强区域合作所签订的行政协议,辅以少量单行法律和行政法规的分散规范,初步形成了以政策、行政协议等软法调整为主,少量单行法律、行政法规等硬法为辅的软硬法混合规制模式。政策、行政协议等的软法属性,因其灵活性、便捷性、针对性与务实性,从而在区域合作早期阶段发挥了积极作用,但其所暴露出的规制不足也日益凸显。由此,需要反思我国的区域合作规范调整模式,需要从"摸着石头过河"的经验理性转向注重经验理性与建构理性的有机结合,以重塑立法与改革决策的关系,"这就是以法治主义引领立法理念转变,以法治思维和法治方式协调立法与改革决策的关系"①,建构以硬法调整为主、以软法调整为辅的软硬法混合规制模式。是故,现阶段需要加强对区域合作的硬法规制,完善相关硬法法律规范体系,这是推进区域经济一体化深度发展和有效实施区域合作的理性选择与制度安排。

圄于我国宪法所创制的"条块"管理体制以及与之对应的组织法及行为法立法模式,对区域合作中所涉及的府际之间的合作治理缺乏明文规定,又无法通过组织立法增加区域合作的组织载体,"解决的路径是创设在实现规制目标的同时承担起相应组织法功能的行为法机制,可以由宪法加普通法、分散的实体法或者统一行政程序法加以创设"②。因此,建立健全区域合作的行为法规范体系成为规制区域合作的法律完善方向。本书循此思路,探寻加强区域大气污染府际合作治理软硬法建设的内在理据,在此基础上分析区域大气污染府际合作治理软硬法的外在结构,以及制定区域大气污染府际合作治理软硬法的路径选择。这既有完善中国特色社会主义法律体系的内在逻辑,也是对区域大气污染府际合作治理提供有效法律规制的现实回应。

在区域府际合作中,行政区域和利益主体不能改变,国家统一的法制却满足不了长三角经济一体化的需求,但又必须有法制的保障。③ 鉴于此,有必要探索法律规范如何完善以及法律制度如何构建,从而为区域大气污染协同治理提供法制化和规范化的保障。在区域大气污染协同治理领域,不管是区域内各地方人民政府的协作立法和行政契约,还是合作执

---

① 石佑启:《论立法与改革决策关系的演进与定位》,载《法学评论》2016 年第 1 期。

② 叶必丰:《行政组织法功能的行政法规制》,载《中国社会科学》2017 年第 7 期。

③ 叶必丰:《长三角经济一体化背景下的法制协调》,载《上海交通大学学报(哲学社会科学版)》2004 年第 6 期。

法等具体行政行为,均需在法律规定的边界和程序内进行。区域大气污染协同治理的各个具体层面都需要依法行政,区域大气污染协同治理法制化的路径不仅仅在于区域大气污染协同立法层面,还在于区域大气污染协同治理的具体管理层面。

第二,区域环境治理作为公共事务和公共物品,其呼唤加强硬法的法制建设。行政区行政是地方政府基于行政区划的刚性约束,以垄断性、封闭性和机械性为显著特征,以行政命令等强制性方式对行政区内的公共事务进行管理。[①] 行政区行政所导致的各自为政、画地为牢、重复建设及恶性竞争的零和博弈甚至负和博弈,既不利于行政区公共事务的长远发展,更无法对跨区域公共事务进行有效治理,进而对区域经济一体化进程形成阻滞。行政区行政也无法阻碍市场机制的内生性和规律性发展,相反,诸多传统行政区"内部"社会公共问题与公共事务变得越来越"外部化"和"无界化",跨行政区划的"区域公共问题"大量兴起,并有复杂化、多元化和规模化之态势。[②] 加拿大政治学教授戴维·卡梅伦曾明确指出,政府属性的变化以及现代生活对政府行为的需求使得政府间关系越来越紧密。之前传统的政府间关系已经过时了,尤其是城市群政府间的界限逐渐在模糊,政府间磋商、协商和交流的机会在增长。[③] 区域公共事务兴起,区域内各政府无法独善其身,凝聚共识——寻求区域整体利益与行政区利益之间的平衡——建立有效的区域合作法律治理机制是解决跨区域公共事务治理失灵的根本出路。区域合作治理呼唤公平、统一且有效的治理规则。但是,当前我国有关跨区公共事务治理主要依赖于党和国家制定的各项政策、地方政府政策、各级政府之间的行政协议等,少量单行法律和行政法规中有关跨区域公共事务管辖的规定比较分散。与此同时,区域合作的法制环境仍不健全,破除地区保护、行业垄断和市场封锁的法律法规的实施受到外部环境不完善的制约。[④] 加强区域合作法制建设和实现区域合作依法治理,这需要科学的法律规范体系以及高效的法律规范执行体系。

第三,既有的软法规制模式暴露出的缺陷呼唤加强硬法规制。在我国区域协调发展战略和区域合作中,党和国家的政策文件是最为直接的规范依据,也就是说,当前有关区域合作的规范调整主要表现为一种软法规制

① 金太军:《从行政区行政到区域公共管理——政府治理形态嬗变的博弈分析》,载《中国社会科学》2007 年第 6 期。
② 陈瑞莲:《区域公共管理研究的若干问题述评》,载《政治学研究》2004 年第 1 期。
③ 〔加〕戴维·卡梅伦:《政府间关系的几种结构》,载《国外社会科学》2002 年第 1 期。
④ 范恒山:《关于深化区域合作的若干思考》,载《经济社会体制比较》2013 年第 4 期。

模式。如从整体上进行调整的软法规范有历年的国民经济和社会发展规划纲要和中央政府工作报告,主要包括从 1991 年的《国民经济和社会发展十年规划和第八个五年计划纲要》到 2016 年的《中华人民共和国国民经济和社会发展第十三个五年(2016—2020 年)规划纲要》,从 2004 年《国务院政府工作报告》[①]到 2017 年《国务院政府工作报告》,以及近些年来通过的党的决定,如 2013 年党的十八届三中全会通过的《中共中央关于全面深化改革若干重大问题的决定》、2017 年党的十九大报告《决胜全面建成小康社会　夺取新时代中国特色社会主义伟大胜利》等;也有针对特定区域的政府政策,如泛珠三角区域有关区域合作的政策文件,自 2004 年签署的《泛珠三角区域合作框架协议》以及"9＋2"政府部门间签订的相关合作协议。这些调整区域合作的软法规范既有整体制度设计,也有针对具体合作事务领域及更具体的次区域合作制度安排。[②]　区域合作政策和行政协议等属于软法范畴,它们在推动区域合作中发挥了积极的作用,但软法自身有一些缺陷,如软法制定主体在立法条件、立法技术以及立法保障等方面所存在的差异导致软法的质量也存在差异;软法规范之间并不存在明显的位阶之分,易造成软法效力层次上的混乱和适用上的困境;软法对各主体的权利义务、实施程序与监督保障的弱规制性等,这些缺陷在区域合作政策和行政协议中均有所反映和体现。同时,当前各区域合作政策、行政协议等软法规范在内容上的倡议性、框架性与方向性规定居多,而涉及到实质性、具体性与操作性的规定缺失或有待下级政府及其部门制定更为微观的执行政策。在行政性分权、政绩考核体系、人事管理等制度未有根本变革的情况下,区域合作政策也难以回避财税、投融资、政绩考核等关键体制难题,区域合作政策、行政协议等软法规范的落实也可能在下级政府及其部门制定更为细致的规范性文件中被架空和走样。所以,区域合作软法规范缺乏明确的权利义务指引,缺乏强制性保障措施,缺乏责任惩处规则和实施跟踪机制,其直接制约着软法规制的实效,并需要与区域合作硬法规制相配合和相协调。

---

① 通过查询和搜索 2004 年之前的历年《国务院政府工作报告》,有关"区域"词汇的使用多在空间意义上,直到 2003 年使用的"区域合作"既反映空间维度,也凸显政府的管理意味,但主要是针对与周边国家的交流和合作。

② 如 2005 年通过的《泛珠三角综合交通运输体系合作专项规划纲要》,2006 年通过的《泛珠三角区域合作发展规划纲要(2006—2020 年)》《泛珠三角区域科技创新合作"十一五"专项规划》《泛珠三角区域信息化合作专项规划(2006—2010 年)》《泛珠三角区域环境保护合作专项规划(2005—2010 年)》《泛珠三角区域合作公路水路交通基础设施规划纲要》《泛珠三角区域能源合作"十一五"专项规划》等。

第四，区域治理涉及宪制问题呼唤加强硬法规制。区域一体化发展已经从单纯的经济领域向经济、社会等领域拓展，行政区行政无法有效回应诸多跨域公共事务的治理需求，区域合作成为跨区域公共治理的理性选择。区域合作涉及中央与地方以及上级与下级机关之间的权力配置问题。无论是中央或地方的区域合作政策，还是中央部门与地方之间或地方与地方之间签署的合作协议（当前实践中主要是以政府作为区域合作的实施主体为主导），其所涉及的各级政府权力运作受制于中央与地方之间的权力划分以及地方基于分权后的自主权空间都"无法绕开对自治与共治、集权与分权等宪制问题的进一步思考"①。尽管《宪法》明确规定"中央和地方的国家机构职权的划分，遵循在中央的统一领导下，充分发挥地方的主动性、积极性的原则"，但对于中央与地方各自的专属权力、共享权力以及各级政府之间的权力冲突等，其缺乏更为具体的法律意义上的表达。

在区域合作中，无论是中央与地方之间的合作，还是地方与地方之间的合作，各合作主体既不能超越与侵占其他主体的权力（权利），也不能在区域一体化潮流中不作为或乱作为，因而需要相应的硬法规范支撑。从目前情况看，无论是以政策文件为载体，还是以行政协议为载体的区域合作，这些政策、行政协议等软法"尽管通常不能直接强制性地配置权利/义务，但经常通过自身的制度安排来直接设定或间接影响公共主体的法律地位，进而影响公法的权力/权利结构"②。因此，区域合作中无论是涉及各机关的权力界定还是权力运行，均需要国家制定法（硬法）对宪法中有关中央与地方政府以及上级与下级政府之间的关系进行细化，也需要国家制定法（硬法）对软法的明示或默示，以保障软法的制定与实施。

第五，区域大气污染府际合作治理的关键在于硬法落地。保持清洁空气并不仅仅涉及环境保护一个领域，事实上，一个地区甚至是国家的发展模式、产业布局、区域发展等多维度的因素均对大气环境构成影响和制约。因此，在区域大污染治理领域，许多国家的措施并不是直接针对区域大气，而是针对会影响区域大气的因素或领域。在实践中，以法律规范的形式规定区域府际合作治理中的各种事项早已有成功经验。早在1934年，英国通过的《特别地区法》就强调通过对特别区域的立法来协同地区之间的发展不平衡。除了这部法律，英国还于1945年和1946年分别通过了《工业分布法》和《新镇法》，这两部法律主要是促进投资在不同地区的分布和促

---

① 徐祖澜：《纵向国家权力体系下的区域法治建构》，载《中国政法大学学报》2016年第5期。
② 罗豪才、宋功德：《软法亦法：公共治理呼唤软法之治》，法律出版社2009年版，第510页。

进经济衰退地区的经济发展。① 美国1933年通过的《田纳西河流域管理局法案》是美国国家层面的立法,这部立法的调整对象是整个田纳西河流域,其以促进田纳西河流域的整体发展和促进田纳西河流域落后地区发展为立法目的。日本的区域发展立法也非常丰富,其于1950年制定的《国土综合开发法》是一部关于区域发展的根本法,这部法律与《过疏地区振兴特别措施法》《新产业城带建设促进法》等法律构成了日本完整的区域发展法律体系。② 这些国家的有益经验为我国区域府际合作法制化和立法提供了丰富的域外经验和借鉴样本。事实上,我国在区域发展和府际合作立法方面也有一些经验,诸如珠三角、长三角和京津冀地区的很多探索也提供了经验。这些经验给我们的启示是,应当以依法治国为基本背景,"重塑立法与改革决策的关系,这就是以法治主义引领立法理念转变,以法治思维和法治方式协调立法与改革决策的关系"。③ 因此,在区域大气污染联合防治过程中实现府际合作治理就必须从原先的重视政策和规范性文件调整转向法制化,转向以立法为基本导向,这是时势所需。

区域大气污染方面的立法处于中央立法和地方立法之间的层次。区域大气污染立法与中央和地方有密切关系,国家层面的立法为区域大气污染防治立法提供具体的制度设置,国家层面的《环境保护法》(2014年)、《大气污染防治法》(2015年)等法律规定的区域环境协同治理机制等成为区域大气污染防治立法的立法依据。区域大气污染防治立法也必须贯彻和执行国家立法规定的具体制度,只是区域大气污染防治立法应当结合区域实践进行一定程度的创新。区域大气污染联合防治与区域内各地方立法也有关系。第一,地方立法与区域大气污染方面的立法在启动时间上保持一致。区域内各地方应该根据区域大气污染协商一致的时间,在适当的时间内进行地方立法以更好地执行区域大气污染防治的目标。第二,区域内各地方立法应当与区域大气污染防治立法保持内容的一致和防治目标的一致。区域内各地方政府有各自的大气污染防治目标,但是如果有区域协议框架的,则应当根据区域协议完成大气污染防治任务,诸如污染物减排任务、污染物总量控制任务等。第三,区域内各行政区立法与区域大气污染防治立法在法律责任上必须保持一致。以区域大气污染防治立法设定的目标为导向,区域内各地方政府应当贯彻执行区域大气污染防治立法

① ［英］霍尔著:《城市与区域规划》,邹德慈、全经元译,中国建筑出版社1985年版,第118页。
② 陈书笋:《论区域利益协调机制的法律建构》,载《湖北社会科学》2011年第3期。
③ 石佑启:《论立法与改革决策关系的演进与定位》,载《法学评论》2016年第1期。

目标和责任,对于违反义务的还应当有处罚和责任机制,如此才可以保证区域内大气污染联合防治目标的实现。[①]

区域大气污染府际合作治理重在软硬法能得到有效且有力的执行及全面遵守。区域大气污染府际合作治理的软硬法规制之关键在于其治理措施落地得到切实遵循,这在一定程度上依赖于地方层面的严格贯彻——地方立法规制或者是地方政府之间的行政协议自我规制构成了跨区域大气污染府际合作治理的关键节点。传统的地方立法模式并不能有效解决跨行政区域的公共行政事务问题,包括区域大气污染治理。按照《宪法》规定,地方立法不得与宪法、法律和行政法规相抵触,其根据本地方的实际情况制定,故而称作"不抵触"原则。[②] 地方立法主体包括享有地方立法权的人大及其常委会和地方人民政府。在区域大气污染府际合作治理领域,相关地方立法在遵守合宪性与合法性原则的前提下,还有四个方面值得注意:一是地方立法必须考虑本行政领域内的行政权力和公民关系的基本状况,任何照搬其他地方立法的做法都不是实事求是的做法,可能构成违宪或违法。二是地方立法的内容只限于本行政区域,涉及其他行政区域行政机关权力义务安排的立法内容也可能构成违宪或违法。三是地方立法不但不能与宪法、法律以及行政法规相抵触,而且不能违背宪法、法律和行政法规的立法精神和立法原则。四是地方立法和中央各部委规章的冲突和协调应基于权力和权利的平衡原则,一概强调地方立法的自主性和一概强调地方立法的从属性都不符合行政与法律的平衡关系的要求。[③]

因此,单纯的行政区地方立法难以有效跨越行政区的公共事务治理,所以建立跨区域合作成为寻求问题解决的唯一出路。一是地方政府联合立法,是指两个以上的地方政府或部门通过法制协调机制,签订行政协议或合作意向,以联合声明、合作宣言等为文本载体对跨行政区域的各种事项予以处理的活动。[④] 现行地方政府联合所立之"法"暂时还无法纳入《立法法》的适用范围,它还不属于法定意义上的法的范围。[⑤] 二是订立行政协议。行政协议作为府际合作的一种软法约束机制,其也是政府之间为满足区域大气污染治理中政府的向心力、行动协调等一致性要求的自我规

---

① 陶品竹:《大气污染防治地方立法的困境与突破——以〈北京市大气污染防治条例〉为例》,载《学习论坛》2015 年第 4 期。

② 刘莘著:《行政立法原理与实务》,中国法制出版社 2014 年版,第 64 页。

③ 甘文著:《行政与法律的一般原理》,中国法制出版社 2002 年版,第 85 页。

④ 陈军著:《地方政府立法权研究》,中国法制出版社 2012 年版,第 149 页。

⑤ 陈军著:《地方政府立法权研究》,中国法制出版社 2012 年版,第 168 页。

制。在实践中,长三角地区政府在缔结行政协议时,并未给予公众参与机会,公众的意愿和要求因而得不到很好的体现和反映,在区域经济一体化进程中,市场与政府的互动很不充分,甚至连最终缔结的行政协议也没有公开。[①] 因此,对行政协议也应当遵循与立法相类似的程序,在缔结阶段给予公众参与的机会。

在区域大气污染府际合作治理规则方面应当注意两方面的问题:一是府际合作治理立法应当有相当的针对性,立法所依赖的生态环境或基础需要综合考虑区域整体的生态环境、区域内各行政区局部环境状况及其各自的经济发展形态与水平等,所建立的配套制度如环境影响评价、环境审计、污染物排放控制等应形成治理规则体系,避免"头痛医头,脚痛医脚"的破碎化立法;二是强调跨域大气污染治理中的府际协同,需以立法的方式破除环境治理的行政隔阂,并指导府际协同治理行为,同时协调府际协同中的纠纷与困难。解决我国区域大气污染问题,区域合作防治是必由之路。地方协调型立法模式、地方共同立法模式与行政协议模式在大气污染防治中各有优势,地方协调型立法模式通过定期的协调联络对防治立法的争议内容共同协商,有助于立法协作实现制度化、常态化与实效化。[②]

(三)区域大气污染府际合作治理的软法规制优势之所在

在区域大气污染府际合作治理领域,软法规制模式与硬法规制相比存在以下优势:

第一,软法规制模式能有效促进区域一体化中地方立法对区域大气污染治理的回应。以珠三角区域为实践分析样本,软法规制能够及时回应珠三角区域经济一体化中区域治理对法规范之迫切需求。随着社会公共事务日益复杂化与多样化,公共治理领域涌现出大量亟待规范的问题。然而,由于制定硬法的主体有限、程序严格且成本较高,因而往往未能及时就公共治理中出现的新问题制定硬法规范,而且在某些领域也存在着对硬法治理必要性的争议。这都使得硬法在许多情况下都未能及时对现实予以回应,甚至远远滞后于公共治理的发展。而珠三角区域经济一体化中的地方立法协同作为当前公共治理领域的新生事物,也由此遭遇到硬法规范供给上的瓶颈。在此情况下,软法凭借其在制定主体、规制方式、立法效率等方面的特点与优势,对此作出了较好的回应。首先,软法对制定主体并没有明确的限制,凡是以一定形式存在的共同体,都具备制定软法的资格与

---

①　叶必丰著:《行政行为原理》,商务印书馆 2014 年版,第 316 页。

②　吴卫星、章楚加:《刍议大气污染区域的法制构建模式》,载《绿叶》2013 年第 11 期。

能力。也就是说，不论共同体内部各成员之间存在何种差异，如各成员在自身性质上的差异、各成员本身所属法系的差异等，都不影响共同体制定在其内部统一适用的软法。因此，软法治理模式为珠三角区域经济一体化中地方立法协同的规范生成提供了较为宽松的环境。其次，作为共同体制定的用于调整其内部活动的法规范，软法规范往往会比由外部立法主体所制定的硬法规范更具针对性。据此，由参与地方立法协同的各方主体所共同制定的软法规范，也能够为其合作治理活动提供较为细致且充分的规范支撑。最后，软法的制定并不存在一个统一的强制性规定，因而可以依据调整对象的具体情况采取适合的程序，从而能够尽可能缩短新法自起草至出台所需的时间，进而为珠三角区域经济一体化中的地方立法协同提供及时的规范依据。

第二，软法规制模式能有效协调区域内不同地方立法主体。对于软法的内涵与外延学界仍然存在分歧，至今仍没有形成一个完全统一的界定，它更多是作为一个描述性的概念而存在。而在有关软法的各项描述中，"软"无疑是其性质的核心体现。一方面，软法作为一种共同体规则，其属于一种内生型的法规范，它是在共同体内部所有成员共同认可的基础上形成的，是共同体成员自愿规制的结果，它的实施不以国家强制力为保障。而在区域大气污染府际合作治理的进程中，绝大多数的地方立法协同均属于自愿性的行为，对于协同合作行为的规制很大程度上也是出于合作各方的自愿需求。而基于软法规范的内生性，软法治理模式与地方立法协同中自愿规制的需求在本质上是相一致的。另一方面，与硬法所具有的"管制法"及"强制法"的性质不同，软法具有较强的民主性与协商性，它较少对主体之间的"命令—服从"关系作出规制，而是更多地对主体之间的平等互动关系予以调整。而由于地方立法协同关系一般经由地方人大或地方政府之间的协调一致而达成，所以其有别于人大系统上下级之间的指导关系，也有别于行政系统中上下级政府之间基于领导、监督等产生的管制关系，因而适于运用软法治理模式来进行调整。

第三，软法规制在协调区域大气污染治理地方立法方面存在适当的灵活性。同样以珠三角区域为分析样本，借助软法治理模式有利于对珠三角经济一体化中的地方立法进行细致全面的调整。一方面，软法规范不存在一种固定的逻辑结构，因而它能够以更丰富的规范形式对行为作出调整。例如，软法可以更多地通过原则性条款对行为作出指引或以标准性条款对行为作出调整等。就当前珠三角区域经济一体化中的地方立法而言，它正处于由非制度化向制度化过渡的阶段，其行为模式呈现出多样化的特征，但现有的行为模式并非都具备传统硬法所要求的逻辑结构上的"完整性"，例如并非所有行为模式都能具备明确的硬法效果。因此，不宜不加区分地将这些行为模式都纳入硬法的调整范围。但与此同时，实践对珠三角区域经济一体化中地方立法的合法性拷问又使其亟需来自法规范的支持。在此两难境地之中，软法不拘一格的规范结构为此提供了一个有效的解决途径。另一方面，在绝大多数情况下，珠三角区域经济一体化中的地方立法主要表现为一种协调，其是一种以自愿为前提的行为。因此，对于是否实施协调（协同）、如何实施协同地方立法等问题，地方政府享有较大的自由裁量权。目前，硬法对自由裁量权的规制主要是在涉及外部行政行为的领域，而对内部行政行为的自由裁量则未作出明确规定。而且，自由裁量权实际上是行政主体作出行政决定时所拥有的一种弹性空间，强调"刚性"的硬法一般只能就赋权予以规定，即只能就行政主体是否享有自由裁量权作出规定，而难以周延地规范此种"弹性"权力。此外，自由裁量权的行使还要求对技术性与操作性问题进行考量，这些问题往往十分具体，在硬法的框架下难以进行细致的调整。由此可见，对于上述珠三角区域经济一体化中地方立法所面临的问题，有必要诉诸"弹性"更强的软法，并通过软法治理模式予以解决。

（四）区域大气污染府际合作治理的软硬法调整及其立法体例

经过多年的区域发展战略，我国已经形成了"东部—中部—西部""南—北""沿海—内地—边疆""点—带"等多中心区域一体化格局，各中心在府际合作协调问题上既有共性也有个性。立法工作既要充分尊重经验主义立法理念，总结改革经验，"确保立法进程与改革开放和社会主义现代化建设进程相适应"，更要发挥法治主义立法理念，"把立法决策与改革决策更好地结合起来"，"从法律制度上推动和落实改革举措，充分发挥立法在引领、推动和保障改革方面的重要作用"。

基于此，我们可以采取综合立法模式，将区域发展战略与区域大气污染府际合作治理过程中的共性工作，如把区域大气污染各项决策中协调主体、协调程序、协调组织、协调执行、协调保障、协调监督等各个环节以法定的形式固定下来，将区域大气污染府际合作治理的各种协调手段、技术方法、协调程序等内容予以规范化和制度化，这称之为区域大气污染府际合作治理的法制化。法制化强调的是行政法制精神。"就目前来讲，行政法制精神无疑由如下诸因素构成：行政民主化、行政公开化、行政管理效率化、行政权力有限化、行政程序连续化、行政过程规范化、行政组织合理化、行政人员知识化等，……此精神是行政法制统一的支柱，不论哪一个地区、哪一个部门、哪一种性状的经济构成、哪一种文化特性都必须捍卫上述法制精神。"①

区域中不同行政区之间往往存在发展不平衡和各行政区发展战略定位不同的状况,因此,有关区域大气污染府际合作治理也可以采取多种立法形式。对于区域大气污染整体治理事项,可以采取综合性立法的模式;对于区域大气污染的某一单项事项则可以采用单行立法模式。同时,我国单一制的国家结构形式和多层级的立法体系有助于建立中央—地方之间的上下融合立法。具体来说,中央(全国人大或国务院)对国家区域发展战略、区域大气污染防治府际合作或者跨省级区域合作事项进行上位立法,由地方共同的权力机关或人民政府对地方区域大气污染府际合作协调等事项进行地方立法,将中央宏观立法与地方中观立法相结合,从而形成完整的法律规范体系,以对区域大气污染防治府际合作协调进行规范。

结合我国当前区域大气污染防治领域成功经验比较多的区域,本书总结出了三类主要的区域大气污染府际合作治理软硬法混合规制模式,主要有区域协同立法模式、地方共同立法模式和行政协议模式。

二、硬法规制之区域协同立法模式

区域协同立法模式的内涵包括两个层面:第一是在区域立法事项的确立、立法信息的沟通、立法技术规则的共享和立法经验的交流等方面进行协同;第二个方面的内涵是在区域大气污染防治重大事项方面,区域内各行政区地方立法进行规范统一。我国京津冀区域大气污染府际合作治理采取的即是区域协同立法模式。京津冀区域协同立法模式的主要规范依据是《京津冀协同发展规划纲要》。这部规划纲要将推动京津冀协同发展提升至国家重要战略的高度,其强调京津冀在生态环境保护方面的协同和一体化。京津冀协同立法模式主要有以下几个层面的内涵:

(一)构建协同立法机制

2015 年 5 月,北京市人大常委会、天津市人大常委会和河北省人大常委会共同出台了《关于加强京津冀人大协同立法的若干意见》。这部规范文件为京津冀区域协同立法指明了方向,其中提出了如何构建京津冀区域协同立法的主要机制和制度平台。构建稳定的京津冀立法协同机制的最终目的是能够依赖协同机制形成京津冀区域比较统一的区域制度框架和实施细则,促进京津冀区域的协同发展。京津冀区域协同立法机制具体包括:第一,京津冀区域协同立法首先也要强调维护京津冀区域法制的统

① 关保英著:《行政法教科书之总论行政法》,中国政法大学出版社 2005 年版,第 577 页。

一,在这个基本前提下强调整合京津冀区域的地方立法资源和发挥地方立法组织协调的重要作用。第二,京津冀区域协同立法主要包括区域公共产品供给、区域生态环境保护、区域产业结构转型、区域经济可持续发展等领域,就其中的普遍问题和重点领域加强立法探讨,以谋求京津冀区域三省市在这些层面的一致性。

在这种模式的指引下,北京市、天津市和河北省分别制定了本省市的大气污染防治法规和一些地方规章。例如北京市 2014 年修改制定的《北京市大气污染防治条例》,天津市 2015 年修改制定的《天津市大气污染防治条例》以及河北省 2016 年修改制定的《河北省大气污染防治条例》均规定三者适用于本行政区内的大气污染防治。① 三者也同时制定了一些区域大气污染联合防治的措施,例如《河北省大气污染防治条例》规定大气环境质量限期达标规划以符合区域大气环境质量状况。② 这部省级法规还规定"禁止生产、进口、销售、使用不符合国家标准和京津冀区域使用要求的车用燃料"。③

发达国家亦有较多区域一体化层面的硬法规制经验可资借鉴。区域一体化是一种世界现象,无论是在国际间区域一体化还是一国域内区域一体化进程中,促进区域依法治理和依法规范区域合作都是不二法门,尽管法律规制的载体、路径等存在差异。在欧盟一体化进程中,欧洲国家所通过的每一部条约或法案往往成为某项制度变迁的关节点,从而有力地推进了欧洲一体化进程,如 1951 年签署的《巴黎条约》成立了超国家的高级机构以管理煤和钢铁这类重要战略物资和经济资源;1957 年欧洲六国签署的《罗马条约》建立了关税同盟和共同市场、协调共同经济政策、共同和平开发和利用核能;1991 年批准的《欧洲联盟条约》使欧共体从经济实体向经济政治实体的转换迈出了历史性一步,这是欧盟经济与货币一体化过程中的重要关节点。④ 美国是联邦制国家,各州之间通过签订州际协定以合作处理跨州际公共事务,而州际协定具有明确的宪制基础。⑤ 同时,美国通过制定综合性法律或单行法,如《地区再开发法》《公共工程与经济开发

① 《北京市大气污染防治条例》第二条,《天津市大气污染防治条例》第三条和第五条,《河北省大气污染防治条例》第二条。
② 《河北省大气污染防治条例》第三十一条。
③ 《河北省大气污染防治条例》第四十八条第二款。
④ 曹卫东编:《欧洲为何需要一部宪法》,中国人民大学出版社 2004 年版,第 88—91 页。
⑤ 美国《宪法》第一条第十款第三项是"协定条款"(Compact Clause):"任何一州,未经国会同意……不得与他州或外国缔结协定或联盟。"《邦联条约》中第六条规定:"除非经过美国国会的同意,并且具体指出该协定的目的以及持续的期间,任何两个或者更多的州不能签订州际协定、结成邦联或同盟。"

法》《阿巴拉契亚地区开发法》《麻梭浅滩与田纳西河流域开发法》《农村发展法》《联邦受援区和受援社区法》等来规范区域合作,促进州际公共事务合作治理。另外,德国的《联邦区域规划法》《区域经济政策的基本原则》《改善区域结构的共同任务法》《联邦区域规划纲要》等,以及日本的《国土综合开发法》《北海道开发法》《孤岛振兴法》《欠发达地区工业开发促进法》《水资源地区对策特别措施法》等,都对各政府之间的合作作了明确规定,为促进本国区域发展和区域经济一体化提供了有效的法律保障。域外有关区域公共事务治理和区域合作的立法及其实践可以为我国区域大气污染防治区域合作法律规制提供一种立法借鉴和为我国法律制度建构提供一种参照。

(二)加强重大立法项目联合攻关

《京津冀协同发展规划纲要》不仅从战略高度提出京津冀区域在提供区域公共产品方面要加强立法协同,还重点强调在区域大气污染防治领域进行协同立法的实践。近几年,京津冀区域大气污染一直是国家大气污染治理的重要区域,这部规范性文件与已经出台的其他国家战略诸如《大气污染防治行动计划》《京津冀及周边地区落实大气污染防治行动计划实施细则》等诸多文件一起共同应对京津冀区域大气污染。其中,《京津冀及周边地区落实大气污染防治行动计划实施细则》提出了京津冀区域 2017 年大气污染协同治理的具体目标以及重点任务。这些重点任务领域包括:实施区域大气污染综合治理和大气污染物协同减排,对区域城市交通实施协同管理、防治机动车来源的大气污染,优化区域产业结构和布局,推动清洁能源和控制煤炭消耗,健全风险预警体系和风险应急措施,强调政府责任和监督考核机制。这几个方面的重点内容涉及区域大气污染府际合作治理的几个重要层面,包括从源头治理区域大气污染到大气污染政府治理的监督与考核机制的整个管理过程。2015 年 12 月发布的《京津冀协同发展生态环境保护规划》进一步深化了京津冀区域发展的战略,致力于将京津冀区域在生态空间拓展、污染协同治理、生态修复和环境改善等方面打造成国家示范区域。京津冀区域发展既是国家层面的重大战略,同时也为全国的区域协同发展做了表率。目前,京津冀区域主要在生态环境保护、京津冀交通一体化和产业结构升级转型等几个方面重点攻关。

(三)健全京津冀立法协同保障机制

《关于加强京津冀人大协同立法的若干意见》强调京津冀三地人大常委会要在人力、物力、财力等方面予以保障。同时为了京津冀人大立法工作协同机制长期坚持下去,三省市各指定人大常委会主任会议成员负责此项工作,采取轮流负责的方式。京津冀区域立法协同保障机制目标是追求在区域公共产品提供方面的深度合作。在京津冀区域大气污染联合防治领域,京津冀区域要加强在低碳环保方面的立法协同工作,破除区域内各行政区行政壁垒,力争构建统一、开放、竞争和有序的区域低碳市场,实现区域内的信息、技术和资本的自由流动,加大市场机制在区域大气污染联合防治过程中的作用。三省市还将在区域机动车监督管理机制方面加快立法协同保障机制的研究,诸如在三省市机动车排放标准和油品标准、机动车环保标志管理、新能源车推广等方面建立信息沟通和信息共享机制。

需要强调的是,不管是在京津冀区域协同立法还是协同立法保障层面,都应当允许适当的公众参与,这是实施对政府行为的监督最行之有效的方法。强调公众参与,其前提是信息公开,信息公开是全面公众参与的前提,没有完全的信息公开,则公众参与是徒劳和没有结果的。确立京津冀立法工作中的公众参与也是"民众之事,民众知晓,民众参与"这一宪制精神在京津冀协同立法工作中的实现。在京津冀协同立法过程中,必然会涉及到诸多利益主体的利益,允许他们适度的参与立法工作也是对他们利益的协调与保障。

三、硬法规制之区域共同立法模式

（一）区域共同立法模式含义

区域共同立法模式指的是区域内各行政区对涉及区域内共同利益的事项进行联合立法,并且在区域内统一实施。区域大气污染协同治理领域采用区域共同立法模式的主体主要包括区域内有地方性法规和规章制定权的机关。自 2015 年新的《立法法》修订实施之后,设区的市都拥有地方性法规制定权和规章制定权。[①] 即区域内只要是设区的市都可以参与区域共同立法。目前,我国采用区域共同立法模式的典型是珠江三角洲区域。在珠三角区域一体化进程中,诸多方面实现了初步的制度合作。具体表现在:(1)加强区域统一规划;(2)都市圈规划;(3)行政区划改革;(4)地方政府之间的频繁互动与签署合作协定;(5)部门间协商与协议;(6)加强组织建设。[②]

区域共同立法模式不同于区域协同立法模式,笔者以京津冀区域协同

---

① 《立法法》(2015 年)第七十二条和第八十二条。

② 张紧跟:《区域治理制度创新分析:以珠江三角洲为例》,载赵永茂、朱光磊、江大树、徐斯勤主编:《府际关系新兴研究议题与治理策略》,社会科学文献出版社 2012 年版,第 179—200 页。

立法模式和珠江三角洲区域共同立法模式为实践样本对两者进行比较。具体而言,两者主要有以下几个方面的差异:区域协同立法模式的基础是区域内各地方立法机关在充分协商和沟通的基础上商定区域协同立法的一致目标和一致机制,然后具体的立法工作是由区域内各行政区各自完成,然后再提交区域内各行政区各自的立法审议机关通过。区域协同立法模式的立法机关仍然是各区域内各行政区立法机关,只是在立法目标等重大事项上保持区域一致性。而区域共同立法模式则是在区域内各行政区协商沟通的基础上,由区域共同立法机关,一般是区域各地方的上一级权力机关或人民政府,来承担区域立法工作。

反观珠江三角洲区域,为何珠三角区域能够实现区域共同立法模式?2008年国家发改委发布的《珠三角地区改革发展规划钢要(2008—2020年)》中确定广东省的广州、深圳、珠海、佛山、江门、中山、惠州和肇庆市为珠三角的主体。一个很重要的原因在于珠三角的九个城市,即广州、深圳、佛山、珠海、东莞、中山、惠州、江门和肇庆在行政区划上都隶属于广东省。如此,这九个城市有着共同的上级政府和上级权力机关,珠江三角洲区域的共同立法正是通过广东省立法来实现的。这种共同立法模式相比区域协同立法模式而言有着其自身的优势,其能够有效地实现区域内各行政区的资源整合和立法协同,能够因地制宜地对区域内大气污染防治的事项进行精准地调整,从而避免立法资源的浪费和"法治碎片化"。同时,区域共同立法还可以为各行政区提供明确具体的法律依据和法律目标,以及更稳定的规范和可执行性。珠三角洲区域都被包含在广东省的行政区划之内,并不存在跨省治理大气污染的情况,所以采取的立法模式也不相同。

(二)区域共同立法模式的优势

以珠三角区域大气污染治理为例,2008年3月30日广东省人民政府颁布了《广东省珠江三角洲大气污染防治办法》作为专门治理珠三角区域大气污染的政府规章。作为首部区域性的地方立法,该办法就解决区域性大气污染问题提出了具体措施。这部区域大气污染防治地方政府规章明确规定广东省人民政府构建珠三角区域大气污染联合防治机制,并且规定应当采取措施来实施区域大气污染联合防治监督。在该《办法》中明确了政府及各部门的职能分工。如省人民政府制定区域大气污染防治规划,县级以上人民政府对改善本行政区域大气环境质量负责;在具体职能部门职责分工上,要求各级环境保护主管部门对大气污染防治实施统一监督管理,统一发布大气环境质量信息。经济综合宏观调控部门制定有利于大气污染防治的产业政策;公安、交通、渔业及海事管理部门根据各自职责对机动车及机动船大气污染防治实施监督管理。监察机关依法对各有关部门及其工作人员履行职责进行监督检查,及时查处不依法履行职责的行为。在预防大气污染具体措施上,包括监督检查实施状况、对政府大气污染联合防治工作实施考核、对区域大气污染联合防治进展实施通报、区域大气环境质量监测、区域大气污染纠纷解决机制等。该部地方政府规章在区域大气污染治理方面有诸多创新,如规定区域大气污染防治联席会议和大气污染联防联控工作机制;加大超标准排放处罚力度,重拳治污;实行区域大气污染物排放总量控制;建立区域灰霾天气监测、预测和预警体系;建立新监测评价体系,等等。

以《广东省珠江三角洲大气污染防治办法》为基本依据,广东省还设置了一些具体配套规范,例如《珠江三角洲区域大气重污染应急预案》,从而将珠三角区域大气污染联合防治的具体执行措施落到实处。除了正在实施的《广东省珠江三角洲大气污染防治办法》外,根据相关报道,《广东省珠江三角洲大气污染防治条例》也被纳入到了广东省立法规划之中,立法层级由政府规章上升到了地方性法规,珠三角区域共同立法的科学性和民主性也会相应得到提升。

（三）区域共同立法的立法体例选择

立法体例是对立法行为和立法活动的模式化概括。立法体例不仅是与内容相匹配的形式载体,更应当是反映立法需求的独立元素,其不仅受制于立法主体所处的政治、经济、社会、文化等体制性因素,也关涉立法技巧与立法规则的运用。针对区域合作过程中的共性与个性问题,任何单纯的中央立法在兼顾法治统一和整体调整的优势时,都不可避免地会忽视不同领域和不同区域的个性化法律规范调整需求。"中央立法一竿子插到底的'大一统'构想只能是一厢情愿,法治统一的立体架构应摒弃'均衡主义'幻想并接受'差序化'格局"[1],任何单纯的综合立法也存在类似的问题。因此,建议采取"综合立法—单行立法"相结合以及"省级立法—设区的市立法"相结合的立法体例。

第一,"综合立法—单行立法"相结合的立法体例。发达国家以法律为先导,而规范区域合作则几乎成为国际惯例。在综合立法方面,如德国制定的《改善区域经济结构法》、日本制定的《国土综合开发法》以及英国制定的《特别地区法》《工业分布法》和《新镇法》;在单项立法方面,美国颁布了

---

[1]　江国华:《中国纵向政权组织法治体系的解构与建构》,载《武汉大学学报(哲学社会科学版)》2016年第3期。

《麻梭浅滩与田纳西流域开发法》(1933年)和《阿巴拉契亚区域开发法》(1965年),日本陆续颁布了《北海道开发法》(1950年)、《孤岛振兴法》(1954年)、《北海道东北开发库法》(1956年)等,这些法律均通过法制强化了区域合作中各政府的职责。主要发达国家在区域协调发展的立法体例上采用"综合—单行"相结合的立法体例,规定区域合作的总方针和政策,以及区域合作原则、方式、效果等,从而为我国区域合作法制化转型提供了域外经验。我国经过多年的实践,已形成多中心区域经济一体化格局,各中心在区域合作问题上既有共性也有个性。一方面,针对区域合作共性问题,可以采取综合立法模式,对区域合作的主体、合作程序、合作组织、合作执行、合作保障、合作监督等各个环节进行规范,将区域合作的手段、技术方法、行为方式、协调程序等共性的内容规范化和制度化。另一方面,各区域发展不平衡,区域发展战略功能定位不同,且区域合作的各要素也存在差异,因此可采用单行立法体例进行规范。

第二,"省级立法—设区的市立法"相结合的立法体例。在我国中央统一领导与地方一定程度分权、多级并存且多类结合的独特立法体制下,针对区域大气污染防治府际合作治理的立法,可以采取省级—设区的市之间的省市配套与多层融合的立法体例。具体说,由各省级地方立法主体对区域内具有共性和共识的公共事务采取立法协作方式[1],开展联合立法,或者由设区的市的权力机关或行政机关对区域合作事项进行地方立法,形成省级中观立法与设区的市微观立法相结合的立法体例,构建完整的区域合作法律规范体系。而对于广东区域而言,有省级地方立法主体和设区的市地方立法主体。对于涉及跨设区的市的同时又具有一定普遍性的公共行政事务,则从立法成本的角度考虑,赋予省级地方立法主体立法权比较妥当;对于只是涉及两个跨设区的市之间的具有地方性特征的公共行政事务则由该设区的市协商采取软法规制机制,从而各自独立行使地方立法权。

四、软法规制之行政协议模式

(一)行政协议模式内涵

除了上述区域协同立法模式和区域共同立法模式之外,区域大气污染联合防治方面还有行政协议模式。行政协议模式也是区域大气污染府际

---

[1] 2006年7月,辽宁、吉林、黑龙江三省签署《东北三省政府立法协作框架协议》,这开创了中国区域性立法协作框架的先河,是我国尝试建立的首个区域立法协作框架,具体协作形态可概括为紧密型、半紧密型和分散型。徐原锋:《创新区域立法形式?东北三省首推政府立法协作》,载《市场报》2006年7月21日,第002版。

合作治理的有效路径。行政协议模式指的是区域内各行政主体就区域公共事务达成契约，并且各自尊重和履行契约协商的事项。行政协议模式的基础是平等、协商和自由地签订契约。区域合作协议已成为我国当前区域经济一体化和跨区域环境治理的重要法律机制。政府是根据推动集体决策以及协同政府官员行为的政治网络而组织起来的。立法机关的制度使代表们可以借以探讨制定法律的框架，而建立起来的规则和程序则使得代表们可以发展长期的关系和联盟，从而制定政策。如果没有这些固定的程序，则整治决策过程将会变得更为困难，并且将花费更多成本。[①] 区域合作协议是一种行政协议，即行政机关相互间为履行职责而开展合作的协议。[②] 由于行政协议的契约效力，行政协议已经成为区域内不同行政区政府间合作和解决纠纷的重要机制。我国长江三角洲的区域大气污染联合防治主要采用行政协议模式进行，并且取得了一定的成效。与区域协同立法模式和区域共同立法模式相比，行政协议模式有着自身的特点和优势。

第一，行政协议模式程序简便且效率高。区域协同立法模式和区域共同立法模式所需的协调程序复杂，因此区域内各地方政府需要很长的时间来沟通和协调。与区域协同立法模式和区域共同立法模式相比，行政协议模式具有较强的灵活性且效率高。行政协议程序较为简化，适应我国区域大气污染防治的形势需要。第二，行政协议弹性大且空间大。与区域协同立法模式和区域共同立法模式不同的是，行政协议不解决具体的区域大气污染防治问题或者事项，而是制定区域大气污染联合防治的框架，并将区域大气污染联合防治需要解决的具体问题交由区域内各地方政府，从而通过制定相关规范予以落实。第三，行政协议的性质不是地方性法规，而仅具有"软法"属性。与"硬法"相比，行政协议的效力有限，但是行政协议也有其自身的优势。长江三角洲区域经常使用行政协议来解决区域大气污染联合防治过程中出现的纠纷，避免区域内因行政权力交叉重叠而引发的冲突。第四，行政协议能够有效地调动区域内地方政府污染防治的积极性。区域内各地方政府之间通过平等协商确立的行政协议能够实现区域内环境资源的有效配置，从而兼顾各行政区的利益和不同发展水平。

（二）美国行政协议模式的实践

区域大气污染防治方面的行政协议最初发轫于美国，在美国的《清洁空气法》实施后，美国州际间的行政协议发挥了重要作用。州际协定指的是美

---

① ［美］杰克·奈特著：《制度与社会冲突》，周伟林译，上海人民出版社2009年版，第25页。

② 叶必丰：《区域合作协议的法律效力》，载《法学家》2014年第6期。

国的两个州或者两个以上的州之间通过平等协商签署协议来协调两个或两个以上州之间共同应对的问题。州际协定在美国的应用很广泛,早在北美殖民地时代,州际协定就被用来解决殖民地之间的边界争端。在美国联邦体制中,州际协定既具有合同的性质又具有行政立法的性质。州际协定一旦生效,则缔约州必须受到州际协议条款的约束,其必须履行义务,且不得单方面修改或者废除州际协定条款所规定的事项。需要强调的是,州际协定需要经过立法机关的批准才可以生效。经过批准的州际协定具有制定法的效力。

在美国的大气污染防治领域中,州际协定广泛存在。美国的《清洁空气法》第 SEC. 102.(c)明确提出鼓励"两个或者更多的州与州之间协商达成与各自的法律不相冲突的共识或者条约,缔结条约的目的是为了:(1)在大气污染防治领域进行合作,解决冲突或者更好地执行各自的法律;(2)在共识或者条约的基础上建立协同管理机构"。[①] 正是因为得到了《清洁空气法》的确认,因此美国的州际协定具有双重性质,也因此其在大气污染防治领域发挥了卓越的效果,从而为美国大气污染区域防治提供了切实的法律保障,使得美国区域大气污染州际合作得以纳入法制化的轨道。我国也有一些行政协议的实践,其中最有代表性的是长江三角洲区域行政协议。但是需要注意的是,我国区域大气污染防治行政协议与美国的州际协定性质有所区别,我国的行政协议不具有硬法的法律规范性质和效力。

(三)长江三角洲行政协议实践

长江三角洲区域三省一市在实践中创造了行政协议以及保障缔结协定的联席会议制度。长三角区域创制的行政协议和区域联席会议制度被京津冀区域、珠三角区域和环渤海区域所效仿。从行为的法律性质上讲,长江三角洲区域行政协议和区域联席会议制度所缔结的行政协议既不是法律规范也不是行政合同,而是类似于美国的州际协定和《西班牙公共行政机关及共同的行政程序法》所规定的行政协议,是政府间实现平等合作的一项法律机制。[②] 长江三角洲与珠江三角洲不同的是,长三角的三省一市不属于同一个省,因此长三角在区域共同立法方面有所欠缺,而以行政协议为主要的实践方式。目前,长三角区域的区域大气污染联合防治机制相对松散,在今后的制度构建过程中,应当构建常态化、制度化和规范化的合作机制,以在长三角三省一市中构建更加紧密的区域大气污染联合防治措施。就当前的经验而

---

① The Clean Air Act of the United States, as amended through P. L. 108 - 201, February 24, 2004, SEC. 102.(c).

② 叶必丰著:《行政行为原理》,商务印书馆 2014 年版,第 308 页。

言,长三角主要是以行政协议方式开展区域大气污染联合防治工作。

由于大气污染具有区域性、流动性等特点,目前相对松散的长三角区域立法协作机制并不能有效地解决大气污染问题。正是因为区域立法协调机制没有真正建立起来,才导致长三角三省一市在《大气污染防治条例》中的立法时间、立法程序及条例本身上存在巨大差异。笔者认为在大气污染防治协作立法方面,长三角区域三省一市应当采取更加紧密的协作立法方式。行政协议的关键是执行,尤其是要保证每个区域的一体化协议的执行效果,每个协议都需要制定相应的监督机制。[①] 长江三角洲在行政协议方面的实践经验主要有以下几个方面:

第一,设立长三角区域立法协调机构——区域立法联席会议。目前,长三角区域行政协议的缔结主体是长三角区域的行政机关,即省、市人民政府或职能部门;缔结形式是行政首长联席会议,包括长三角 16 市的市长联席会议、经协委(办)主任联席会议和职能部门行政首长联席会议。[②] 常态化的区域立法协作机制是区域大气污染联合防治立法的前提。长三角区域立法协作机构能够保障区域立法机制的连续性和稳定性。当然,区域大气污染防治立法机制的形式多样,确定什么样的立法机构或者协作方式取决于区域实际状况。就目前而言,长三角区域采用比较多的是区域立法联席会议制度。区域大气污染立法联席会议制度可以保证区域内不同行政区进行更加紧密的合作与交流。联席会议是指由来自不同地区或不同部门的代表(如负责人或其他工作人员)为特定目的而召开的会议。区域立法联席会议可根据区域合作与沟通的情况来确定会议的形式与内容,但是总体上可分为会晤型联席会议与磋商型联席会议。长三角区域联席会议制度可借鉴这两种类型的联席会议的一些特点,一方面可借鉴会晤型联席会议中各方定期召开会议的规定来保证机制的常态化,另一方面可借鉴磋商型联席会议以强调会议主题的确定性。

长三角区域立法联席会议应当考虑的因素有:(1)联席会议组成人员。通常情况下包括三省一市人大常委会负责人或者法工委负责人,以及三省一市人民政府或者相关政府行政主管部门的负责人。此外,也应当有一些专家学者或者公众参与。(2)联席会议的期限。长三角区域立法联席会议举办时间定为一年一次较适宜,每次会议可以讨论下次会议的时间、内容和具体安排。(3)长三角区域立法联席会议内容执行。长三角区域立

---

① 　张彬等著:《国际区域经济一体化研究》,人民出版社 2010 年版,第 302 页。

② 　叶必丰:《我国区域经济一体化背景下的行政协议》,载《法学研究》2006 年第 2 期。

法联席会议商议的内容最后仍需由三省一市的立法机构来执行。在长三角区域合作实践中,其所建立的联席会议制度和行政协议制度凸显了各地方政府之间的平等协商精神和治理的有效性,从而成为我国其他区域如泛珠三角、京津冀等区域政府纷纷仿效的典范。如果将府际合作联席会议制度和行政协议制度置于法学理论的分析框架之中,则府际合作联席会议制度可定位为一种跨区域工作机制,而行政协议则是政府间实现平等合作的一项法律机制。[①] 有学者建议,现有的"长三角联席会议"应朝着体制化、机制化和效率化方向转变,设立相应的理事会和协调执行部等常设机构。前者作为决策机构,后者作为监督执行机构。同时,相邻地区也可以建立多边参与的次一级地方政府的联合协调机制,共同商议协调一体化发展问题。此外,还应该在某些领域设立专门机构或专门的联合协调机构和机制。[②]

第二,长三角协作机制。长三角三省一市的《大气污染防治条例》关于防治原则与机制的规定几乎都不相同,这也为区域内立法与执法的协作上带来困难。大气污染防治的原则与机制首先应当遵循 2014 年修订的《环境保护法》与 2015 年修订的《大气污染防治法》,其原则与机制也应当与现阶段正在运行的长三角区域大气污染防治协作机制相适应。地方大气污染防治的原则应当遵循新修订的《环境保护法》的规定,《环境保护法》在第五条明确规定"环境保护坚持保护优先、预防为主、综合治理、公众参与、损害担责的原则"。尽管《大气污染防治法》(2015 年)没有明确规定大气污染防治的原则,但是在该法第二条也有"坚持源头治理,规划先行"的规定。无论是长三角区域大气污染防治协作机制、相关沟通协调机制、重污染天气应急联动机制,还是区域联动执法机制、环境信息共享机制等都应该明确不同机制的参与主体。现在可确定的长三角区域大气污染防治协作机制的参与主体除了国务院八部委负责人之外,三省一市的政府负责人及其他部门负责人都需要参加会议。

需要强调的是,本节从区域协同立法、区域共同立法和区域协议三个模式入手重点分析京津冀区域、珠三角区域和长三角区域这三个区域大气污染的行政立法状况,但这并不意味着京津冀区域、珠三角区域和长三角区域都只采用其中一种典型模式,实践中恰恰是这三个区域不仅仅运用其中一种典型模式,也会综合使用其他行政立法模式,例如广东省和香港特

---

① 叶必丰著:《行政行为原理》,商务印书馆 2014 年版,第 308 页。

② 刘志彪等著:《长三角区域经济一体化》,中国人民大学出版社 2010 年版,第 68 页。

别行政区也有区域大气污染联合防治的协议。2002 年 4 月 29 日,广东省政府和香港特区政府发表《改善珠江三角洲地区空气质量联合声明》,展开珠江三角洲地区空气质量联合研究,以防止区内的空气质量继续恶化。2014 年,广东省和香港特别行政区、澳门特别行政区还签订了《粤港澳区域大气污染联防联治合作协议书》,这份行政协议旨在推动广东省珠三角区域和香港特别行政区、澳门特别行政区开展大气污染防治方面的合作。这些协议书的内容主要有加强三地在区域大气环境质量监测和信息共享、区域大气环境保护技术科研合作、区域大气环境质量评估交流等方面的合作,以持续改善泛珠三角区域的大气环境质量。

第三节　区域大气污染府际合作治理机构

区域大气污染和区域大气环境质量的公共物品属性决定了大气环境的有效治理不能采取分而治之的格局,而只有实施区域大气的合作与集体行动,才能从根本上缓解或解决大气污染这一外部性问题。[①] 区域大气污染涉及面广、复杂性高,行政区域进行条块分割的环境管理体系只会增加大气环境管理的复杂性,只按单一行政区对它进行分割管理不足以解决大气污染问题。有必要建立区域大气域的、技术性高和权威性强的管理机构来承担这项工作。

一、区域大气污染府际合作治理机构设置必要性

设立一个区域大气域的、独立的、专门的机构负责区域大气范围内政府、企业和公众事务的全面协调,这是构建区域大气污染防治机制的首要任务。建立区域环境协作治理机构也是扩大公众参与环境事务的一条途径。区域环境保护协作治理机构以特定区域为载体建立,其可以代表一个区域内不特定民众的利益。群众环境保护组织机构不同于行政机关,普通民众参与环境组织的活动相对便利。环境保护组织里往往聚集着研究各种领域的专家,而众多的知识力量聚合也有利于环境问题的解决和环境事务的参与。区域环境保护协作治理机构发动的参与力量往往大于民众力量简单相加之和。

---

① 汪小勇、万玉秋、姜文、缪旭波、朱晓东:《美国跨界大气环境监管经验对中国的借鉴》,载《中国人口·资源与环境》2012 年第 3 期。

2000 年修订的《大气污染防治法》缺乏区域污染控制的内容,也没有具体的控制措施。该法第三条规定大气环境质量由当地人民政府负责,从而将大气污染控制区域化。2015 年修订的《大气污染防治法》第五章"重点区域大气污染联合防治"规定了诸多重点区域大气污染联合防治的制度,其中有联席会议和区域规划等联合决策机制,但是并未规定区域大气污染联合防治的机构设置。根据现有的国家立法,我国还无法成立区域大气污染监督管理机构。但是实践中,京津冀、长三角、珠三角等经济发达区域已经有关于区域大气污染联合防治的立法和政策文件,且各行政区政府间在事实上也在开展大气污染联防联控工作。值得一提的是,我国在全国范围内成立了六大区域环境督查中心,有些省份也成立了地方环境督查中心,这些区域环境督查中心可以在一定程度上承担区域大气污染府际合作治理机构的职能。例如生态环境部西南环境保护督查中心的职责之一是"承办跨省区域、流域重大环境纠纷的协调处理工作",这项职能涉及到区域大气环境监管,但是其只有事故发生后的协调功能,而在区域大气环境管理方面明显力度不够。

我国目前尚未形成全面系统的有关区域大气污染府际合作治理机构的制度框架,但是成立区域大气污染府际合作机构是区域大气污染和区域大气环境治理的大势所趋。《大气污染防治法》(2015 年)规定设立区域大气污染管理机构,通过统一目标、统一区划、统一规划、统一标准、统一监测、统一行动和统一监控有助于实现区域大气污染的有效控制。[①]探索如何构建专门性的区域大气污染府际合作治理机构是今后的研究方向。区域大气污染府际合作治理机构与一般的地方政府大气污染防治机构不同的是,其能够从战略高度将区域大气生态环境视为一个整体,以区域大气环境容量为基础,充分发挥区域内各行政区的优势,对区域内各行政区产业结构、产业布局和能源结构进行优化和调整,并最大程度地维护和提升区域大气环境质量。在实践中,以京津冀区域为例,京津冀区域大气污染府际合作治理的组织机构可以由生态环境部牵头或者三省市协商建立。京津冀区域大气污染府际合作治理机构负责制定京津冀区域大气污染府际合作治理的规划,基于各省市的城市功能定位分配各种污染减排计划和产业结构优化计划,以及建立京津冀区域大气污染府际合作治理的监督检查机制以及其他保障机

---

① 柴发合:《建议成立区域性大气污染管理部门》,载《环境》2008 年第 7 期。

制等。①

二、如何设置区域大气污染府际合作治理机构

空气污染的区域大气性质决定了大气环境的有效治理不能采取分而治之的格局,合作治理与采取集体行动才是从根本上缓解或解决大气污染这一外部性问题的根本出路。在美国,与传统的行政机关相比,独立管制机构一般由国会立法直接设立,它既是执行国会立法的机构,根据法律规定发放许可证和监督相关市场主体的行为,同时它也有权在与国会立法精神不相冲突的情况下制定市场主体的行为规则并确定费率或收费标准,它还有权处理监管范围内发生的法律纠纷。② 区域大气污染管理机构能够参与政府的综合决策和能源、交通、城市规划、产业布局等方面的规划。合作型环境治理成为当前环境治理的重要趋势,对于合作型环境治理实践和理论的考察验证了这样的事实:区域合作型环境治理决策的制定不仅仅依赖区域环境协作机构,而且应该是在区域环境问题利益相关者的最大程度参与下做出,其应该以区域内环境实践问题为导向。③

（一）区域大气污染府际合作治理机构设置法律基础

根据我国的《环境保护法》(2015 年)和《大气污染防治法》(2015 年),我国大气环境管理实行的是统一监督管理和分部门监督管理相结合的管理体制。关于跨区域大气环境监管的内容,2015 年修订的《大气污染防治法》对区域大气污染联合防治的具体措施有规定,但是没有具体规定建立区域大气污染联合防治机构。实践中大多通过地方政府间形成区域合作,并在京津冀、长三角、珠三角等重点区域开展大气污染联防联控工作。由于资金、管理水平等条件所限,现阶段的大气污染联防联控还集中在火电、钢铁等重点行业,无法全范围覆盖。

区域大气环境污染管理机构的机构设置和职能的确定可根据地域特征、污染性质及防治目标的不同而具体考虑。对涉及范围较小的跨区域污染,可考虑区域联合的组织形式。只按单一行政区对它们进行分割管理是不足以解决问题的。我国在全国范围内成立了六大区域环境督查中心,有些省份也成立了地方环境督查中心,但是在区域大气区域管理上的机构职能不健全。应当研究和探讨如何以现行的《大气污染防治法》(2015 年)中

---

① 屠凤娜:《京津冀区域大气污染联防联控问题研究》,载《理论界》2014 年第 10 期。
② 金国坤:《国家治理体系现代化视域下的行政组织立法》,载《行政法学研究》2014 年第 4 期。
③ 刘小泉、朱德米:《合作型环境治理:国外环境治理理论的新发展》,载《国外理论动态》2016 年第 11 期。

有关区域大气污染联合防治的规范为基础,完善关于区域大气污染联合防治专门机构的法律规范。在法律允许的范围内设立区域大气污染管理机构,通过统一目标、统一区划、统一规划、统一标准、统一监测、统一行动和统一监控有助于实现区域大气污染的有效控制。区域大气污染管理机构作为一个区域性管理机构,其最主要的职能是加强区域大气污染防治合作,与地方政府和其他社会团体共同制定和实施区域大气合作规划。通过区域规划,与制定并参与规划实施的政府及相关部门协作,从而制定出使整个区域和国家受益的大气环境政策。

可以考虑在生态环境部下设立一个区域大气污染联防联控管理委员会来专门负责协调与处理"三区十群"联防联控过程中出现的问题。具体而言,该委员会具备指导与协调各区域大气污染联防联控工作、监督与考核区域内各地方的大气污染减排情况以及协调解决区域内地方政府因联防联控而产生纠纷的功能。[①]

(二)设置区域大气污染府际合作治理机构目的

建立区域大气污染府际合作治理机构的目的有两个:一是强化中央的环保事权和调控能力,通过建立区域大气污染府际合作治理机构把中央的国家意志更好地实施下去;二是监督并帮助地方政府履行环境保护法律责任,增强其执行能力。因此,区域环保机构不仅具有监督职能,也有帮助职能,这是区域大气污染府际合作治理机构的基本定位,通过它把中央的目标和地方的行动连接起来,把过去相对比较虚置的中央环保职能落到实处,树立权威。区域大气污染府际合作治理机构发挥作用的途径有两个:一是通过管制、执法和强制来督促地方政府和企业履行环保责任;二是通过引导和帮助,即通过国家安排的环保项目把地方环保的事情办起来。从这个意义上说,区域大气污染府际合作治理机构应该是一个强势的和实体性的执行机构,而不是一般性的协调机制,其要有法定授权,可以审批、环评、审查、检查以及实施环保项目。

三、区域大气污染府际合作治理机构职责

如何构建区域大气污染府际合作治理机构,无论在空气质量监测、大气环境监督管理、咨询与建议,还是在协调各方合作方面都可以开辟可行性思路。区域大气污染府际合作治理机构职责主要分为以下四个方面:

---

① 曹锦秋、吕程:《联防联控:区域大气域大气污染防治的法律机制》,载《辽宁大学学报(哲学社会科学版)》2014 年第 6 期。

（一）制定区域大气污染防治规划

区域大气污染府际合作治理机构作为一个超越区域和部门的综合管理机构，其最主要的职能是加强区域大气污染防治合作，与地方政府和其他社会团体共同制定和实施区域大气合作规划。[1]区域大气污染府际合作治理机构与其他相关部门协作，制定有利于整个区域和国家大气环境的规划。区域大气污染府际合作治理机构还应该参与政府的综合决策和能源、交通、城市建设、产业布局等方面的规划，将区域大气污染防治规划与政府的区域综合决策和其他规划相协调。区域大气污染府际合作治理机构职责分为四个主要方面：（1）风险评估和模型研究，重点关注大气污染易造成哪些潜在的健康威胁或安全风险，以及目前急需解决的科学问题；（2）制定控制移动大气污染源相关政策，主要是对汽车尾气的移动污染源控制；（3）制定控制固定大气污染源相关政策，主要是能源的有效利用；（4）协调环境、经济和贸易的关系，以及生物多样性维护、防治污染、保护公众健康和环境法律政策管理。通过联系政府官员、专家顾问、学术界人士及关心环境的公众来共同推动地区性的环境改善。在跨界大气污染治理方面，主要通过协议合作来解决区域大气纠纷。

（二）建立区域大气空气质量监测体系

在不同行政区之间建立空气质量联合监测体系是区域大气污染联防联治的基础工作。区域大气污染府际合作治理机构应该协调不同区域，在各自监测的基础上统一建立空气质量监测信息和数据库。为此，区域大气污染府际合作治理机构应该致力于统一不同行政区之间的监测标准和评价标准，建立不同行政区之间的空气质量监测合作机制，建立统一的信息发布和信息共享机制。加强大气污染治理的电子政务建设，建立以云技术为核心的网络化信息管理平台，包括跨区域的地理信息系统、污染监测系统、信息服务系统、污染举报系统等，进而在区域内部实行大气污染信息的网格化管理，将信息平台覆盖至区内的每个街道社区。[2]

（三）构建区域大气污染联合防治协调机制

区域大气污染联合防治机制的核心是建立不同行政区和不同管理部门之间的协调机制。联合防治具体表现在联合规划、联合检查、联合监测、联合执法等各方面，不同区域政府和不同部门间的协调机制包括联席会

---

[1] 汪小勇、万玉秋、朱晓东、缪旭波、朱凤松：《跨界大气环境管理机制如何建立？》，载《中国环境报》2013 年 1 月 22 日第 002 版。

[2] 郭施宏、齐晔：《京津冀区域大气污染协同治理模式构建——基于府际关系理论视角》，载《中国特色社会主义研究》2016 年第 3 期。

议、论坛、信息通报等。区域大气污染府际合作治理机构的协调职能不仅存在于政府和政府部门之间,还表现在通过协调政府、专家顾问以及有利益关系的公众来共同参与大气环境治理,促进区域大气环境改善并制定区域大气污染联合防治政策措施。区域大气污染联防联控的政策保障措施包括经济措施和技术措施等。应该加大对联防联控大气污染的资金投入,保障重点污染治理项目和污染治理设施,其中积极推进碳排放权交易是重要的经济刺激机制之一,同时推进大气污染联合防治的科学技术研究,从技术层面寻求解决区域大气污染也是有效方法。

明确规定污染物排放总量大的行业和地区应当承担区域大气污染主要的减排责任。这种主要的减排责任包括经济成本的承担责任和减排行为的履行责任。要解决此问题,就要明确区域污染减排贡献和区域大气污染传输的计算方式,只有从不确定性中把握区域性大气污染的确定性,并将各区域的排放总量及各区域之间大气污染的传输总量予以明确核算,才能解决各地区和各行业的责任分配问题。

但目前这一计算方式尚未确立,有必要尽快予以明确。[1] 按照我国的行政管理体制,大气污染联防联控既包括省际之间的联防联控,也包括市际之间和县际之间的联防联控。市际与县际的大气污染联防联控受省级行政管辖的约束,容易开展。而省际之间的大气污染联防联控既涉及各级政府间的垂直监管,也涉及同级政府间的横向协同,行政层次较多,区域空气质量的监管主体难以确定,法律机制建立十分复杂。[2] 基于分担内容,应有如下分担原则:首先,区域性大气污染合作治理要强调共同责任的分担,建立区域责任共担原则。区域大气污染治理的特性要求区域共同责任的共担,必须根据大气污染的"贡献"不同来区分来源责任并附加区域经济公平性分析以进行均衡,并且要建立有分别的责任关系协调原则。[3]

(四) 处理区域大气污染纠纷

区域大气污染府际合作治理机构的另一项重要职能是处理区域大气污染纠纷。区域大气污染牵涉面广,利益主体多,法律关系复杂,因此必须有一个超越政府和利益主体的权威机构才能够对不同区域予以协调,并解决区域大气污染纠纷。

---

[1] 常纪文:《大气污染区域联防联控应实行共同但有区别责任原则》,载《环境保护》2014 年第 15 期。

[2] 康京涛:《论区域大气污染联防联控的法律机制》,载《宁夏社会科学》2016 年第 2 期。

[3] 姜玲、乔亚丽:《区域大气污染合作治理政府间责任分担机制研究——以京津冀地区为例》,载《中国行政管理》2016 年第 6 期。

第四章 区域大气污染府际合作治理制度体系

制度常常成为影响区域大气污染府际合作治理效率的一个重要的内生变量。[①] 作为最重要的外部制度之一类,法律制度应当被理解为由成套的规则所调整的法律概念。[②] 本章的研究目标正是在分析现有制度资源的基础上,探究区域大气污染府际合作治理法律制度的基本理论和制度体系。

第一节 区域大气环境规划制度

一、区域环境规划

（一）环境规划

区域大气污染防治规划本质上属于环境规划的类型之一。环境规划的含义是对一定时期内确定的区域、流域和空间范围的环境目标所做的总体规划和部署,为了实现规划目标通常还需要从战略上提出规划行动方案。从法律性质上而言,环境规划属于规范性文件,也属于政策范畴。我国《环境保护法》将环境规划作为最重要的环境保护制度之一种。《大气污染防治法》(2015 年)则专章规定了"大气污染防治标准和限期达标规划"[③],另外还专门规定了"重点区域大气污染联合防治行动计划"。[④] 环境规划和区域大气污染防治规划在我国都有法律依据。在实践中,区域大

---

① 王焕祥著:《中国地方政府创新与竞争的行为、制度及其演化研究》,光明日报出版社 2009 年版,第 356 页。
② ［英］尼尔·麦考密克、［奥］奥塔·魏因贝格尔著:《制度法论》,周叶谦译,中国政法大学出版社 2004 年版,第 65 页。
③ 《大气污染防治法》(2015 年)第二章。
④ 《大气污染防治法》(2015 年)第八十七条。

117

气污染防治规划也有相当多的有益经验。为了执行规划,规划中通常会提出规划执行机制和指标。指标系统作为推动永续发展的三大机制,除了持续追踪与调整外,更要搭配永续纲领性文件提出的愿景,以及借指标的政策管控、检讨与引导功能,将永续发展的理念融入政府的决策过程之中,确保政府政策规划都能够符合永续的理念,迈向更永续的环境与社会。[①]

（二）区域环境规划

区域环境规划也是环境规划之一种。前文述及,环境规划的规划对象包括国家、地方、区域、流域和一定空间范围,区域环境规划则是对区域内环境治理制定的综合性规划。《珠江三角洲环境保护一体化规划（2009—2020年》是比较成功的区域环境规划。这部规划首先强调了推进珠三角环境保护一体化的重要意义。推进珠三角环境保护一体化和加强区域环境规划的坚实基础是珠三角区域已经在环境协同治理方面取得的成效。这部规划也肯定了珠三角区域在区域共同立法方面取得的成就,包括《广东省珠江三角洲水质保护条例》《广东省珠江三角洲大气污染防治办法》等地方性法规和规章。同时,这部规划也指出,当前区域环境问题的表征发生了深刻的变化,区域内跨界环境问题和区域大气污染问题频现,应当变革区域环境治理方式,由过去的区域内各地方政府各自为政转变为区域环境协同治理。当然,区域环境协同治理需要破除行政区划之间的限制和壁垒,加强区域内各行政区之间的合作和部门之间的联合,同时也要创新区域环境协同治理的体制和机制,提升区域可持续发展的能力。这部规划也提出,区域环境协同治理的目的是提升区域环境质量。为了有效地执行这部规划的目的,规划提出了构建几大机制,包括调整珠三角区域产业结构、促进经济增长方式的转变,区域共同应对跨界水污染治理和优化水环境功能区,推进区域大气污染联合防治并且设计了一系列机制,强调区域生态安全和区域生态空间保护,打造区域环境协同治理机制和城乡协同治理机制,加强区域环境联动机制和信息平台,探索区域环境政策法规体系,通过实施重大工程来执行该规划任务,强化政府责任。

考察美国《清洁空气法》的体例,第一章"大气污染预防和控制"包括四部分,分别是"A 空气质量和排放限制""B 臭氧层保护""C 空气质量显著

[①] 叶俊荣、施奕任：《从学术建构到政策实践：永续台湾指标的发展历程及其对制度运作影响》,载《都市与计划》第三十二卷第二期,第 103—124 页。

恶化预防""D重点超标区域规划"。① 区域环境规划也有着自身的劣势和先天不足,这主要表现在规划作为"软法"性质的文件,其实施比较难。区域行政规划之所以难以有效实施,这与区域行政规划性质定位、区域行政规划的调控范围与内容等方面的先天不足有关。② 区域行政规划作为区域政府间协作机制,其重要任务之一就是进行区域主体之间利益的协调、分配与补偿。③ 为了保障区域环境规划更好地实施,应当加强区域环境规划执行机制的研究和探讨,逐步构建稳定的和持续的区域环境规划执行机制。整体而言,区域行政规划在实践之中不断得到完善,从区域行政规划的制定主体、制定程序、规划内容、实施程序等方面逐步发展出一系列比较固定和规范化的政府间沟通协商、专家咨询、公众参与、共识听证等行政机制。④ 这些程序性的措施能够保障区域环境规划得到有效实施和执行,区域环境规划的目标能够得到落实。

二、区域大气环境规划

(一)区域大气环境规划内涵

有一些地区政府以追求经济 GDP 增长为主要目的,盲目追求眼前利益和局部经济利益,忽视了经济发展对环境资源的损害和可持续发展能力的损害。因此,在区域经济发展时,环境规划显得尤为重要,因为环境规划是从战略角度对区域环境整体所做的科学部署,其能够避免盲目发展经济引起的不可持续发展。为了避免地方保护主义和经济发展至上的观念作祟,区域大气环境规划的意义凸显出来。而且,区域大气环境规划是区域内各行政区机关协商编制的,区域大气环境规划的编制也会起到协同区域内各行政区环境利益的作用。区域内各行政区之间的合作有助于从区域生态环境整体的角度来协商解决区域共同面对的大气污染问题,同时有助于预防政府之间的纠纷,协调区域内各行政区之间的利益,同时以较低的成本实现改善区域环境质量的目标。⑤ 基于对区域整体生态环境和区域大气整体环境状况的认识和科学认知,基于对区域社会损益分担状况以及

---

① "重点超标区域"(non attainment area)在美国《清洁空气法》(1990 年修订案)中被界定为:"污染排放量长期超过国家空气环境质量标准的地区,或者污染排放严重不达标区域附近的区域。"重点超标区域的认定有法定程序,美国联邦环保局通常在该区域长期污染排放超标的情况下才做出认定。

② 李煜兴著:《区域行政规划研究》,法律出版社 2009 年版,第 55 页。

③ 李煜兴著:《区域行政规划研究》,法律出版社 2009 年版,第 56 页。

④ 李煜兴著:《区域行政规划研究》,法律出版社 2009 年版,第 83 页。

⑤ 张世秋:《京津冀一体化与区域空气质量管理》,载《环境保护》2014 年第 17 期。

区域社会经济发展的具体情境的分析,区域大气环境规划制定区域大气环境协同管理的目标、大气环境管理责任分担、区域大气环境治理成果共享机制。这将实现区域大气污染防治的社会成本最小化,使得区域内大气污染物减排责任更为公平,也使得区域大气污染防控标准更加一体化和区域发展权更为均等。[①]

(二)区域大气环境规划要求

区域大气环境规划的具体内容包括:制定区域大气污染防治和区域大气环境治理的具体目标,区域大气环境协同治理机制,区域大气环境承载力,区域内人口工业产业布局,区域大气环境监测数据以及信息共享,区域大气环境规划实施机制,区域大气环境规划实施效果评估。编制和实施区域大气环境规划有助于形成完备的区域大气污染联合防治和区域大气环境协同治理机制,完善区域联合执法机制、区域大气环境信息共享机制、区域重大大气污染事件应急机制等。

第一,编制区域大气环境规划首先应当明确区域战略定位和各行政区的功能定位。以京津冀区域为例,京津冀区域协同发展的战略定位是疏解北京的非首都功能,解决北京作为超级大城市的城市病,实现京津冀区域的优势互补和合作共赢。为了实现这个战略定位,有必要以京津冀区域的环境资源承载力为基础,利用区域规划这根主线,以构建京津冀区域环境协同治理机制为抓手来着力优化区域生态环境和提升区域生态环境质量。除了整体区域的定位,还有区域内各个行政区的定位。在京津冀区域中,北京、天津和河北三省市的定位互补,北京市不仅仅是全国的政治和经济中心,也是京津冀区域的政治、经济和文化中心,是京津冀区域的引擎。天津市的定位是改革开放先行区、金融创新区和国际航运核心区。河北省的定位是京津冀区域的生态环境支撑区和产业转型升级试验区。有了这三者的精确定位,京津冀区域如何协调治理大气环境就有了基本的理念和思想。制定区域大气污染防治规划并非是大气污染府际合作治理的根本目标,关键在于区域大气污染防治规划的规划目标以及实施措施。应当基于区域大气污染防治规划开展适合区域状况的制度创新和技术变革,探索区域大气污染总量控制和源头消减措施,以实现区域大气污染的总量控制和区域大气环境质量的维护。[②]

① 张世秋:《京津冀一体化与区域空气质量管理》,载《环境保护》2014 年第 17 期。
② 白永亮、郭珊、孙涵:《大气污染的空间关联与区域间防控协作——基于全国 288 个地市工业 SO₂ 污染数据的空间统计分析》,载《中国地质大学学报(社会科学版)》2016 年第 5 期。

第二,区域大气环境规划编制的具体内容。区域大气环境规划编制的具体内容包括:(1)区域大气污染的基本状况和区域大气环境协同治理的基本情况;(2)区域大气污染联合防治的指导思想、基本原则和具体目标;(3)区域大气环境规划的基本背景,区域大气污染联合防治的重点产业和重点区域;(4)重点污染物、重点行业和重点产业治理;(5)区域大气环境协同治理机制,包括环境影响评价机制、监测信息共享机制、联合执法机制、区域内重大污染事故预警和应急机制;(6)区域大气污染联合防治和区域大气环境协同治理保障机制,包括财政税务机制、其他市场化机制、环境教育、政府责任监督考核机制等。《京津冀及周边地区落实大气污染防治行动计划实施细则》重点任务"(六)加强组织领导,强化监督考核"中第 2.3点强调建立和健全区域环境协作机制。以积极区域环境协作机制为例,应当建立京津冀区域内三省市人民政府和国务院相关部门参加的京津冀区域环境协作机制。京津冀区域环境协作机制包括区域内环境影响评价会商机制、区域环境联合执法机制、区域环境信息共享机制、区域重污染天气预警机制等。①

三、区域大气环境规划制度完善

(一)区域大气环境规划纳入环境影响评价

我国 2016 年新修订的《环境影响评价法》在立法理念和制度设置方面较之 2002 年的《环境影响评价法》有诸多修改。其中有一项与区域大气污染和区域大气环境府际合作治理相关的是,如何更好地对区域大气环境规划实施环境影响评价。不管是 2002 年的《环境影响评价法》还是 2016 年的《环境影响评价法》都将规划环境影响评价作为环境影响评价的两大类型之一。然而,不管是 2016 年新修订的《环境影响评价法》还是 2014 年修订的《环境保护法》,在规划环境影响评价的具体实施层面略有欠缺。区域大气环境规划是环境规划的一个重要类型,如何恰当地将区域环境规划纳入环境影响评价,这是需要正视的重要问题。具体而言,区域大气环境规划编制机构在编制区域大气环境规划的过程中,应当将区域大气环境规划的环境影响评价书向公众进行公示,征求公众对环境影响评价书的意见以及公众对于替代方案的意见。规划环境影响评价制度的成效在很大程度上取决于公众参与的意见能否对规划环境影响评价起到实质性的影响。而公众的参与意见取决于公众是否获得对区域大气环境规划影响的全面

---

① 《京津冀及周边地区落实大气污染防治行动计划实施细则》。

和深入认识。

2016 年的《环境影响评价法》第二章"规划的环境影响评价"沿袭了 2002 年的《环境影响评价法》的规定,将规划划分为综合规划和专项规划,这两种规划的环境影响评价内容和程序稍有差异。对于那些涉及区域、流域和海域的建设以及开发利用规划全局的综合性规划,其编制的环境影响评价篇章与专项规划的环境影响报告书要求不同。① 专项规划必须经过公众参与的程序,而综合性规划的公众参与则不是必经程序。专项规划在经过公众参与程序之后,应当认真考虑公众的意见,并且在报送审查机关审查的环境影响报告书中对是否采纳公众意见予以说明。②

(二)将区域大气环境规划环境影响评价纳入环保督察

根据上文论述,规划环境影响评价的实施难和落地难问题是当前我国环境影响评价制度存在的突出问题。针对这些问题,一方面要加强规划环境影响评价的程序性研究,使之具有程序正当性。另一方面,在"十三五"期间,生态环境部将对规划环境影响评价制度进行改良,针对规划环境影响评价"未评先批"的现象,将规划环境影响评价纳入环境保护督查的范畴。"十三五"期间,生态环境部将率先开展对京津冀、长三角、珠三角等重点区域的规划环境影响评价的环保督查工作。开展区域环境规划环境影响评价的环保督查工作的目的是对区域规划的制定和实施施加约束和指导以预防区域规划对环境造成不可逆转的影响。为了实现区域环境质量管理的目标,生态环境部还将开展区域生态空间清单制度和限制开发区域的用途管制清单制度,以及对区域环境规划的环境影响评价制度落实情况进行核查,将地方政府的履职工作和区域环境规划环境影响评价状况纳入环境保护督查。区域大气环境规划环境影响评价制度的完善同样也要求健全环境影响评价信息公开机制。区域大气环境规划环境影响评价的信息公开渠道应是多样的,以政府部门网站为主,综合其他信息公开渠道。区域大气环境规划环境影响评价制度信息公开的范围包括环境影响评价文件内容、政府部门审查或者审批意见。对于已经经过公众参与程序的区域大气规划环境影响评价,还应当联合其他相关部门加以环境影响评价后评估和监督。

---

① 《环境影响评价法》(2016 年)第七条、第八条。
② 《环境影响评价法》(2016 年)第十一条。

第二节　区域大气污染府际合作治理执法制度

区域大气污染联合防治和区域大气环境协同治理要求不同行政区之间联合执法。由于地域限制和执法差异,区域内地方政府在推进联合执法进程中呈现运动型特征,其虽然短期内可以相互协调配合,但因没有一套长效约束激励机制,所以终归不能免于依赖联合执法双方各自部门领导之间的私人交情,行政首长的个人因素左右着联合执法的效果,甚至行政区行政下有利则争、无利则推的扯皮推诿现象也在联合执法中开始有所展现。当然,行政区利益之争也会影响到环境保护执法部门对市场主体执法标准的严松不一、标准不一等有碍公平执法的考量因素,甚至是各方之间互不配合、相互拆台,以行政执法之名行地方保护主义之实。不恰当的环境保护执法刚好迎合了大气污染排污主体游离环境执法监管之外的现实,也妨碍对区域大气污染进行及时有效的处理。在实践中,联合执法工作是区域大气污染联合防治工作的短板。基于区域大气环境的生态整体性特征以及加强区域大气环境府际合作治理的需要,应当构建完备的区域大气污染联合执法制度。府际合作中的联合执法制度能够有效应对和解决具体问题,其是优化区域行政资源配置和提高区域府际合作治理效率和能力的有效途径。

一、区域大气污染府际合作治理执法制度检视

在我国,行政执法方面向来具有中国特色。由于区域环境问题出现的时间短,所以区域联合执法尤其是区域环境联合执法作为一个全新的领域还未有非常有效和完备的区域联合执法机制来应对。当前的区域大气污染联合执法机制方面还存在很多不足,总结起来大致有如下几个方面:

（一）不当执法现象

不当执法是我国行政执法领域普遍存在的现象,在区域大气污染联合执法领域也是如此。可以说,不当执法有时候也是造成区域大气污染物产生和迁移的直接和潜在原因。不当执法具有一些具体的表象:

第一,执法机关越权执法或者不作为。我国有关区域环境协同治理的法律规范体系不甚完备,区域环境联合执法的法律依据也不尽完善,区域联合执法机关的职权分配不清晰或者不完善,在这样的状况下很容易滋生区域环境联合执法过程中的越权执法或者行政机关不作为的现象。甚

至有些情况下,一些执法机关以部门利益为导向,重权力轻职责的现象时有发生。

第二,区域内大气污染源监管不力。我国的《环境保护法》(2014 年)、《大气污染防治法》(2015 年)等一些环境资源法律存在"违法成本低、守法成本高"的情况,在这样的状况下,很多企业宁愿违法也不愿意承担高昂的守法成本。这样造成了很多偷排的情况,对于这些偷排大气污染物的情况,区域内各行政区的行政机关如果懈怠执法则很容易疏漏。

第三,联合执法机制不充分。区域大气污染和区域大气环境府际合作治理要求区域内各行政区政府机关联合执法。但是在实践中,由于区域内各行政区的地域状况和执法手段有差异,联合执法往往收效甚微。在有些情况下,对于某些污染物或者某些污染源出现谁都不愿意监管的现象。

第四,执法冲突现象。区域大气污染和区域大气环境府际合作治理过程中的执法冲突可以发生在纵向政府机关之间,也可以发生在横向政府机关之间。横向政府机关之间的冲突主要体现为区域内各同级政府执法机关之间的冲突。

第五,执法程序不规范,随意性大。不管是国家层面的法律规范还是地方层面的法律规范,对于联合执法程序的规定都不尽完善。执法的时间、方式、步骤、顺序等没有恰当的法律规范作为依据,这很容易造成执法程序不规范和随意性大的现象。这种状况和我国行政法律法规的重实体、轻程序之状况是相对应的。不当的执法程序往往会损害相对人的合法权益,而且执法结果也难以被相对人接受。因此,完善执法程序性规范对正当执法、防止执法权滥用和保障相对人的权益具有重大意义。

(二)强于运动式执法,怠于平时执法

运动式执法指的是执法主体以运动的形式在短时间内集中执法力量对某种严重的行政违法行为加以处理。环境执法领域的运动式执法以"环境风暴"和"环评风暴"等为典型。运动式执法模式一般针对社会上比较恶劣的影响大的环境事件,一般是得到领导批示后由环境保护部门紧急部署,随之开展轰轰烈烈的行政检查和行政处罚行动。运动式执法是我国比较特有的一种执法现象,在行政执法活动中,其通常以集中检查、专项整顿、专项执法等形式出现。[①] 运动式的执法也具有其显见的优点,即可以集中人力、物力和财力集中解决一些棘手的或者突发性的环境事件。然而,运动式执法的缺点也非常明显。这种疾风暴雨式的运动式执法有时候

---

① 罗许生:《从运动式执法到制度性执法》,载《重庆社会科学》2005 年第 7 期。

也难把握执法边界,极其容易造成越权和专权管理,从而导致新的执法问题。而且,运动式执法具有临时性的特点,其对行政违法的深层原因并未加以解决,因此在运动式执法过后,问题可能又会卷土重来。[①] 运动式执法职能作为一种非常规的执法措施,其不具备成为稳定性执法措施的特质。此外,运动式执法也会影响到执法者的执法方式和执法态度,使其对平时的日常执法进行敷衍。运动式执法展示的政府行为具有随机性和形式主义的特征,充满着人治的色彩。所以在现实生活中,运动式执法的效果也远非估计得那么好,而且很容易助长违法者的投机心理,使违法行为屡禁不止。[②] 为了改变这种状况,有必要强调和强化日常执法,使运动式执法向制度性的、规范化的常规执法转变。运动式治理往往是为了有效解决某些严重的社会问题而由国家主动发起的,其具有鲜明的目标针对性和短期性特征。[③] 区域大气污染联合防治执法机制也不能止步于松散的、运动式的形式,而是应当成为一种制度化常态。

（三）行政执法理念不适应区域大气污染应对

第一,行政区行政模式下环境行政管理的行政区思维与方式不适应区域大气污染治理。区域大气污染具有流动性、不确定性等特征。影响区域大气质量的污染物在一个行政区内产生,并在大气环流运行中转移至其他行政区,如果其他行政区也存在大气污染问题,则各行政区大气污染在大气环流模式中相互混合,进而形成区域复合型大气污染。而在我国既有的行政区行政模式下,一级地方政府及其环境行政执法管理部门基于行政职权的地域限制而只能在本行政区内采取措施控制大气污染源。大气污染的流动性与控制空气质量的地域性职责、各自为政的控制管理方式存在异向性,从而使得分割的行政区没有动力机制采取措施防治大气污染源,甚至会采取机会主义策略。因此,这种单向的行政区行政思维和管理方式无法适应区域大气污染治理所要求的协调治理、共担风险的理念与行动需求。

第二,环境行政管理与执法中的治污抓手单一,与区域大气污染防治中的复合型污染源形成不对称性。现代工业快速发展所带来的大气污染源已经不同于传统农业社会中污染源所具有的相对单一性,而是呈现出区

---

① [美]西蒙·库兹涅茨著:《现代经济增长》,戴睿等译,北京经济学院出版社 1989 年版,第 289 页。

② 朱晓燕、王怀章:《对运动式行政执法的反思》,载《青海社会科学》2005 年第 1 期。

③ 丁轶:《权利保障中的"组织失败"与"路径依赖"——对于"运动式治理"的法律社会学考察》,载《法学评论》2016 年第 2 期。

域复合型污染的特点。因此,为了解决复合型的污染,必须对污染物的来源和污染物的类型加以综合控制。以单一污染物为抓手的管理方式不适应复合型污染防治要求,而我国前期在大气污染治理中的经验与教训则值得警醒与反思,如"十一五"控制重点主要为二氧化硫和工业烟粉尘等单一污染物,与其对应的环境治理措施则是单一污染源控制模式,如对电厂、大型工矿企业等固定的大点源进行控制,但对扬尘、建设施工、机动车尾气等移动源控制不力,从而无法对区域大气污染源形成有效的认知,也无法采取具有针对性的预防措施,进而导致单一的一次污染控制为抓手的治理方式远远跟不上复合污染源所造成的大气污染进度。

第三,当前的大气污染防控能力与区域复合型大气污染治理要求相差甚远。区域大气复合型污染现状及其有效治理所依赖的法律规范、技术手段、技术标准等均亟待完善。当前,我国对传统的煤烟污染物和工业污染物的治理技术和治理体系已经相对完备。而对于混合了诸多污染物的复合型污染治理则处在摸索阶段,缺乏相应的完备的治理体系。治理技术和技术规范也相对薄弱,国家对该类排放物没有建立相应的基础数据且监测点位不全。另一方面,我国在国家层面尚未制定统一的区域大气污染防治方面的法律规范。因此,无论是大气污染复合来源物的排放标准、检测技术和手段,还是相应的法律规范,甚至是在有关的基础性科学研究上,在技术、法律、理论储备等领域均存在短板,这与当前区域大气污染严峻的现实格格不入。

二、区域大气污染府际合作治理执法特点分析

(一)区域大气污染联合执法内涵

在区域大气污染联合执法方面,区域内各行政区可以通过区域大气污染协同治理组织对区域内环境违法行为开展联合执法。具体层面有对区域内排污者的检查和监管,对流动污染源如机动车违法行为的现场检查,对区域内油品质量控制,对其他大气污染物来源加以综合控制和综合执法。区域内各行政区联合执法应当贯彻统一执法主体、统一执法程序、统一执法标准和统一执法方式的原则。统一的执法主体指的是由区域内各行政区协商组织统一的执法人员或者执法团体;统一的执法程序指的是区域内各行政区派出的执法人员针对同一执法事项适用相同的程序;统一执法标准指的是在何种情况下实施联合执法应当有统一的标准和启动程序;统一执法方式指的是区域内各行政区执法主体在执法方式选择上的一致。在区域大气污染联合执法过程中,应当将市场化手段、环境教育手段等与

行政执法手段相结合,综合运用行政合同、行政指导、行政奖励等"柔性"执法方式来实施联合执法,避免简单和粗暴的执法行为。明确了区域大气污染联合执法的内涵后,有必要厘清区域内各行政区执法机关的职责和权限划分。

在我国现行行政区行政模式下,环保行政执法部门单一的执法机构和无效力的执法手段直接影响到区域大气环境治理效果。例如,环境保护部门的执法人员必须依据法定的程序才可以进行环保执法。在紧急情况下,如果违法企业阻碍环境保护部门的执法人员进行执法,那么环境保护执法部门此时只能依赖公安部门的协助或者申请法院强制执行。如此,环境保护部门的执法周期会比较长,程序也较为复杂。环境执法部门的行政权能不能形成一个有效的检查、处理和强制的链条,加之分散的行政区执法如何面对区域大气污染治理中存在的执法风险,这些都需要区域内各地方政府及其环境行政执法部门树立一种区域协调发展的理念,形成对区域大气环境整体生态利益的共识,以解决区域大气污染问题为具体执法导向,同时必须避开区域内各行政区之间的行政障碍,综合运用区域内各行政区合作的组织优势和制度资源,统一区域大气污染控制措施,协同环境管理执法标准与行动协调,通过改善行政区内空气质量以提升区域整体大气环境质量。

(二)区域大气污染联合执法特点

第一,制定统一管理要求,协同治理行动。区域大气污染治理的跨行政区域要求各行政区应当制定综合性的、统一的区域大气污染防治规划和区域大气环境质量提升规划。根据综合规划的要求以及协同行动的原则实施区域大气污染治理。统一规划要求结合本区域大气污染特性(如污染物来源与成分,污染物在时间和空间上的变化等)、各行政区的经济发展水平和污染治理能力以及区域大气空气质量控制要求,制定区域统一的大气环境治理规划和整体措施,同时要求各行政区据此制定行政区内的行政措施和实施方案,以此为协同治理的行动准则。因此,各行政区应当树立协同共赢理念。以区域大气污染具体问题为导向,以改善区域大气环境质量为基本目标,搭配区域内各地方人民政府的行政界限,采取统一规划和统一技术标准的路径,协调治理措施与方案,协同行动,以整体性治理打破因行政区各自为政而在区域大气环境治理中所造成的困局。

第二,对区域大气污染源进行综合控制,对区域大气污染物进行综合治理。区域大气污染协同治理除制度协同外,还必须在治理抓手上探寻一致性。就区域大气污染治理来说,最为根本的是要依据大气污染源的不同,采取不同的协调措施或联防联控手段。一是制定统一的空气质量评价标准。针对影响空气质量的排放物,无论是传统污染物如二氧化硫、氮氧化物,还是现代社会日益增多的灰霾、光化学烟雾等新型环境影响要素以及近几年所热议的 PM2.5 细颗粒物,这些不同类型的大气污染物都应当作为大气环境质量的评价指标。根据这些污染物的综合作用,以改善大气环境质量为基本目标,确定不同的评价标准和评价权重。二是扩大影响区域大气污染所应当控制的行业领域,制定排放限值和具体控制措施。除传统的钢铁、火电、水泥等高能耗、高排放行业,还有有色、石油化工、制药等重点行业,以及一些新型的大气污染源,如城市或乡村机动车、各类型建筑扬尘污染等,均应当纳入大气环境治理监控体系。

第三,创新区域环境管理机制,从而提升区域大气污染治理能力。区域大气污染治理涉及跨行政区、跨多层级或地方行政主体,因此迫切需要统筹协调不同的利益主体,这有赖于对区域大气污染协调治理机构、机制以及政策措施的创新,以提升区域大气污染治理能力。一般认为,创新区域大气污染治理机构、机制或措施,可以从这几个方面着手:一是成立协调机构。为增强区域大区污染府际合作治理的有效性,组建跨区域的协调组织机构是必需的,由其协调合作治理措施及其实施方案。二是制定统一规划。由区域内各行政区的共同上级行政部门来负责制定区域大气污染规划,由共同上级行政部门来负责协调和监督区域大气污染防治计划的执行,以统一和协调取代行政区的各自为政。三是统一监管。包括统一区域环境执法标准,协调一致行动开展跨区域环境联合执法,建立统一的区域性污染应急处理机制。四是实施统一的空气质量评估。即建立统一的区域空气质量评估标准与方法,设计科学的评估程序,从而建立区域大气质量评估考核体系,并制定相应的激励约束机制。五是统一监测和信息共享标准。即针对酸雨、细颗粒物、臭氧等空气质量影响要素,科学设计区域空气质量监测网点布局,加强监测网络建设,提高区域空气质量监测能力。同时,需要建立区域大气污染和质量控制相关大数据信息库,实现区域间大气空气质量监测信息共建共享。

三、区域大气污染府际合作治理执法具体方式

徒法不足以自行。以区域大气污染防治规划为基础,探索构建区域大气污染联合执法机制,如此才能保障区域大气污染联合防治和区域大气环境协同治理的法治化。在区域大气污染府际合作治理中,联合执法的状况直接决定了区域大气污染联合防治和区域大气环境协同治理的效果。区

域大气污染联合执法应当避免过于宽松或者过于严苛,也应当打破传统的僵硬的执法手段,而应采用多种手段相结合的"柔性"执法措施。归根结底,这是一种执法"尺度"的把握。以美国加州大气污染执法为例,加州立法赋予加州空气资源局(ARB)很大的执法权力。加州空气资源局(ARB)既可以在路上叫停车辆抽检油品和监测尾气,还有权力监管汽车零配件市场。然而,加州空气资源局(ARB)的执法人员精力和时间有限,不可能一一检查,于是便采取抽查的方式来实施日常监管。但是一旦被抽查到,处罚则非常严格,违法者可能被起诉至法庭。这种执法方法既可以促使违法者更好地遵守法律,又可以提高执法效率。在实践中,我国区域大气污染联合执法具体方式主要有:

(一)环境行政主管部门与公安部门联合执法

这种联合执法模式的一个典型的规范性文件是 2012 年浙江省环保厅和省公安厅联合下发的《关于建立环保公安部门环境执法联动协作机制的意见》,该文件的内容包括:确立了省级环保部门和省级公安部门联合执法的联络机制,包括联席会议制度和案件会商制度;明确了两部门之间如何开展联动以及针对重点排污源和重点污染物如何查处和惩戒;规范了环境案件的移送机制,规定了环境保护部门在环境执法过程中对哪些案件应当依法移送至公安部门。环境行政主管部门和公安部门联合执法在实践中是应用比较广泛的一种模式,这种模式对深化部门合作、强化环境执法的权威和环境执法的刚性、整合执法资源及提高执法效率有显著的作用。

(二)环境行政管理部门与司法机关合作

第二种模式是环境行政管理部门与司法机关合作,包括法院和检察院。有代表性的规范性文件有 2014 年的《广东省高级人民法院、广东省人民检察院、广东省环境保护厅、广东省公安厅关于查处涉嫌环境污染犯罪案件的指导意见》。

这部规范性文件提出在广东省各级人民法院、检察院、公安机关和环境保护行政主管部门之间建立常态化的联合执法机制。此处的"各级"包括了珠三角区域内不同行政区的各级法院、检察院、公安机关和环境保护机关。根据这部规范性文件,常态化的执法沟通机制是"联络员制度",由各级人民法院、检察院、公安机关和环境保护主管部门各自确定一个负责沟通和协商的人员。这部规范性文件还详细规定了四个部门联合执法的执法程序,包括环境保护主管部门的日常查处和日常监督执法,对于未触犯刑事法律的状况依法移交公安机关处理。这部规范性文件同时还对行政相对人的复议和行政诉讼作出了明确的规定,此外还对四个机关之间如何协作、立案和侦查,以及如何惩戒环境犯罪等都作出了详尽的规定。

观察比较成熟的联合执法经验,我们不难发现,区域大气污染联合执法能否取得良好的效果取决于以下两点:第一,是否有稳定的执法联动机制,诸如上文阐述的联席会议制度和案件会商制度,或者联络员制度。这是部门之间能否有效沟通和及时启动联合执法程序的关键。第二,是否有常态化和规范化的联合执法程序,联合执法的几个部门之间如何配合以及工作如何衔接,这是联合执法的核心内容。

第三节　区域重污染天气应急制度

区域大气污染府际合作治理还应当关注区域内重污染天气的处理。区域内一旦发生重污染天气,其影响范围之广、损害之大以及后续处理难度之大都超越了我们能够预料的范围。对于区域内重污染天气的管理和处理具有明显的风险预防和风险规制的导向。

一、区域重污染天气应急制度规范依据

(一)大气污染防治立法的风险导向

从立法理念的发展历程考察,我国已经进入了环境立法的高"风险"时代。我国近年修改的几部重要环境法律都将风险管控视为立法重要突破。2014年修订的《环境保护法》第三十九条规定了"国家建立、健全环境与健康监测、调查和风险评估制度";第四十七条规定了突发环境事件的风险控制、应急准备、应急处置和事后恢复等工作。无独有偶,2015年修订的《大气污染防治法》第七十八条也规定对大气污染物实行风险管理,并要求企业建设环境风险预警体系,同时该法在第一百一十七条设置了对应的法律责任。风险防范理念在立法中的突破值得肯定,然而这两部立法只是粗略地规定了环境风险预防相关制度,其距离完备的风险规制制度体系还有很远的距离。我国发布的《大气污染防治行动计划》(又称"大气十条")、《土壤污染防治行动计划》(又称"土十条")和《水污染防治行动计划》(又称"水十条")并称为我国污染防治"三大战役",它们分别针对当前最严重的大气、土壤和水污染问题进行防治。这三部行动计划都强调风险管控,《大气污染防治计划》中的"九、建立监测预警应急体系,妥善应对重污染天气"专门提出了重污染天气的预警和应对,从风险防控的角度来应对重污染天气。《土壤污染防治行动计划》也重点强调土壤环境风险管控,这意味着土

壤环境风险防控已成为我国环境立法和土壤污染防治领域中凸显的主题。以此为背景,本书研究重污染天气环境风险的法律规制既出于解决现实问题的要求,也有未来理论和制度建构的面向。

（二）现有法律规范依据

我国目前没有专门的重污染天气应对法,但是相关规范分布在《环境保护法》（2014 年）、《大气污染防治法》（2015 年）和《突发事件应对法》（2007 年）等单行法之中。《大气污染防治法》（2015 年）坚持促进生态文明建设以及改善大气环境质量的原则,其设置了专章"重污染天气应对",这相对于旧法是一个突破。第六章的内容主要涵盖重污染天气监测预警体系、突发重污染天气应急管理、应急预案、重污染天气监测等措施和手段。《大气污染防治法》（2000 年）只规定对划定为"大气污染物排放总量控制区"的区域实现大气污染总量控制。该法第二十一条规定"国家对重点大气污染物排放实行总量控制",并设置了措施贯彻总量控制。可以说,我国已经初步形成了重大环境事故的预警和应急制度体系。具体的法律规范有《环境保护法》（2014 年）第四十七条关于突发环境事件的风险控制的一般性规定。[1]《环境保护法》的这项规定尽管比较原则,但是能够为其他环境保护单行法、行政法规、地方法规和地方规章提供立法依据,并能指引其他单行法、行政法规、地方法规和地方规章将此规定细化。以《环境保护法》（2014 年）为基本依据,《大气污染防治法》（2015 年）在第六章以专章规定了重污染天气应对,其中包括"重污染天气监测预警体系和机制"[2]"重污染天气突发事件应急管理体系和应急预案"[3]"重污染天气预警体系"[4]以及"重污染天气应急处置制度"[5]。除了环境保护法律外,《突发事件应对法》、《国家突发公共事件总体应急预案》（2006 年）、《国家突发环境事件应急预案》（2006 年）、《突发公共水事件水文应急测报预案（试行）》（2007 年）等也是重污染天气的主要规范依据。

二、区域重污染天气应急制度内在逻辑

（一）区域重污染天气应急制度逻辑

如果说大气环境风险评估和大气环境修复是日常的环境风险管理制

---

[1] 《环境保护法》第四十七条。

[2] 《大气污染防治法》第九十三条。

[3] 《大气污染防治法》第九十四条。

[4] 《大气污染防治法》第九十五条、第九十六条。

[5] 《大气污染防治法》第九十七条。

度,那么大气环境事件应急制度则是特殊状况下应对不能预期环境风险的制度。大气环境事件应急管理与大气环境风险日常管理有着内在的联系。[1] 环境应急管理通过对偶然事件的管控以做好"突发环境事件的风险控制"[2]和减少环境损害的发生,从而达到一种最佳的状况。就制度设置目的而言,大气环境事件应急制度与大气环境风险日常管理制度是不谋而合的,即都是以管控大气环境风险和减少环境损害发生为目的。风险应急管理需要一种应对不确定性的意识和处理应急情况的创造力,以处理那些完全不能预期的情况。环境事件应急制度也具有显见的社会价值,其被视为环境正义的实现途径之一。当存在环境不确定性的场合,个体更倾向于接受在实体和程序上更能够为人们提供正义和公平的制度。[3] 从环境正义的视角来看,那些容易受到突发环境事件影响的大多是贫穷的、弱势的和易受感染的人群。对环境正义的关注为大气环境风险规制提供了一个独特的视角,即为民众提供系统的、综合的、完备的突发大气环境污染事故应急处理制度,以考量所有可能受到突发大气环境事件影响人群的利益。

重污染天气应急主要通过《环境保护法》(2014 年)、《大气污染防治法》(2015 年)等相关法律的条款和技术导则来实现。大气环境风险应急制度的现状也是如此,除了《环境保护法》第四十七条规定突发环境事件的风险控制之外,还有《突发事件应对法》《环境突发事件应急预案》等进行规定。体系化的区域重污染天气应急制度应当关注如下几个方面:[4]

第一,区域重污染天气应急制度首先要求对区域重污染天气来源进行识别,并且以此为基础确定重污染天气应急制度的主要关注点以及设置预防环境风险发生的日常具体措施,同时根据对重污染天气来源和状况的认识形成应急事项关注点和应急日程。

第二,完善区域重污染天气应急规划,规定紧急情况下应对大气环境风险应当采取的紧急措施,包括紧急情况下的指挥机构、应急措施、应急队

① Peter J. Webster and Jun Jian, Environmental prediction, risk assessment and extreme events: adaptation strategies forthe developing world, Philosophical Transactions: Mathematical, Physical and Engineering Sciences, Vol. 369, No. 1956, Handling uncertainty in science (13 December 2011), pp. 4768 - 4797.

② 《环境保护法》(2014 年)第四十七条。

③ Mitchel N. Herian, Joseph A. Hamm, Alan J. Tomkins, Lisa M. PytlikZillig, Public Participation, Procedural Fairness, and Evaluations of Local Governance: TheModerating Role of Uncertainty, Journal of Public Administration Research and Theory 22: 815 - 840.

④ Scott Somers and James H. Svara, Assessing and Managing Environmental Risk: Connecting Local Government Management with Emergency Management, Public Administration Review, Vol. 69, No. 2 (Mar. —Apr. , 2009), pp. 181 - 193.

伍、信息、监测等全方位的保障措施,组建突发大气污染事件和突发重污染天气应急队伍。区域内各地方人民政府作为区域大气污染治理的具体执行者,其应当对大气污染事件应急队伍加以日常的训练。制定大气环境风险应急规划及大气环境应急准备程序,以作为重污染天气应急制度的核心制度,其中的重污染天气应急规划指的是"政府部门间的协调,以确保有能力应对潜在突发大气污染事故";重污染天气应急规划应当清晰地界定政府不同机构在一个突发重污染天气中的责任和义务。

第三,由于重污染天气应急涉及综合性的事项,因此有必要促进组织间和跨组织间合作,包括城市管理者和乡村管理者之间的合作、政策制定者和政策执行者之间的合作、政府不同机构之间的合作等。

第四,确定重污染天气应急组织方法。重污染天气应急制度通常在地方政府层面来操作,地方政府的重污染天气应急主要包括四个方面:应急规划、减缓风险的措施、应急应对措施和事后修复。

第五,重污染天气应急规划演习。从广义上来说,规划演习有特定的目标和目的,其意味着有机会来检验规划的恰当性和应急队伍的工作效率,以及与风险日常管理相联系,规定事前预防必须准备的应急队伍、各种装备以及培训等。尽管重污染天气的应急管理与大气环境风险日常管理相区别,但两者仍然需要紧密结合,以构成全面的重污染天气规制制度体系。

第六,建设重污染天气应急体系和应急操作中心。这要求所有相关政府部门在综合指挥、控制面以及信息机制方面的完美结合。

(二)区域重污染天气应急制度之不足

第一,法律规范之间衔接不足。上述以《环境保护法》(2014 年)、《大气污染防治法》(2015 年)和《突发事件应对法》(2007 年)等为代表的重污染天气应急处理制度体系存在着法律规范之间衔接不充分的问题。一方面,重污染天气应急预案种类繁多,针对不同类型的重污染天气,这些应急预案的规定很难起到有针对性的效果。甚至这些应急预案的规定过于简单和抽象,因此有时候导致可操作性不强。

第二,区域重污染天气应急管理体制不健全。关于区域重污染天气应急管理体制,《国家突发环境事件应急预案》的规定自括:国家层面的突发环境事件由生态环境部联席会议统一协调,而国务院各部门各司其职;地方层面的突发环境事件由县级以上行政区人民政府统一负责;跨区域的突发环境事件应急由各相关行政区的共同上一级地方人民政府负责。^① 这种机制基本上就是我国的《环境保护法》(1989 年)规定的统一监督管理和其他部门协同管理的环境管理体制之翻版。这种环境管理体制适用于突发环境事件应急领域存在一个显见的问题,即突发环境事件往往是很紧急的,那么应对这种突发环境事件需要一种超越常规的管理体制。这种管理体制和领导班子必须及时且精准地响应应急要求。松花江污染事件表明,高度集权的突发环境事件应急体制往往效率低下。在突发环境事件应急过程中,应当将突发环境事件管理权限下放至地方政府。具体到区域大气污染事故应急领域,就是在区域内大气污染事故发生后,区域内各地方政府应当享有一部分权限实施应急处理,而不是完全由上级环境保护部门联席会议负责协调和处理。

第三,区域大气污染事故信息公开制度和通报制度不完善。区域大气污染事故信息公开制度和通报制度不完善,这是在诸多大气污染事故应急处理中被反复证明的短板。究其原因,归根结底还是因为政府奉行威权式的环境管理模式,过多地强调政府的管理色彩而忽略了民众的信息知情权。在区域大气污染和区域大气环境立法过程中,应当将国家层面立法的精神贯彻和细化,增加突发重污染天气应急信息的监测和报告制度,明确突发重污染天气主管部门的信息披露职责、程序和时限。

三、区域重污染天气应急制度完善路径

因循上文关于突发重污染天气应急制度的制度逻辑以及制度之显见不足,本部分提出构建体系化和规范化的重污染天气应急制度。

(一)区域重污染天气应急机制完善

区域重污染天气应急机制的确立不仅仅以国家层面的法律规范为依据,还应当在区域层面细化国家立法。前文述及的《珠江三角洲区域大气重污染应急预案》就是一个很好的典型。这部应急预案很好地贯彻实施了国家层面的立法,同时结合珠三角区域的地方实践,将珠三角区域大气重污染应急机制加以细化,使之更符合珠三角区域特点,也可以更好地实施。具体说来,区域层面的重污染天气应急机制应当包括如下几个方面:

第一,健全突发大气污染事件应急管理机制。前文强调,突发大气污染事件应急机制是重污染天气应急制度的关键。有效的机制能够提供及时精准的应急预案以及应急指挥,从而取得良好的应急效果。有效应对区

---

① 《国家突发环境事件应急预案》"2 组织指挥体系"。

域内重污染天气取决于一个具有良好决策功能的常态化的管理机构。这个机构必须是综合性的,其具有协调功能,而且必须能够调动区域内各行政区环境管理部门积极响应应急。

第二,转变重污染天气应急理念,强化日常预防和污染全过程管理。重污染天气应急是一种非常态的污染处理方式,这种处理方式的人力和财力成本巨大,应当在日常管理中加强预防,预防重污染天气的产生,这是贯彻污染物全过程管理的理念。如此,我国区域内重污染天气应急制度应当从事后应急转向事前预防和综合防控,从单项应急管理转向区域内各行政区以及各行政部门联合应急。

第三,发动公众的力量参与重污染天气应急,完善重污染天气社会应急网络和构建重污染天气应急信息平台。信息制度的完善一方面能够提供精准的应急信息,另一方面能够发动不特定的公众参与到重污染天气应急过程之中。

(二)区域重污染天气应急预案完善

前文已述及,我国现有关于环境突发事件应急预案的规定过于原则和框架,因而在适用于区域重污染天气之中时缺乏针对性。为了应对这种现象,环保部强调要细化地方重污染天气应对预案和措施,有一些区域出台了自己的重污染天气应急预案,以便有效针对本区域的重污染天气情况。例如2014年广东省人民政府制定实施的《珠江三角洲区域大气重污染应急预案》。这部应急预案针对珠江三角洲大气重污染天气设置了专门的领导小组、省领导小组办公室、地方大气重污染应急指挥机构和专家组。从珠三角区域大气重污染天气应急机制的角度来看,这部应急预案设置了四个层面的应急机构,最高层次的是珠江三角洲区域大气重污染应急领导小组,领导小组负责统一领导和指挥珠三角区域大气重污染天气应急;第二个层次的机构是省领导小组办公室,省领导小组办公室设在广东省环保厅,其作为执行珠江三角洲区域大气重污染应急领导小组指示的机构来负责日常工作;第三个层次的机构是地方大气重污染应急指挥机构,其是珠三角区域内各地方政府设立的应急指挥机构,以配合省统一指挥机构;第四个层面的机构是专家组,其可以保障公众参与以及发挥技术专家的专长,从而为区域内大气重污染天气应急提供科学与及时的支持。这四个层面的机构既保障了区域层面对重污染天气的统一监管,又能够发动区域内地方政府的力量以及公众的力量。

第一,监测预警机制。监测预警机制是发现和识别区域重污染天气的第一步,区域内各行政区相关单位应当做好区域大气环境质量和区域环境气象的常规动态监测,在数据收集和综合分析的基础上,对区域重污染天气风险进行评估,以确定何时何地会发生区域重污染天气。依据监测数据和风险评估数据,一旦发现有可能发生区域内重污染天气,则必须启动预警机制,由相关成员和单位对区域大气环境质量污染的潜在状况进行分析。在确定了区域重污染天气的严重性之后,相关单位应当发布预警信息和实施预警措施。通常情况下,预警措施是分级别的,例如《北京市空气重污染应急预案》(2016年修订)将重污染天气预警分为蓝色预警、黄色预警、橙色预警和红色预警四个级别。

第二,区域重污染天气应急响应和处理。区域重污染天气应急处理阶段是区域重污染天气应急程序的核心部分,在区域重污染天气预警之后,区域内各行政区都应当响应和启动重污染天气应急处理。根据重污染天气预警级别的不同,有不同的响应启动措施。《珠江三角洲区域大气重污染应急预案》将区域重污染天气的预警分为两个级别,根据这两个级别的应急响应,应急措施应有所不同。《北京市空气重污染应急预案》(2016年修订)将重污染天气预警分为四个级别,根据这四个级别分别设置了应急响应措施。值得注意的是,《珠江三角洲区域大气重污染应急预案》在应急响应措施中还专门列出了"区域联动",即珠江三角洲九个城市之间在区域重污染天气应对之中的联动机制。除了珠江三角洲九个城市之间的联动,还强调加强珠三角与香港特别行政区和澳门特别行政区的城市联动机制。

第三,应急终止之后的调查评估。重污染天气应急终止之后,区域应急机构应当坚持应急后的缓解影响评估,对区域重污染天气应对的经验和教训作出总结,提出今后完善区域重污染天气应对措施的建议,并且及时发布区域重污染天气应急信息和环境影响后评估信息。

第四节　区域大气污染府际合作治理保障制度

一、信息公开和公众参与制度

(一)信息公开和公众参与必要性和重要性证成

由于区域大气污染和区域大气环境的属性,区域大气污染有可能影响到的主体范围之广、时间跨度之长以及扩散地域之不确定都达到了前所未有的程度,这正是现代技术所致环境风险的特质。区域大气污染所致环境风险和人身损害的不确定决定了区域大气污染府际合作治理需要各阶层的和多元化的主体之参与。关于跨界环境问题管理的所有过程都应该在决策者和利益相关者的共同努力下完成,公众的参与能力能够有效减少官僚主义和行政低效率,同时增加政府管理的透明度以降低跨界环境管理的风险。[1] 区域大气污染物流动性大,其极其容易跨越不同的地区迁移,这使得区域大气污染影响的利益主体具有不特定性和多元性。事实上,任何有可能被区域大气污染影响的人和团体都有潜能创造有关大气污染防治方面的认知和知识,区域大气污染府际合作治理的过程应该有利益相关者的充分参与。如何保障区域大气污染治理程序的正当性,如何克服民众对区域大气污染所致损害的不确定和恐惧心理,这已经不是政府或者专家的事情,而是一个"关于公共权威、文化定义、全体公民、议会、政治家、道德规范和自我组织的问题"[2]。然而时至今日,我国的大气污染状况已经今非昔比了,以煤烟机动车复合污染为特点,以可吸入颗粒物(PM10)和细颗粒物(PM2.5)为主要污染物的区域性污染日益显现,同时雾霾极端恶劣天气频发。我们的研究发现,中国的环境立法和政策似乎在控制工业污染方面很有效,但是对其他形式的污染显得力不从心。[3] 在实践中,区域大气污染府际合作治理过程中的公众参与程序往往是不完善的。广泛的公众参与有助于提升政府行为的科学性和民主性,从而使得政府行为更容易被公众理解和接受。

第一,政府协同治理区域大气污染过程中的公众参与。在传统的政府行政过程中,由政府对公共事务实行自上而下的管理,这种管理模式限制了公众参与公共事务管理的空间。随着社区转型进程加快,地方自治事务增多,公众对政府公共事务管理过程的参与要求越来越凸显。公众的参与热情和偏好要求政府为公众参与公共事务提供更多的机制和空间,以形成多主体共治的治理格局。政府管理公共事务的过程也是提供公共物品的过程,在这个过程中如果有充分的公众参与,那么政府与公众可以通过共享信息、沟通和协商来完成协同治理的目标。这一模式也是与我国"十三五"规划提出的多元主体环境共治相契合的。[4]

第二,公众参与是影响区域大气污染协同治理效应和污染物排放的重要因素。环境规制遵从水平与规制执行水平和公众参与水平呈正相关,且

① K. Pediaditi, et al, A decision support system for assessing and managing environment risk cross borders, Earth Sci Inform (2011)4:107-115.

② [德]乌尔里希·贝克著:《风险社会》,何博闻译,译林出版社 2004 年版,第 182 页。

③ Pei Li and Yong Tu, The impacts of openness on air quality in China, Environment and Development Economics/Volume19/Issue02/April2014,pp201-227.

④ 王焕祥著:《中国地方政府创新与竞争的行为、制度及其演化研究》,光明日报出版社 2009 年版,第 347—348 页。

受到污染密集程度、企业数量等与遵从成本相关因素的显著影响,而污染排放水平却与遵从水平呈负相关。在我国环境治理体制不断发展成熟的过程中,公众参与是环境多元治理的重要推动因素。[①] 尤其是区域大气污染协同治理更需要区域内各地方人民政府的多元主体共治以形成区域大气污染协同治理的合力。在人民争取地方政府自治的努力中,公民需要接触到不同规模的政府单位。在很多城市公共服务模式中,小规模的集体消费单位在下述一点上似乎更具某种初始的优势,即它们能更准确地反映出地方对许多城市公共服务的偏好模式。[②]

第三,公众参与有助于提升公众对区域大气污染协同治理的认同。公众认同也表现为一种文化非正式制度的影响,并且在某种程度上能够弥补制度治理效率下降的劣势。[③] 公众能够有效参与政府间协同治理的前提是政府最大程度地发布区域大气污染治理相关信息。2014 年修订的《环境保护法》第五章专章规定了政府和企业环境信息公开制度,作为工作参与的基础保障和前提。[④] 公众的范围是很广的,包括但不限于专家、利益相关者、利益集团等,这其中不乏对环境治理非常关注并具备一定知识的人群。充分发动公众参与有利于发挥公众的专业优势,并且可以弥补政府在环境管理以及技术方面的不足。经过了充分的公众参与论证的环境公共决策也能够得到公众更多的支持。公众充分参与的过程有助于将政府和公众的关系从原先的纵向管理关系导向沟通合作关系,同时也有助于行政管理和环境公共事务治理的理念更新。

(二)信息公开的要求

必须强调的是,环境信息公开和环境公众参与的内在关系是扩大公众参与的内在逻辑思路。信息公开和公众参与实质上是一个过程的两个层面。一方面,环境信息公开为环境公众参与提供信息基础和制度基础;另一方面,环境公众参与是环境信息公开的直接目的。只有将两者完美结合才可以实现真正意义上的公众参与。全面信息公开和利益相关者参与有助于调整以政府间合作为主体的规制大气污染手段,从政府命令转向四种替代方案:(1)信息公开;(2)经济刺激手段;(3)减少风险合同;(4)自由市

[①] 赵文霞:《公众监督对企业环境规制遵从的影响研究》,载《环境经济研究》2017 年第 4 期。

[②] [美]文森特·奥斯特罗姆、罗伯特·比什、埃莉诺·奥斯特罗姆著:《美国地方政府》,井敏、陈幽泓译,北京大学出版社 2004 年版,第 186 页。

[③] 蓝庆新、陈超:《制度软化、公众认同对大气污染治理效率的影响》,载《中国人口·资源与环境》2015 年第 9 期。

[④] 《环境保护法》(2014 年)第五章。

场的环境决定论。① 由于公众参与的主体涉及所有利益相关者,而利益相关者的范围在很多状况下是不确定的,因此必须强调全面的信息公开。全面信息公开意味着信息公开的时间和受众尽量照顾到所有利益相关者。只有全面的环境信息公开才可以使得所有不特定的利益相关者都能够了解到环境公众参与的程序以及如何参与。区域大气污染协同治理不仅仅关系到大气污染治理事务本身,还关系到区域内各地方人民政府之间的利益关系和利益协调,因此,利益相关者更多且利益关系更为复杂。如此,区域大气污染信息公开与公众参与更显得利益攸关。

强化区域大气污染府际合作治理过程中的信息公开与公众参与,区域大气污染府际合作治理信息公开着眼于全面和及时地公开信息,包括但不限于如下信息:第一,区域大气污染源信息。区域大气污染环境影响评价的评估对象包括区域大气污染物类型、排放方式、排放总量、排放浓度以及区域内工业布局。第二,区域大气污染防治规划和区域大气环境质量提升规划等相关规划过程和规划内容的信息公开。第三,区域大气污染协同治理共同立法或者行政协议的过程信息公开。第四,区域内各地方人民政府的排污企业信息公开。综合以观,前三者强调政府信息公开,第四点强调企业信息公开。在对建设单位环境影响评价作出强制性要求的同时,也应当强调政府有关环境影响评价信息的公开机制。以《政府信息公开条例》为基础,建立以各级政府环境保护部门为主要信息公开主体的机制:对环境影响评价信息进行全面的和及时的公开,使得公众能够及时获得环境影响评价的信息;全面公开环境影响评价的信息,包括环境影响评价报告书和其他文件、环境影响评价公众参与的申请情况、环境影响评价机构等;将环境影响评价机构的信息纳入诚信管理体系;将环境规划环境影响评价纳入政府环保督查范围。

（三）公众参与基本要求

环境影响评价是公众参与环境事务之中最重要的内容。我国的《环境影响评价法》以及环境影响评价相关行政法规对规划环境影响评价的程序规定有必要细化和完善。国家或者地方立法和规范性文件由于是具有强制力保障实施的文件,因此其一旦实施就会对环境会造成重大影响。因此,在这些法律和政策文件实施之前和起草之初就应该贯彻环境影响评价。我国的《环境影响评价法》(2016年修订)对环境影响评价进行了界定,并将环境影响评价的类

---

① ［美］凯斯・R.孙斯坦著:《风险与理性——安全、法律及环境》,师帅译,中国政法大学出版社2005年版,第317—318页。

型划分为规划环境影响评价和建设项目环境影响评价。① 该法律只规范规划和建设项目环境影响评价,而对立法环境影响评价并未涉及。不仅如此,《环境影响评价法》对规划的环境影响评价公众参与的规定也缺乏可操作性。

前文已述及,信息公开的范围涉及到企业信息公开和政府信息公开,那么公众参与的范围也是包括企业环境影响评价和政府治理区域大气污染信息的公开。政府环境保护主管部门在审核区域内大气污染项目环境影响评价报告书之时,企业应当以适当形式向公众公开环境信息,且政府审批环境影响评价报告书的必要要件也包括环境影响评价报告书经过了公众参与讨论的程序。公众参与环境影响评价报告书的讨论,这是公众参与的最实质内容。公众能够在多大程度上知悉区域内大气污染项目,公众在多大程度上能够参与区域内大气污染项目的讨论,公众讨论的结果能够在多大程度上得到认可,以及公众发表的意见能否影响区域内大气污染项目的替代方案,这是公众参与环境影响评价的实质内涵。

二、绩效考核制度和问责制度

(一)政府环境质量责任监督考核

区域大气污染府际合作治理以政府为治理主导,那么对政府大气环境质量责任是否恰当履行如何监督和考核便成为了区域大气污染府际合作治理的根本保障。事实上,加强对政府环境质量责任的监督和考核,这对政府主动承担区域大气污染排放和区域大气环境治理的责任也有督促作用。2014 年的《环境保护法》强调政府环境质量责任,并且规定了对政府的环境目标责任制和考核评价制度。对政府实行目标责任制和考核评价制度的目的是为了保障政府环境质量责任的实现。在区域大气污染府际合作治理领域也可以适用环境质量责任、环境目标责任制和考核评价制度。2014 年发布的《大气污染防治行动计划实施情况考核办法(试行)》针对复合型大气污染严重的几个区域,包括京津冀、长三角、珠三角等设置了区域大气环境质量管理责任与考核制度。这部规范性文件标志着我国建立了严格的区域大气环境质量监督考核制度。当前,我国政府环境质量监督考核主要通过规范性文件来实施。好的政绩考核应充分考虑地方经济所处的发展阶段,因地制宜地设置合适的环境考核指标。②

① 《环境影响评价法》(2016 年修订)第二条。
② 黄滢、刘庆、王敏:《地方政府的环境治理决策:基于 SO_2 减排的面板数据分析》,载《世界经济》2016 年第 12 期。

（二）府际合作治理区域大气污染的绩效考核

政府环境质量责任考核监督机制的内涵和程序主要有如下几个方面：

第一，政府大气环境质量监督考核指标。通常情况下，将区域、流域或者一定空间范畴的环境质量作为政府考核内容并纳入政府政绩考核指标体系。例如，《大气污染防治行动计划实施情况考核办法（试行）》提出了可量化的考核指标，包括区域产业结构调整和优化指标、区域清洁生产和循环经济指标、区域汽车尾气指标和油品供应指标、区域燃煤总量指标、区域工业来源大气污染物治理指标、区域城市扬尘污染物治理指标、区域建筑节能指标、区域大气污染防治资金投入指标、区域大气环境质量指标等诸多指标体系。

第二，政府大气环境质量监督考核程序。区域大气环境质量政府责任的考核以长期动态的监测数据为基础，结合日常监测与督察监测的数据，同时结合专家评价与社会公众评价的建议，将考核指标进行公示。京津冀区域在进行区域大气环境质量年度考核的同时，还进行季度大气污染控制目标考核和评价，尤其是在冬季开展大气环境治理考核。对一个季度考核不达标的地区，由上级政府环境保护部门实施约谈和区域限批。而对两个季度都不达标的地区，应当根据《党政领导干部生态环境损害责任追究办法（试行）》的规定，追究地方人民政府和党委机关领导人的责任以及政府部门分管领导的责任。

第三，政府大气环境质量责任考核结果。国务院对重点区域的大气环境质量责任考核机构定期向社会公开，而且可以作为领导干部考核评价的重要依据。中央财政经费下拨之时，也可以将考核结果作为加大支持或者扣减支持的依据。对未通过考核的区域，生态环境部可以组织约谈，提出整改意见，甚至可以实施区域限批制度，这几项制度的配合在前文已经论证。这些制度的运用充分说明政府环境质量责任考核的重要意义。区域大气污染和区域大气环境质量府际合作领域同样应当重视政府绩效考核的重要性。将区域大气环境质量状况和区域大气污染联合防治状况作为区域内各行政区政府大气环境质量考核的重要内容。

三、环境技术规范和环境教育

（一）环境技术规范

在《大气污染防治法》（2000 年）的立法体例之下，中国实行了很多大气污染控制手段，包括命令—控制型手段、市场刺激、信息公开、公众参与等手段以达到控制污染的目的。① 区域大气污染府际合作治理对区域大气污染防治技术也是一个巨大的挑战。区域大气污染府际合作治理过程中不仅仅需要应对大气污染源的技术,还需要针对区域大气污染这种新型污染形态的专门技术,例如污染物迁移过程中的监测技术以及技术标准。因此,改良原有技术和研发新技术以应对区域复合型大气污染这种新型污染形式已经成为大势所趋。区域大气污染联合防治技术措施与政策措施是并行的,两者缺一不可。这意味着,在研究区域大气污染府际合作治理机制的同时,也要求强调区域大气污染联合治理技术和技术规范的研发以及推广。事实上,区域大气污染府际合作治理政策措施和技术措施两者可以相互促进。区域大气污染联合治理技术措施可以广泛应用于区域大气污染联合防治过程中的每一个环节,诸如《大气污染防治行动计划》中提出在优化区域产业结构和推动区域产业机构升级、加大区域大气污染综合防治和污染物减排、加快企业技术改造和提高企业科技创新能力、提高清洁能源使用率和增加清洁能源供应、严格节能产业环保准入机制等方方面面都会应用到大气污染防治新技术。区域大气污染府际合作治理法律制度、政策工具与技术措施是相得益彰的。

加强区域大气污染府际合作领域的技术规范,这也是我国环境政策一以贯之的重要理念。《重点区域大气污染防治的"十二五"规划》中明确提出必须强化区域大气污染协同治理的技术创新和技术规范制定,尤其是细颗粒物 PM2.5 和 PM10 的监测技术和监测规范制定。PM2.5 的监测规范和监测技术是区域大气环境质量的最重要指标,也与其他区域大气污染协同治理的技术指标密切相关。② 从广义而言,PM2.5 联合监测和信息发布涵盖了 PM2.5 动态和综合的监测网络、监测技术规范、监测数据分析和分享、监测预警、风险控制等。③《"十三五"生态环境保护规划》继续强化"提高生态环境管理系统化、科学化、法治化、精细化和信息化水平"。④《"十三五"生态环境保护规划》要求提升构架层面和地方层面环境治理水平和信息化水平,这不仅仅是我国今后环境管理转型的方向,更是构建现代化的环境管理体制的抓手和实际任务。其中,信息化水平要求构建和推

① Yanhong Jin and Li guo Lin, China's provincial industrial pollution: the role of technical efciency, pollution levy and pollution quantity control, Environment and Development Economics, 19,(2014), pp. 111 - 132.

② 李健军:《PM2.5 监测能力建设与重点区域大气污染防治》,载《环境保护》2013 年第 5 期。

③ 李健军:《PM2.5 监测能力建设与重点区域大气污染防治》,载《环境保护》2013 年第 5 期。

④ 《"十三五"生态环境保护规划》。

进大数据技术在区域大气污染府际合作治理领域的运用,架构覆盖区域甚至覆盖全国的统一的污染源实时监测系统,提升环境管理的水平,实现区域内大气污染排放的实时监测以及环境执法的精准和高效,加强区域内大气环境影响评价、自然生态等动态数据的信息公开和平台共享。

在区域大气污染府际合作治理监测机制和信息共享机制方面也有一些理论和实践创新。具体表现在对重点治理的排污企业加大资金投入,着力推进重点治理污染企业的大气排污监测和区域大气环境质量监测。加强区域大气污染物治理技术研究,尤其是针对细颗粒物等主要污染物质。通过区域内各行政区之间的跨区域和跨部门信息交换机制,构建区域公开、透明和实时的区域大气污染和大气环境质量信息平台,充分发挥信息化手段在区域大气污染府际合作治理过程中的作用。高效的信息平台和机制有助于充分实现区域大气环境质量实时监测数据和气象数据等信息的统一监测和发布,有助于及时应对区域重污染天气,实现区域内大气污染防治信息的无障碍共享,实现府际合作治理区域大气污染的效能提升。在实践中,一个很典型的例子是 2017 年 4 月 12 日,京津冀区域的三个省市,即北京市、天津市和河北省联合制定发布了《建筑类涂料与胶粘剂挥发性有机化合物含量限值标准》,这是京津冀区域三省市在环境保护府际合作治理过程中发布的首个统一环境保护标准。这部京津冀区域的统一环境保护标准不仅仅可以从源头控制污染物质和实现对污染的源头控制,更值得一提的是,这部京津冀区域统一环境标准是由京津冀区域三省市的多个部门协同执行的,其真正实现了京津冀区域的统一环境标准和联合环境执法。更为重要的意义是,此统一环保标准的制定和发布不仅仅推动京津冀区域环境保护一体化进程,同时也为其他区域发布统一环境保护标准提供了实践样本,以促进区域大气污染府际合作治理走向趋同和协同的路径。

（二）加大环境教育

排污者能够在多大程度上遵守污染防治法律的规定,公众能够在多大程度上参与区域大气污染联合防治,这在相当的程度上依赖于民众的环境保护意识。环境意识的提升和激发需要通过环境教育的方式来进行。我国《环境保护法》和《环境影响评价法》等多部法律都有关于公民环境教育的条款。环境教育的内涵是多方面的,既有意识和文化层面的教育,也有权利方面的教育。

第一,环境文化教育和环境权教育。我国当前的《环境保护法》并未直接规定环境权,只是规定了公民的环境义务,这种法律上的缺失对于环境教育而言是一个先天不足。但是，我国目前提出的生态文明战略、绿色发展理念等都可以作为环境教育的理论背景。同时，我国古代有很多丰富而深刻的生态智慧，这些都可以运用到现代环境权的教育当中。第二，公众参与过程促进环境教育。在政策环境公共决策中贯彻和扩大公众参与程序，这也是对民众进行环境教育的一种方式。如此可以促进公民了解和关注政府环境公共决策，并增加他们对政府环境公共决策进行参与的能力和信心。当然，对于政府决策部门而言，他们更关心的是民众如何对公共政策施加影响。从这个意义上而言，公众参与对政府决策的价值与其说是规范意义上的不如更确切地说是功能意义上的。①

----

① Milena I. Neshkova, Hai (David) Guo, Public Participation and Organizational Performance: Evidence from State Agencies, Journal of Public Administration Research and Theory, 2012 (2): 267 - 288.

第五章　区域大气污染府际合作治理利益协调

在区域大气污染府际合作治理过程中,如何处理好不同利益主体的不同类型利益是决定区域大气污染府际合作治理成败的关键。同时,因区域大气污染府际合作治理所关涉的利益主体多元,所以其利益分配制度是否合理以及利益协调制度是否完善将直接影响到各利益相关主体在合作治理中的策略选择,而模糊不清的治理成果则会引发区域内各地方人民政府之间的利益分配矛盾,并阻碍协同治理进程的推进。①

第一节　区域大气污染府际合作治理利益协调必要性

一、区域大气污染府际合作治理的利益多元状况

（一）区域大气污染府际合作中多方利益

环境治理过程中涉及的利益主体和利益类型众多,尤其是在区域大气污染和区域大气环境治理领域,利益主体和利益关系较之一般环境治理更为复杂。在区域大气污染和区域大气环境府际合作治理过程中,利益主体主要有如下几类:

第一,政府作为利益主体。政府是区域大气污染和区域大气环境治理的主导者,政府的利益首先应被考虑。政府作为利益关系主体至少表现在三个方面:一是涉及政府自身的利益,比如区域大气污染合作治理中对高污染和高能耗企业的关、停、并、转,以及需要对产业转移与升级提供规划指引和财政激励与引导等,这些措施会直接影响到行政区域内企业税收的多寡、财政收入总量的多少和 GDP 的高低。而在大气污染府际合作治理

---

① 郭施宏、齐晔:《京津冀区域大气污染协同治理模式构建——基于府际关系理论视角》,载《中国特色社会主义研究》2016 年第 3 期。

中,区域内各政府可能会基于制度供给不足而采取各种机会主义策略与不合作态度。二是政府部门利益,诸如环境保护部门、监察部门、财政部门、公安部门或者其他部门之间也会有利益关系。比如环境保护部门治理大气污染需要财政部门予以财政支持,在查处大气污染行为时可能需要公安部门的配合,环保部门在大气污染防治中的不作为可能要接受监察部门的处理,等等。各职能部门之间围绕大气污染和大气环境治理会发生各种相互影响和相互制约的法律关系。三是政府官员利益,影响政府官员的主要要素是在大气环境质量绩效考核中的指标和考核结果,这直接影响到政府官员的晋升和政绩考核结果。

第二,普通民众作为利益主体。普通民众是区域大气污染的直接受害者,其身体健康与区域大气环境质量状况密切相关,清洁的空气对于普通民众而言是生存之根本,其关系到民众的生存权和环境权。从这个角度来看,普通民众是区域大气污染防治的直接受益者或者是区域大气污染的直接受害者,普通民众在其中的利益关系更为直接。而且,普通民众还有机会参与政府环境监管,在公众参与的过程中也会发生利益关系。当然,普通民众作为利益主体不乏其代表者,如环保公益组织等。

第三,排污者作为利益主体。排污者是区域大气污染府际合作治理的主要监管对象,如企业在排污过程中会发生自身经济利益与环境利益的冲突。企业在调整产业结构或者污染减排的过程中会产生费用开支,也会产生经济利益和环境利益的冲突。

(二) 区域内各行政区环境利益冲突的现实状况

在区域大气污染府际合作治理过程中,区域内不同行政区之间环境利益的冲突与协调是区域经济一体化进程中一种比较普遍的现象,前者导致市场分割并抑制区域整体优势发挥,而后者有利于增进区域整体利益以及促进区域开放与区域市场的发育。[①] 理论上对区域利益冲突与协调的说教及其利弊分析,总是抵不过"囚徒困境"的现实版一演再演,这个问题在我国社会转型时期市场经济体制还不完善及法治国家与法治政府尚未完全建立之时表现得尤为突出。加强区域府际政府之间的合作是解决区域大气污染和大气环境合作治理中地方利益冲突的最为重要的方式,而区域利益协调则是解决问题的关键。

在地方利益最大化和相互竞争的策略下,以行政区划为空间的地方政府往往采取不正当的行政行为来干预地方发展,以获取地方政府之间的竞

---

① 洪银兴:《西部大开发和区域经济协调方式》,载《管理世界》2002 年第 3 期。

争优势,如不惜损害国家整体利益制定税收减免、土地使用、创汇返点等优惠政策以吸引投资;不计环境保护成本引入高污染与高能耗的低端产业等,而具有相对优势产业的地方政府为了实现本行政区内的产业升级,就千方百计将本行政区内那些低端产业及污染产业迁移至其他行政区;为获取中央财政支持而人为创造条件上项目,滥用财政补贴扶持本地企业等,从而导致地方之间产业结构雷同、重复建设以及恶性竞争;为维护本地企业产品市场而设置区域壁垒,对外来企业和产品行使选择性执法监管等,这些歧视性政策或地方保护行为都极大地破坏了市场的统一性、开放性和流动性,阻碍了生产要素的优化配置,从而加剧了区域发展不平衡和区域大气环境治理的难度。促进区域大气环境治理,需要建立府际合作和利益协调机制,平衡府际利益,做出利益衡平—关联之决定:此类决定之原型是具有双重效果之行政处分。此种处分系对多极行政法关系中的私人利益冲突所采取的解决方式。为将此种制度在行政法和环境法中加以运用,在过渡期间发展处分亦可于经济行政之规制状态适用,再次,为维护团体利益——例如供给安全及消费者保护——必须采取市场秩序决定。[①]

　　无论是对府际合作中利益协调历程演变的梳理,还是对府际合作中利益协调模式的理论提炼,都多少有点以理论研究裁剪现实的感觉,毕竟在区域一体化进程中,府际合作利益协调的实践远远要比文本上展示出的状态更丰富多彩。但需要指出的是,在府际合作利益协调模式中,中央政府政策约束型和行政协议自我约束型两种理论上的类型化在实践中表现得可能不会那么泾渭分明。托克维尔有过精彩的喻证:"不错,中央集权容易促使人们的行动在表面上保持一定的一致。这种一致虽然出于爱戴中央集权,但人们却不知这种集权的目的何在,犹如信神的人膜拜神像而忘记了神像所代表的神是谁一样。"[②]我国政府间关系可以形象地表述为"相互隔离的横向关系"和"相对顺从的纵向关系",即区域协调发展战略有赖于中央政府制定政策进行约束和各级地方政府之间通过行政协议方式进行自我约束,实现中央政策指导和下级对中央政策回应的双方性,保持中央政策的宏观性与指导性和地方自我约束的自主性的张弛平衡。

　　(三)区域大气污染府际合作治理利益协调的紧迫性

　　区域大气污染府际合作治理过程中的利益协调涉及不同地方政府围

---

① ［德］施密特・阿斯曼著:《秩序理念下的行政法体系建构》,林明锵等译,北京大学出版社2012年版,第317页。

② ［法］托克维尔著:《论美国的民主》(上卷),董果良译,商务印书馆2003年版,第101页。

绕区域大气污染治理而要求的产业结构布局与调整、区域大气环境执法标准与措施、生态补偿等利益问题。区域大气污染府际合作治理所涉及的利益是全方位的,包含社会、政治、经济、文化、生态等多个领域。利益协调过程其实也是各政府之间不断沟通、妥协和寻求共识的博弈过程,它直接影响到各政府之间的经济与政治领域的主体关系调整,进而影响到各政府之间的行为选择与行动策略,其关涉价值判断,也属于价值范畴。"利益协调是一种价值取向,它是在承认各区域利益合法性的前提下,通过竞争、回避、体谅、合作、妥协等方式实现契约的制度化,将各利益主体的利益诉求理性地保持在一定的限度内"。[①] 值得注意的是,区域大气污染府际合作治理过程中的利益协调尤其需要注意自身的特点,对区域内各行政区主体之间利益的协调有必要尊重区域大气环境的生态整体性特征。通过法律制度明确核心城市与周边地区在大气污染防治中的利益分配机制。[②] 这是区域大气污染府际合作治理过程中利益协调的法制化之正当要求。府际合作利益协调法制化要求用法律规范和法律规制方法对区域大气污染府际合作治理中的各种利益主体加以调整,对各种利益加以权衡分配,并对各种纠纷加以协调解决。

二、区域大气污染府际合作治理的利益协调实践

利益协调是区域大气污染府际合作中面临的不得不考虑的一个重要问题:区域内不同行政区政府之间因利益而竞争,也因利益而合作。选择合作还是竞争作为天平之两端,其对府际合作治理区域大气污染中利益协调处理的好坏将直接影响到天平倾斜的方向。我们试图从我国区域府际大气污染合作治理有关利益协调的历史进行梳理,以发现一些利益协调的共性问题,无论是好的经验,还是应当吸取的教训,又或是应当引起的警示。

(一)对区域大气环境合作治理中的利益协调从无视到重视

在计划经济体制下,地方政府作为中央政府在地方的代理者和执行者,地方政府无独立的主体意识和独立的经济利益,故也无府际合作利益协调的观念和基础。同时,对区域大气污染危害和大气环境治理的紧迫性没有足够认识。此阶段与其说是府际间的合作,不如说是府际间的协作——府际合作是基于行政区利益差异基础上的一致区域利益,府际协作

---

① 陶希东:《跨界区域协调:内容、机制与政策研究》,载《上海经济研究》2010 年第 1 期。
② 楚道文:《大气污染区域联合防治制度建构》,载《政法论丛》2015 年第 5 期。

则是执行国家的整体利益，而行政区无独立利益也不存在行政区利益分化。在非均衡发展战略下，地方利益的凸显加剧了各地方政府选择不合作策略以获取行政区利益最大化的潜在冲动，事实也证明了（至少在短期内）不合作策略的实际效果，尽管这是以牺牲区域整体利益和地方政府长期利益为代价的。因此，尽管中央政府和各地方政府在此阶段也意识到利益协调对区域利益整体增进的积极功效，但在既有的制度约束网络（如政治晋升锦标赛制、财政分权制度、GDP 评价以及地方政府主要领导任期制等）没有变化的情况下，其有利益协调的意识而无利益协调的行动。随着国家区域政策的调整和区域大气污染日益严重，区域协调发展战略逐步形成，包括科学发展、和谐发展、生态文明等在内的理论成为指导区域大气污染和区域大气环境合作治理的基本指针。从区域的空间分布来考察，我国重点发展区域分布在不同的地区，东部主要有长江三角洲区域，中部有武汉城市圈、长株潭城市群等，北部有津京冀区域等。[①] 区域协同发展和区域协同治理大气污染离不开区域内各地方人民政府之间的协同合作。但现实状况是，区域内各地方人民政府在推进本地经济发展的同时，往往忽视环境合作治理中的政府责任。为取得区域经济发展中的比较优势，各地方政府为竞争而呈现的地区封锁、地方保护主义等割据格局均无视包括大气污染在内的环境破坏，这样很容易造成区域发展的瓶颈，从而使得区域发展无法实现规模效益和可持续发展。区域大气污染协同治理和区域大气环境协同治理领域亦是如此，加强利益协调与寻求合作策略为时势所迫，加之中央出台了一系列鼓励区域府际合作的政策，其对各地方加强府际合作和利益协调有很强的指导与示范效应，因此"区域抱团发展逐渐成了各地方政府发展的主体策略，大量公共事务和公共问题迫使地方政府作出回应性变革、提高政府绩效和优化治理模式"。[②]

（二）中央或上级政府逐步加强对区域大气环境府际合作治理利益协调的力度

"中国地方政府竞争最为重要的制度特征，就是地方政府竞争是在一个单一制的主权国家框架内推行分权的结果。"[③]在我国单一制的框架下，中央政府相对于地方政府，以及上级政府相对于下级政府，无论是在宏观还是中观层面的决策、财政转移、社会发展规划、项目投资等资源配置上都

① 罗峰：《竞争与合作：地方间关系的历史钟摆》，载《社会主义研究》2012 年第 2 期。
② 谷松：《建构与融合：区域一体化进程中地方府际间利益协调研究》，吉林大学 2014 年博士论文，第 53 页。
③ 汪伟全：《当代中国地方政府竞争：演进历程与现实特征》，载《晋阳学刊》2008 年第 6 期。

具有决定性的影响。在各地方政府之间的竞争中,除了对地方资源的充分利用外,争取中央政府和上级政府的支持也是获得比较优势的重要途径。也就是说,中央政府和上级政府的优惠政策与差别待遇为地方政府竞争提供了强力支援。换句话说,地方政府间关系的形成和发展是以一定的国家结构形式为基础的,"国家结构形式所代表的纵向的国内政府间关系的中轴,直接决定国内政府间纵横关系的格局和运作形式。"①从另一个角度来看,对于推进和贯彻区域大气污染联合防治战略以及加强各地方府际之间的合作而言,中央政府和上级政府的政策措施也具有重要的引导、示范等规制功能。在府际合作利益协调中,一方面,中央政府和上级政府通过产业结构调整和优化、纵向财政转移支付、税收减免与返还、重大项目选择与资金配套等政策或措施来协调不同府际之间的利益,以引导地方政府加强行政区内产业转型与升级,加大区域大气污染联合防治力度;另一方面,地方各政府以纵向中央与地方关系以及上级与下级政府关系为参照,为赢得中央或上级政府的政策支持而协调各行政区的产业布局调整,加强大气环境执法力度,以及严格大气污染监管统一标准,这本身就是一种区域大气环境治理中的利益协调行为。在区域大气环境治理中,加强府际合作利益协调既是各地方政府自主协调与妥协的策略,更是上级政府和中央政府引导的结果。在区域大气环境保护领域,基于大气环境的整体性、流动性和不可分割性等特征,必须采取一种中央与地方以及上级与下级联合能动的整体主义策略。

(三)地方政府对区域大气环境治理合作中利益协调的落实

不同区域大气污染联合防治战略和规划的落地,既有各地方政府主动融入区域一体化而联合申请成为国家层面的区域协调发展战略,以便获取国家环境保护政策支持,如当年湖南长株潭城市群、湖北武汉城市圈以及河南中原城市圈去竞争申报中部崛起战略版图;也有中央政府对全国整体发展和区域战略布局的综合考虑,如东、中、西,内地与沿海,南与北等多维度的考虑。中央政府扮演了区域协调发展战略的主导角色,而地方政府则是加强区域府际合作和落实区域大气污染联合防治的主力军,"既然跨区域事务原则上属于中央事务,那么地方政府之间通过行政协议处理跨区域事务只能从属于中央的统一决策,从而将中央事务在'委办'的意义上转化

---

① 林尚立著:《国内政府间关系》,浙江人民出版社 1998 年版,第 3 页。

为地方政府的行动"。① 区域大气污染府际合作治理需要地方各政府积极采取措施,并对中央政府的政策加以细化,以落实中央政策。京津冀区域大气污染协同治理不仅仅是京津冀区域协同发展的重点领域,也是实现津京冀区域可持续发展的关键。2015 年,中共中央政治局审议通过了《京津冀协同发展规划纲要》。在这份文件中,京津冀协同发展中的三个省市的基本定位是:北京市作为首都是京津冀协同发展的核心和引领,而天津市和河北省的功能是疏解北京市的部分功能,以促进京津冀的产业结构和空间格局优化。以这份文件为基础,又出台了《京津冀及周边地区落实大气污染防治行动计划实施细则》,其作为京津冀区域大气污染防治的基本纲领,同时也是落实京津冀区域协同发展和京津冀区域大气污染联合防治的具体措施和具体领域。又如珠三角区域大气污染府际合作治理,2009 年国务院发布《珠江三角洲地区改革发展规划纲要(2008—2020 年)》,其就构建现代产业体系、提高自主创新能力、推进基础设施现代化、构建开放合作新格局等十个方面进行了规划。广东省委省政府为贯彻《珠江三角洲地区改革发展规划纲要》而出台了一系列区域框架协议,如《珠江三角洲环境保护一体化规划(2009—2020 年)》《广东省珠江三角洲清洁空气行动计划——第二阶段(2013—2015 年)空气质量持续改善实施方案》等,从而对《珠江三角洲地区改革发展规划纲要》进行了细化和落实。在区域大气污染联合防治过程中,处理好区域内不同行政区政府合作利益协调问题是区域大气污染联合防治的应有之义。中央提出区域协调发展的制度建设要求和配套的政策措施,而地方政府是府际合作利益协调最直接的利害关系者,也是利益协调的实践者和建设者,只有区域内各地方政府改变独善其身的意识,树立起合作共赢的观念,并在互利的基础上达成利益协调的一致行动方案,才可能实现区域整体利益的增进。因此,清洁空气作为一项公共产品,其有赖于中央对提供该公共产品做出的整体规划,更凸显地方政府在保障清洁空气中担负着不可推卸的职责。

三、区域大气污染府际合作治理的利益协调困境

清洁的空气是人体须臾不可或缺的,区域大气污染与人体健康和生态环境的状态密切相关。区域大气污染府际合作治理本身就是对区域大气污染联合防治中的多元利益进行协调的一种治理模式。区域大气污染府

---

① 叶必丰、何渊、李煜兴、徐健等著:《行政协议:区域政府间合作机制研究》,法律出版社 2010 年版,第 146 页。

际合作治理运用府际合作治理模式对区域大气污染多元利益进行协调,其应当避免一些困境的产生。

（一）利益协调主体的"单中心"

由政府来主导区域大气污染联合防治,或者由政府来主导区域大气污染利益协调,如果过于强调政府的作用而忽视公众和市场机制的力量,则容易造成政府中心主义。前文已经阐述,政府是区域大气污染联合防治的主导者,但不是唯一的主体或者"单中心"。虽以政府为主导,但不可忽视其他主体的参与力量。当前,我国区域大气污染联合防治措施大都是以政府为主体构建的,区域大气污染联合防治的实施模式也是以行政手段为主要措施来推进和执行的。这是以政府为主体实施区域大气污染联合防治最容易出现的问题。因此,应当关注以政府为绝对中心的利益协调模式,并适当增加市场调节机制。考察美国环境规制的历程,美国环境规制措施也经历了长时期的演变和演化。美国环境规制从最初强调命令控制逐渐向经济激励机制型规制发展和过渡。不仅仅是美国选择这种演变路径,英国、法国等诸多发达国家也是选择这一路径。这些发达国家环境规制发展的相似路径说明,当对命令型的环境规制运用趋近于其效用峰值时,应当考虑用激励机制和市场机制替代一部分行政命令型规制。这两类不同性质的规制措施可以相互补充,以达到环境规制的最大效率。[1]

（二）"碎片化"现象突出

区域大气污染府际合作治理"碎片化"表现为:区域大气污染治理权限的划分呈现条块分割现象,不仅仅在纵向职能上存在交叉重叠,在横向管理上也缺乏协同。区域大气污染府际合作治理领域的碎片化现象使得区域大气污染治理收效甚微。为了避免碎片化现象,有必要对区域大气污染联合防治过程中的各种利益进行协调和整合。碎片化现象在横向利益关系上表现为区域内各行政区政府往往从地方主义和各行政区利益出发,因而难以形成有效的区域大气污染联合防治公共政策和措施。为了打破这种碎片化的且各自为政的局面,有必要对区域内各行政区的利益进行识别和协调。

（三）政府之间利益关系协调困难

区域大气环境治理利益相关者是一个包括政府、企业、居民、非营利组织等多元主体在内的整体。而区域大气污染府际合作利益协调机制则是

---

[1]　马允:《美国环境规制中的命令、激励与重构》,载《中国行政管理》2017年第4期。

由政府主导、市场协调以及社会参与构成的多元利益综合协调模式。[①] 由于本书研究的主体是府际合作,所以此处强调政府之间的利益关系之协调。政府间利益关系是区域大气污染府际合作治理之中的核心利益关系。能否将区域内各行政区政府之间的利益关系协调好,这关系到区域大气污染府际合作治理的成效和成败。如何协调政府间利益关系,这与政府经济发展状况息息相关。区域大气环境的生态整体性要求对区域大气环境的治理不能采取分而治之的模式,而必须整合区域内不同行政区政府的力量。在区域内不同行政区政府之间合作治理区域大气污染的过程中产生的利益冲突也需要适当的规则来调整。对于区域大气污染府际合作治理过程中产生的诸多利益应当加以协调,这是区域大气污染协同治理的一个重要层面,也是解决区域大气污染问题的一种有效措施和长效机制。协作治理"描述了在多组织安排中的促进和运行过程中解决单个组织不能解决或不易解决的问题"。[②] 区域大气污染府际合作利益协同治理强调在利益主体的多元层面进行利益整合、利益配置和利益协调,具体包括府际合作治理区域大气污染过程中的政策措施、区域大气环境质量公共产品供给、政策监管等过程中实现利益协调。

区域大气污染府际合作治理利益协调的恰当机制应当是法制化的机制,即以法律规范和法律制度为基础对区域内不同行政区的不同利益进行分配和配置,同时兼顾区域内其他利益主体的利益,以增加区域整体环境利益,促进区域可持续发展。在当前的区域大气污染府际合作利益协调过程中,要求实现"共同但有区别"的利益分配机制。既要考虑区域内不同行政区现有经济社会发展水平以及对区域内大气污染的责任大小,也要考虑区域内不同行政区治理大气污染和减排的能力。在兼顾"历史责任与现实责任"的基础上,对区域内不同行政区的责任和利益进行分配的同时,还要结合行政区域及区域内产业的特点,对区域内的生态系统和产业链进行统一但有区别的规划。[③] 区域内不同行政区的经济社会发展状况有差异。以长三角区域为例来观察,长三角的安徽省相比其他两个省和上海市来说在经济相对落后,安徽省既要承担区域大气污染府际合作治理的成本,还要承担区域产业结构调整的成本,同时承担这么高昂的成本让这些区域很

---

① 汪伟全:《空气污染跨域治理中的利益协调研究》,载《南京社会科学》2016 年第 4 期。

② 〔美〕罗伯特·阿格拉诺夫等著:《协作性公共管理:地方政府新战略》,李玲玲、郜益奋译,北京大学出版社 2007 年版,第 4—20 页。

③ 常纪文:《大气污染区域联防联控应实行共同但有区别责任原则》,载《环境保护》2014 年第 15 期。

难再承担区域大气环境质量改善的成本。在这样的状况下,上海市有必要给予安徽省适当补偿,以弥补安徽省为区域大气污染府际合作治理和区域大气环境质量改善所做的贡献。本书将在下文详细阐述如何补偿和协调区域内不同行政区之间的利益。

第二节 区域大气污染府际合作治理的利益协调模式

从某种意义上来说,地方政府之间的合作是区域大气污染协同治理的主要推动力量,而利益协调则是区域大气污染府际合作治理能否成功的关键。利益协调迎合了地方各政府追求利益最大化的原初想象。在利益协调机制不健全的情形下,地方政府对区域大气环境治理合作结果与利益分享存在不确定性。

一、利益协调模式分析

在区域大气污染府际合作治理进程中,政府、市场和社会三方主体各自的实际功能各有侧重。不可否认,市场对资源配置具有决定性作用,在成熟的市场经济下,市场主体——企业——是促进区域产业分工和区域一体化的中坚力量。但是,我国正处于市场经济发展过程中,政府推动型的区域一体化,包括区域大气环境治理,使得政府政策和行为导向成为打破行政区经济、促进区域内资源配置和区域大气环境治理的重要因素。因此,建立健全利益协调机制对加强区域大气污染治理中的府际合作尤为关键。府际合作本质上是各政府之间的利益博弈,而区域大气污染联合防治和区域大气环境治理过程也是各政府合作过程中的区域利益和行政区利益平衡的探寻与实现过程,如果离开利益协调机制,那么区域大气环境治理府际合作可能无法形成。因此,建立和完善利益协调机制是区域大气环境治理府际合作的基础和动力源泉。

区域大气污染治理府际合作利益协调从属于区域府际合作利益协调,其是府际合作在区域大气环境保护领域进行利益协调的具体展开。从国外区域府际合作利益协调模式来看,既有纵向垂直治理模式,也有横向水平治理模式和虚拟治理模式。而在不同的学科视野和理论体系下,区域经济一体化中府际合作利益协调的模式、手段等存在较大差异。比较著名的区域经济理论主张政府调整产业结构和优化产业布局可以协调政府之间的利益冲突。[①] 孟德尔(Mandell)于1988年提出应设置地方政府间经济合作的协调机构,他认为应该建立组织间的网络以加强横向的联系和沟通,并替代传统的层级体系来协调政府间利益。[②] 具体到区域大气污染治理领域,以不同的视角为基础,可以形成对区域大气污染和区域大气环境治理府际合作中利益协调模式的不同解读。从国内外区域大气环境治理府际合作利益协调的实践来观察,区域大气污染府际合作治理领域既存在纵向的政府间利益关系,又存在横向的区域内各地方人民政府之间的利益关系和利益协调。基于不同的学科体系和理论体系,区域大气污染治理府际合作利益协调模式也不尽相同。从我国现有的区域大气污染治理府际合作利益协调实践观察,应将我国目前的主要利益协调模式归纳为纵向政策约束型和横向行政协议型。无论是中央政府和上级政府制定政策约束型的区域大气污染府际合作利益协调模式,还是通过签订行政协议以承接中央或上级制定的区域发展战略及其政策的自我约束型的区域大气污染府际合作利益协调模式,在本质上均可归结为政策协调。本书无意于比较两种模式的优劣,只是采取一种更为实用主义的立场,希望从考察两种模式入手,找到恰当的利益协调模式和方法。

二、政府政策约束型模式

(一)政府政策约束型内涵

所谓政府政策约束型,即中央政府或区域内上一级政府制定区域协调发展战略,配置相应的区域政策和鼓励措施集聚生产要素,引导地方政府和下一级政府对区域内各地方政府在区域大气环境治理中的利益进行协调的一种机制。当然,政府政策约束型的区域大气环境治理府际合作利益协调方案不排除地方政府和下一级政府在贯彻执行中央政府或上一级政府的区域大气环境治理协调发展战略时,为保护本辖区的自身利益而在与中央政府和上一级政府的博弈过程中采取机会主义行为,在安排重点、范围、时限等具体方案和利益分配上表达自己的诉求和讨价还价,以此形成行政区内利益协调方案去分解区域大气环境治理协调发展政策内核,但名义上是贯彻落实中央或上一级政府的区域协调发展政策。另一个不能排除的倾向是,地方政府和下一级政府为了迎合中央或上一级政府的区域大气环境治

---

① Qian, Yingyi, Barry R Weingast, Federalism as a Commitment to preserving Market Incentives, Journal of Economic Perspectives Vol. 11, No. 4, 1997.

② Mandell Myma P, Intergovernmental Management in interorganizational Networks: A Revised Perspective, International Journal of Public Administration, 1988. Vol. 11(4): 393 – 417.

理协调发展战略而把主要精力集中于对上的公关和如何获取中央或上一级政府的政策优惠之上,而不是把精力放在如何协调区域大气环境治理中的府际利益,以及形成并整合制度安排以更好地承接与贯彻中央或上一级政府的区域大气环境治理协调发展政策之上——眼光媚上与眼光平行的视角对区域大气环境治理协调发展政策和府际合作利益协调会产生截然不同的治理效果。

(二)政府政策约束型特点

政府政策约束型以行政系统内中央对地方以及上级对下级政府的领导和被领导的行政权威为基础,其在政府纵向关系上呈现出一些特点:

第一,政策制定主体的单方向。中央政府或上一级政府及其职能部门制定区域协调发展战略或区域大气污染联合防治的政策和策略,而区域内各地方政府对发展战略和区域大气污染联合防治具体政策没有决定权,因此政策制定主体呈现非对称性。

第二,政策事项的被动性。国家区域协调发展战略和区域大气污染联合防治具体政策措施体现中央政府或上一级政府对区域大气环境治理中的区域利益协调以及区域利益安排。作为下级的区域内各地方人民政府只能被动接受上级人民政府的安排,或者以"下有对策"之方式消弭中央或上一级政府政策的真实意图。

第三,政府政策的强制性。政府政策虽不是法律,也没有严谨的法律规范结构和对应的法律责任,但组织法明确规定,依据宪法和法律的授权,国务院有权制定行政法规和行政措施,发布行政决定和行政命令,以执行国民经济和社会发展计划,领导和管理经济工作、城乡建设以及教育、科学、文化、卫生、体育、公安、民政、司法行政等工作,下级人民政府接受上级人民政府管理。这意味着地方政府和下级政府对中央政府或上一级政府政策贯彻执行是法律上规定的义务,是其法律职责;同时,国家区域协调发展战略及其区域大气污染联合防治具体政策往往在产业结构优化、区域大气污染监测、区域大气污染联合监管、财政、税收、项目、投资等领域有优惠措施,从而形成引导与鼓励地方政府行为的软约束力。此外,其他诸如政治晋升锦标赛制、财政分权制度等制度安排也对各地方人民政府形成约束力。戴维斯(Davis)和诺斯(North)指出:"一项制度安排是支配经济单位之间可能合作与竞争的方式,……制度安排可能是最接近于'制度'一词的最通常使用的含义了。安排可能是正式的,也可能是非正式的,可能是暂时的,也可能是长期的……它必须用于下列目标:提供一种结构使其成员的合作获得一些在结构外不可能获得的追加收入,或提供一种能影响法律或产权变迁的机制,以改变个人或团体合法竞争的方式。"①

三、行政协议自我约束型模式

(一)行政协议自我约束型内涵

所谓行政协议自我约束型,即区域内各地方政府遵循平等与自愿原则,对区域大气环境治理中的府际利益冲突与协调达成一致的行动方案,并产生自我约束力的机制。在行政协议自我约束型的利益协调机制中,没有层级只有平等,没有行政压制只有沟通协商,各方都是协议的制定者,但同时也是协议的执行者。各缔约方可以集中在一起对产业分工、资源管理与环境保护、基础设施一体化、招商引资政策、生产要素流动与统一市场监管标准等跨区域公共行政事务进行充分沟通和讨论,以分析利益冲突与差异,探求区域共性利益,共谋利益补偿方案等。以协商与妥协的精神求得利益协调共识,并将其转化为各方的行动指南。这对解决区域大气环境治理中各地方普遍存在的环境治理各自为政、产业重复建设、产业转型升级困难、跨区域清洁空气公共产品和服务衔接等现实问题具有很好的自我践行能力。

(二)行政协议自我约束型特点

在 2000 年后,随着国家区域发展战略的调整,各地方政府之间通过缔结行政协议解决区域治理中的环境污染问题和进行利益协调变得日益普遍。行政协议自我约束型的区域大气污染府际合作治理利益协调机制具有这样一些特点:

第一,缔约主体的平等性。缔约双方是各地方政府或其职能部门,即使同时存在多层级的行政机关,如省级政府、市级政府、县(区)级人民政府或各自对应的职能部门,他们也并不以行政层级身份而是以平等主体身份加以缔约,各主体在缔约地位上是对称的、平等的。第二,缔约事项的自愿性。尽管我国各地的行政协议多是以贯彻执行中央政府或上一级政府的区域大气环境治理协调发展战略为目的,但战略的贯彻实施都必须基于实实在在的具体领域或项目,缔约各方可以在具体方案选择(如以何种方式、在何时段、如何侧重等安排)上自主协商,求同存异,进而形成一致行动方案。第三,履约的非强制性。基于对合作共赢的理解与认同,缔约各方主体履行协议遵循有约必践的内心信念,履约对各方只有自我约束力,不具

① [美]道格拉斯・诺斯著:《经济史中的结构与变迁》,陈郁译,上海三联书店 1994 年版,第89—95 页。

备法律约束力,当然,法律对行政协议有规定的除外。

在区域大气污染府际合作治理进程中,政府和市场是两种推进力量,但市场体制不完善导致的"市场失灵"与政府不当干预导致的"政府失灵"并存也加剧了区域发展不平衡,进而加剧了区域利益冲突。在我国推进区域发展战略的进程中经历了从非均衡发展战略逐步向区域协调发展战略的实践转型,区域利益协调成为区域经济一体化的主线,而区域政府之间的合作则是构建区域利益协调机制最重要的推进途径。具体来说,在区域大气环境治理中,府际合作利益冲突与协调也构成了区域大气环境治理征途中的关键环节。在我国致力于推进国家治理体系和治理能力现代化,促进依法行政和建设法治政府的治国理政方略背景下,将区域大气污染府际合作治理中的利益协调纳入法治化轨道,促进区域利益协调的政府政策调整型向法律规制型转变,将行政协议自我约束性利益协调纳入法治化轨道等措施既是保障区域大气环境治理府际利益协调规范化与可持续的法治保障,也是时代赋予学术界和实务界的不可回避的使命。

第三节　区域大气污染府际合作治理利益协调的法律规制

既有的区域大气污染府际合作治理利益协调模式主要还是一种行政主导模式,在实施依法治国和建设法治政府的治国理政方略下,将区域大气污染府际合作治理利益协调纳入法治轨道是法治的时代使命。

一、区域大气污染府际合作治理利益协调的主体

在市场经济体制下,哪里有利益,哪里就有竞争,竞争产生利益协调机制。区域大气污染治理中,利益协调首先需要由市场机制——"看不见的手"来调节。只有当"市场失灵"时,政府参与利益协调才有正当性空间。政府政策主导的区域大气污染府际合作治理利益协调模式向区域大气污染府际合作治理利益法律调整模式的转向是建设法治政府的内在要求;同时,区域大气污染府际合作治理利益协调应当遵循公平与效率、互信共赢以及公开参与的基本原则,并在此基础上完善和构建法制化的区域大气污染府际合作治理利益协调的具体机制制度。区域大气污染府际合作利益协调并非是那种自上而下的行政主导的主观政策行为,也不仅仅是府际间沟通合作和博弈竞争的互动行为,而是一种从区域大气污染治理内部产生的利益冲突基础上的利益整合。所以,我们对区域大气污染府际合作治理

中的利益协调需要保持一种必要的谨慎，遵循市场规律，放松管制与加强管制并存，发挥市场配置资源的决定性作用。"市场失灵"之时，即是发挥府际利益协调之日。

区域大气污染府际合作治理利益法制协调如果要走向实践运作则必须构建一系列的具体制度机制以解决以下几个问题：哪些主体来组织区域大气污染府际合作治理过程中的利益协调？又有哪些主体有资格参与区域大气污染府际合作治理利益协调？解决利益协调需要建立哪些机制？需要何种制度配套？这些都是本节需要解决的问题。

（一）有权对区域大气污染府际合作治理利益协调进行立法的主体

尽管有关区域大气环境治理的决策主体包括党的最高领导机关、一定级别的权力机关和人民政府，但只有享有立法职权的主体才有资格促成当前区域大气环境府际合作治理利益协调的政策调整型向法律调整型的转变。要将区域大气环境府际合作治理利益协调纳入法治化轨道，并采用法制化调整利益协调问题，首先要解决的是哪些主体有权对区域大气环境府际合作治理利益协调进行立法。区域大气环境府际合作治理利益协调的立法职权主体范围与需要协调的利益范围息息相关：一是涉及跨省域的区域大气环境府际合作治理利益协调的立法职权主体有全国人大及其常委会、国务院及其各部委，以及享有立法权的省级权力机关与人民政府。前者立法适用范围跨越省域在全国适用，后者立法适用于立法机关管辖的省级行政区域并调整管辖权内各方主体的行为，当然，涉及后者的省级立法主体可以在省际之间采用联合立法方式对区域大气环境治理领域的府际合作利益协调进行规范。二是省域内跨市（县）级行政区的区域大气环境治理府际合作利益协调的法律规范问题，对此享有立法权的主体是省级人大（人大常委会）和省级人民政府，以及设区的市人大（人大常委会）和设区的市人民政府。当然，如果涉及跨设区的市行政区，其区域大气环境治理府际合作利益协调的法律规范制定主体则限于省级人大（人大常委会）和省级人民政府，同时不排除设区的市的权力机关（政府）之间采用联合立法等方式进行立法。

（二）区域大气污染府际合作治理利益协调的执行主体

尽管区域内各地方政府是利益协调政策与措施的落实主体，但在推进区域大气污染府际合作治理利益协调层面，其具体的执行主体多数情况下采取一种虚拟且灵活的组织设置，而不是一种实体组织建制方式。如在国家层面的区域大气污染联合防治战略中，京津冀、长三角和珠三角各区域成立了各种非建制式的组织机构，如联席会议制、市长联盟，协调小组等，每种组织机构的具体职能分工有所不同。以泛珠三角(泛珠江三角地区包含了福建、广东、广西、贵州、海南、湖南、江西、四川、云南、香港特别行政区和澳门特别行政区)的区域大气污染联合防治利益协调机制为例,泛珠三角区域主要有五种制度安排:第一,行政首长联席会议。泛珠三角区域九省(区)省长(主席)和香港特别行政区、澳门特别行政区的行政长官组成泛珠三角区域行政首长联席会议,一年一次会议与一个主题,研究确定泛珠三角区域合作的重大事宜。第二,行政首长联席会议秘书处。在行政首长联席会议之下设置行政首长联席会议秘书处,其作为行政首长联席会议的执行机构。第三,政府秘书长协调制度。泛珠三角区域九省(区)政府秘书长或副秘书长和香港特别行政区、澳门特别行政区政府官员组成政府秘书长协调制度。第四,日常工作办公室工作制度。设立日常工作办公室,由其负责执行泛珠三角区域联席会议确立的区域合作事宜。第五,部门衔接落实制度。作为联络机构,部门衔接落实制度主要负责对政府行政首长联席会议决定的与本部门有关的事宜制定互相衔接的具体工作方案、合作协议、专题计划等。[①] 其实,其他领域的府际合作(包括区域大气环境府际合作治理利益协调中的组织机构设置)也大体类似。但是,对比府际合作实践和区域协调组织的历史演变,区域协调组织在区域大气环境治理府际合作利益协调的功能发挥与学者理论论证中的重要性并不匹配。正如有学者指出,区域协调组织的"组织运作和实际功能都仅停留在信息交流的层次上,其是一个对区域相关问题进行讨论的论坛,充其量不过是进行一些具有互惠性质的经贸洽谈和项目合作,对涉及区域内利益冲突和竞争的事项很难有实质性的协调功能"。[②] 在区域大气污染府际合作治理过程中,府际合作利益协调机构的效率直接决定着区域大气污染府际合作的实效。

(三) 区域大气污染府际合作治理利益协调的参与主体

区域大气污染府际合作治理中的利益协调除了需要利益协调的执行主体之外,还需要利益协调的参与主体。参与主体是区域大气污染府际合作利益协调中必不可少的组成部分。参与主体可以参与到区域大气污染府际合作治理利益协调的决策领域中,也可以参与到区域大气污染府际合作治理利益协调的具体实施环节中。《立法法》第五条规定:"立法应当体现人民的意志,发扬社会主义民主,坚持立法公开,保障人民通过多种途径

---

① 杨爱平:《论区域一体化下的区域间政府合作——动因、模式及展望》,载《政治学研究》2007年第3期。

② 荣跃明著:《区域整合与经济增长——经济区域化趋势研究》,上海人民出版社2005年版,第236页。

参与立法活动。"如果是在区域大气污染府际合作治理的决策程序之中,参与主体指的是参与区域大气污染规划和政策制定的公众,包括专家、企业或社会组织、利益相关的普通民众等。如果是在区域大气污染府际合作治理的实施环节,参与主体的目的主要是参与表达自身的利益诉求和参与决策的实施,从而使得实施程序更为民主和政策法规的执行更易于被接受和认同,因为"承认政府具有合法性的公民更有可能遵守法律、支持政权以及接纳不同的观点,而立法过程中的公民参与对于培养这种合法性是至关重要的"。[①] 在实施环节,参与主体的动力机制可能存在两种情况:一种是政治意愿诉求型的参与主体,另一种是直接环境利益诉求型的参与主体。

二、区域大气污染府际合作治理利益协调机制健全

法治化的区域大气污染府际合作治理利益协调依赖于一套健全完善的工作机制的保障。区域大气污染府际合作治理利益协调是一套权力(权利)义务交涉过程的工作机制,其在很大程度上表现为一套程序制度安排。这套程序制度安排的基本特点是交互性,即在利益协调的过程中,各地方人民政府之间必须相互协调和相互交涉。在利益协调的程序中,将国家权力运行在时间和空间上分解,在分解的每个环节安装诸如"检验标准""时限要求"等内控装置,让权力运行依据规则行事从而臣服于自己的角色安排。[②] 尽管区域大气环境治理府际间利益协调机制直接指向各地方政府,但各地方政府所代表的行政区利益是该行政区划内所有公民、企业、社会组织等多方主体利益的汇合。构建区域大气污染府际合作治理的利益协调机制应当充分考量区域大气环境的公共物品属性、公众的多样化需求、区域资源的有限性、区域大气生态环境的一体性和区域内各行政区之间关系的复杂性,以及应当有与之相契合的协调机制,并通过扩大利益协调沟通机制和参与机制来实现利益协调的民主化。区域大气污染府际合作利益协调机制应当包含有沟通、对话、协商、妥协、参与等机制,从而为公众参与提供法定的便捷途径,使得各方专家和公众充分发挥他们在区域大气污染府际合作治理过程中的参与性力量。如此,区域内各行政区政府的行为将更具有责任性和民主性。具体而言,应当着力构建如下几种利益协调的程序性机制:

---

① [美]卡尔·克茨:《公民与议会——公众对于议会的参与和信心》,节人磊译,载蔡定剑主编:《国外公众参与立法》,法律出版社 2005 年版,第 4 页。

② 王英津:《论程序政治——对我国民主道路的新探索》,载《中国人民大学学报》2002 年第 3 期。

（一）建立利益表达机制

在区域大气污染府际合作治理领域,区域内各地方人民政府的利益表达和利益磋商机制指的是区域内各地方人民政府能够表达利益、协调利益和沟通利益的平台和制度。通过一定的平台和信息共享机制,区域内各地方人民政府能够实现各自利益的表达和协调。利益表达和协调机制的表现形式是多样的,例如区域协同发展论坛、区域研讨会等平台。必须强调的是,在区域大气污染府际合作治理过程中的利益协调和利益表达上,强势的利益集团和地区难免拥有更多的话语权,而弱势利益机关或者弱势地区的利益表达常被忽略或者掩盖。强势主体和弱势主体之间的关系如何平衡,这是区域大气污染府际合作治理过程中应当兼顾的重要方面。如何构建一个使得弱势主体的利益能够得到充分表达和充分尊重的利益表达机制和利益表达途径,从而使得区域大气污染府际合作治理的利益博弈格局较为公正,这是区域大气污染府际合作治理利益表达机制的关键。[①] 如此才可以为区域大气污染府际合作治理提供公正的条件和环境,进而实现利益的平衡。

（二）利益磋商机制

在区域大气污染府际合作领域,各地方人民政府之间的利益磋商机制指的是地方人民政府之间通过正式渠道、场合及方式,就区域大气污染联防联治与区域内其他地方政府进行反复沟通与妥协,通过交换意见以达成共识性行动方案的利益沟通机制。[②] 利益磋商机制为区域内各地方人民政府提供协商制度,以消除区域内各地方人民政府之间的分歧和谋求各地方人民政府之间的一致行动。与区域大气污染府际合作的利益表达机制相比,利益磋商机制更为具体和直接。利益磋商机制为区域内各地方人民政府的利益表达提供商议的机会,目的是达成区域内各地方人民政府的统一行动和一致利益。

（三）利益协议机制

区域大气污染府际合作治理利益协议机制是指区域内各地方政府就区域大气污染联防联治中某一项或某些事项所关涉的府际利益达成共识后,通过签署相关协议明确各方职责权限与行为方式,以自我规制之方式

---

① 庄士成:《长三角区域合作中的利益格局失衡与利益平衡机制研究》,载《当代财经》2010 年第 9 期。

② 周叶中、张彪:《促进我国区域协调组织健康发展的法律保障机制》,载《学习与实践》2012 年第 4 期。

约束各地方政府遵循已达成的一致行动方案。① 在区域大气污染府际合作治理过程中,多元主体的多元利益协调结果通常是区域内各地方人民政府就区域大气污染协同治理事项达成一致的规划、行政协议或者共同立法。规划、行政协议或者共同立法是多元主体多元利益协商、沟通和协调的直接结果。区域大气污染协同治理规划、行政协议或者共同立法对缔约各方具有同等的约束力,这将会直接影响到区域大气污染协同治理的成效。区域内各地方人民政府作为规划和行政协议的缔约者,其所受约束力的实质来源是诚实信用原则。德国著名法学家拉班德认为,"诚实信用原则得支配公法领域,一如其于私法领域;苟无诚实信用原则,立宪制度将不能实行"。② 诚实信用原则不仅仅体现在民事法律关系和民事法律领域,在国际法领域,诚实信用原则要求国际条约和国际公约的缔约国善意和诚实履行条约。应当诚实且正直地履行缔约国签订的条约,当事国不仅要按照条约的文字,而且也要按照条约的精神履行条约。③ 不论是区域内各行政主体还是国际条约的缔约方,如果不诚实守信地履行自己签订的具有法律效力的行政协议或者国际条约,那么其不仅需要承担国内法或者国际法的法律责任,同时还可能面临信用危机,并承受遭共同体的孤立、排斥或者不合作等负面后果。这种法律约束力或者可能面临的负面影响能够形成对缔约方的约束机制,从而促使缔约方履行行政协议或者国际公约。如《西班牙公共行政机关及共同的行政程序法》第六条关于协作协议的规定:"一、全国政府和自治区政府的机构之间可以在各自的职能范围内签署协作协议。二、协议文本应按照以下内容格式化:1.签署协议的机构及各方的法律能力;2.各行政机关所行使的职能;3.资金来源;4.为履行协议所需进行的工作;5.是否有必要成立一个工作机构;6.有效期限:如缔约各方同意,所确立的有效期限不妨碍协议的延长;7.前项所述原因之外的终止以及因终止而结束有关行为的方式"。西班牙就是通过行政程序立法对行政协议进行规范,并赋予行政协议以法律约束效力。④

（四）利益补偿机制

区域大气污染府际合作治理利益协调有利于增进区域整体利益,以及

---

① 周叶中、张彪:《促进我国区域协调组织健康发展的法律保障机制》,载《学习与实践》2012 年第 4 期。

② 谢孟瑶:《行政法学上之诚实信用原则》,载城仲模主编:《行政法之一般法律原则》(二),三民书局 1997 年版,第 193 页。

③ 李浩培著:《条约法概论》,法律出版社 2003 年版,第 272 页。

④ 《西班牙公共行政机关及共同的行政程序法》,许可祝、陈平译,载《行政法学研究》1996 年第 1 期。

实现区域整体生态效益的最大化,因此利益协调是进行区域大气污染府际合作治理的原动力和目的。在府际合作治理区域大气污染的过程中,为了实现区域整体生态环境利益,有时候可能会牺牲区域内某一个行政区的利益或者区域发展机会。比如,为了保障区域整体大气环境质量,对区域内某一行政区内重污染企业进行关停整顿,被关停企业所在区域在此时可能会损失经济发展的机会。在国家或大区域为了实现区域整体利益可能要危及或牺牲某一政府利益或区域发展机会时,国家或区域内其他受益的地方政府应当给予这些利益受损的政府应有的利益补偿。因此,利益补偿机制不仅仅可以预防地方政府采取机会主义策略,还可以减少地方保护主义倾向。[①] 在区域大气污染府际合作治理领域,应以生态利益补偿为主体。生态利益补偿尽管是向受补偿倾斜,但其最终结果是增进区域整体生态利益。为了避免区域协同发展过程中产生的区域发展不平衡现象,可以通过财政补贴、减免税收或者其他中央财政转移支付的方式补偿生态受损的行政区。区域大气污染府际合作治理不仅仅是区域协同发展和区域平衡发展的要求,同时也是受区域大气污染的严峻形势和提升区域大气环境质量的需求所迫。当前,为了推进区域治理体系和治理能力的现代化,必须解决好区域大气污染府际合作治理中最现实的问题——利益协调。

(五)利益协调监督机制与利益纠纷裁决机制

区域大气污染府际合作治理的利益协调监督机制必须遵循制度化的路径。制度化和规范化的路径有助于形成利益协调中的约束链,消除区域大气污染府际合作治理中的投机主义倾向,从而确保府际合作的有序和可持续发展。区域内各地方人民政府之间利益沟通不畅和利益协调不恰当有可能导致区域大气污染府际合作治理的低效率。规范化的利益协调监督机制能够保障区域大气污染府际合作治理规划和行政协议得到切实履行,并能够有效预防府际合作纠纷的产生。区域大气污染府际合作治理的利益纠纷有多种处理方式,而制定法定的程序来规范府际合作纠纷解决是国际上流行的趋势。应当依据法定的行政程序和争议裁决程序来构建法定的、系统的府际合作纠纷争议解决制度。很多大陆法系国家和地区(例如德国、西班牙等)在行政程序法中对行政权限争议纠纷的解决原则、解决方式、解决程序和解决时限等都加以明确规定。当前地方立法中也有制定

---

① 黄溶冰:《府际治理、合作博弈与制度创新》,载《经济学动态》2009 年第 1 期。

了类似的行政程序制度的情况,2008 年制定的《湖南省行政程序规定》[1]对上下级行政机关之间和政府不同工作部门之间的职权和事权纠纷如何处理规定了管辖权确定原则和争议解决的具体程序。这部地方立法为我国行政权限争议解决和府际合作利益纠纷处理提供了很好的借鉴。这一类法律程序制度适用于区域大气污染府际合作治理领域中产生的争议和纠纷处理。

三、区域大气污染府际合作治理利益协调制度建构

在区域大气污染府际合作治理过程中,区域内各行政区之间的利益冲突通常成为阻碍区域大气污染协同治理的主要因素。区域内各行政区之间的利益冲突表现为地方利益、地方经济发展等多维度与多主体利益的冲突。因此,协调好区域内各行政区之间的利益关系是实现区域大气污染协同治理的关键因素。总结起来,区域大气污染府际合作治理过程中的利益协调制度主要有三个制度,分别是区域大气污染治理成本分担制度、公共效益分享制度和生态利益补偿制度。

(一)成本分担制度

首先必须明确认知的是区域大气污染合作治理需要花费的成本,成本包括经济成本、人力成本、时间成本、边际成本等多种类型。其次应当明确区域大气污染合作治理的成本特点。根据区域内各行政区的实际情况,进行成本的统计、核算和评估,然后根据区域内各行政区的实际状况和发展状况进行成本分担。区域内各行政区在分担大气污染合作治理成本时也应当强调"共同但有区别的责任"。所谓共同责任,强调的是区域内每个行政区都不能免除分担成本的责任;所谓有区别的责任,强调的是区域内各个行政区根据实际排污的量和减排的量,以及所做贡献等历史和现状来分担成本。只有根据"共同但有区别的责任"并强调责任的多样,才可以真正实现区域大气污染治理成本的公正分担,避免资源浪费,以及提高环境管理的效率。最后,成本分担形式的多样化。区域内也可以尝试多种市场机制和财政机制的运用,比如区域大气污染防治专项基金[2]、中央财政转移支付、政策优惠等多种方式,以弥补单一的分配成本方式之不足。

(二)公共效益分享制度

---

[1]　详细内容请参见《湖南省行政程序规定》第十一条至第十五条的相关规定。

[2]　如在地方层面,2016 年,山东省财政厅统筹大气污染防治专项资金 16.63 亿元,集中财力支持重点区域、行业和领域环境整治。参见席敏:《山东筹集 16.63 亿元专项资金防治大气污染》,载新华网http://news.xinhuanet.com/local/2016-11/05/c_1119855517.htm。

区域大气环境质量的提升对区域内每个行政区而言都是平等的,这正是区域大气环境质量的公共物品属性所决定的。因此,应当强调区域大气环境质量提升的积极效应,以形成对区域内各个行政区政府的激励机制。区域大气环境质量作为一种公共效益也应当由区域内各行政区政府参与分享。提高对区域大气环境质量公共效益的认识,能够使得区域大气污染治理更有现实意义,也有助于提高区域内大气污染防治规划制定和决策的理性程度。从这个视角而言,笔者强调区域公共效益分享制度安排应当遵循互利共赢原则。互利共赢原则要求在区域内各行政区政府沟通、磋商和利益协调的过程中实现区域大气环境质量的整体提升和区域整体可持续发展,同时也能够惠及区域内各行政区。

（三）生态利益补偿制度

生态利益补偿制度是区域大气污染府际合作治理过程中极为重要的利益协调制度。生态补偿在我国的主要法律依据是《环境保护法》(2014年)第三十一条的规定。然而,这一条款对生态补偿的规定比较原则,目前生态补偿制度的细化主要是通过地方立法完成的。我国相当多的地方有专门的生态补偿地方立法,这些地方立法中对生态补偿的主体、补偿标准、补偿条件、补偿对象等的规定各不相同。区域大气污染府际合作治理领域的生态补偿主要是经济补偿,经济补偿可以表现为税收减免、中央财政补贴、财政转移支付等多种形式。不管使用哪种经济补偿的形式,其目的都是通过经济补偿激励机制——即对为区域大气环境质量提升做出贡献的区域做出补偿或者奖励——来引导区域地方政府在区域大气环境治理和产业布局转型升级领域制定有利于改善区域大气质量的经济、行政等方面的一揽子措施。

第六章 区域大气污染府际合作治理纠纷解决

区域大气污染和区域大气环境作为府际合作治理的对象之一,可谓是对区域内政府之间关系的管中窥豹,其凸显了在区域大气污染治理中跨行政区地方政府之间的竞争与合作这两个面向。竞争是地方发展的动力,而合作是实现共赢的策略。加强政府之间的合作是推进区域大气污染治理进程的必然选择。但是,区域大气污染府际合作治理对地方利益与区域利益并非总是处理得尽善尽美。有纠纷就需要考量相应的纠纷解决机制并予以制度化,因为"制度为参与人关于博弈重复进行的方式的共有信念系统,它作为共有信念而对环境的微小而连续的变化是稳固和耐久的。……一般来说,个体参与人的匿名性和大数定理的作用一旦实现,则个人认知以及相关策略决策的边际和随机变化对参与人总体的预期只会发生一些微乎其微的影响"①。

第一节 区域大气污染府际合作治理纠纷的理论阐释

为区域内的民众提供清洁空气是区域政府的共同职责。地方政府间的地方利益与区域整体生态利益之间一直存在冲突与融合的矛盾关系。府际合作作为区域大气污染联合防治中的一项制度创新,其试图弥合这种矛盾,但不能根除矛盾。也就是说,有府际合作,就有府际合作纠纷。尽管学界对区域大气污染府际合作的研究有不少成果并贡献了不同的智识洞见,但对府际合作纠纷开展的研究,无论是政治学、行政学还是法学,目前成果都相对缺乏。本节拟对区域大气污染府际合作治理纠纷进行梳理,从而提炼出区域大气污染府际合作治理纠纷的法律含义,指出区域大气污染府际合作治理纠纷的典型特征,并对区域大气污染府际合作治理纠纷进行

---

① [日]青木昌彦著:《比较制度分析》,周黎安译,上海远东出版社2001年版,第236页。

类型化处理,为后文的纠纷解决机制提供不同的路径设计。

一、区域大气污染府际合作治理纠纷的内涵解读

(一)区域大气污染府际合作治理纠纷的基本含义

要理解"区域大气污染府际合作治理纠纷",必须首先理解"府际合作"。府际合作是区域经济一体化进程中解决跨行政区公共行政事务的应对之策。区域一体化进程对政府传统的"行政区行政"管理模式带来巨大的冲击与严峻的挑战,重塑着我国地方政府之间的关系处理维度。正是在这一背景下,地方政府之间的合作——即我们所说的"府际合作"——作为一种新的制度安排而契入到了区域协调发展战略和区域治理之中。

府际合作是指在区域一体化背景下,为了实现区域经济和社会的共同发展,地方政府间通过开展合作交流活动来解决区域共同发展问题的行政互助形式。[1] 随着对区域协调发展和府际合作的深入探究,作为对先前"府际合作"的丰富与细化,对"府际合作"的理解应当处理好一组关系:合作主体是谁? 为什么要合作? 通过什么方式合作? 合作要解决什么问题? 因此,基于这样一种考虑,一般认为府际合作是指区域大气的两个或两个以上的人民政府(包括纵向上和横向上)基于区域利益的考量,通过行政协议或合作机制联合起来建立一种相对稳定的合作关系,对区域内经济、政治和社会等领域的公共行政事务采取协同合作治理,提供一体化的公共产品和公共服务的政府活动。那么,区域大气污染府际合作治理纠纷可以作这样一种理解,即是在区域协调发展战略背景下,为了解决区域大气污染和实现区域大气环境有效治理,区域内两个或两个以上的人民政府(包括纵向上和横向上)通过行政协议或合作机制联合起来建立一种相对稳定的合作关系,对跨行政区的大气污染防治建立一种合作治理框架和协调应对措施过程中产生的纠纷。这意味着区域大气污染府际合作治理纠纷在纠纷产生时间范畴、事项范围、纠纷主体等信息上具有内在的限定性。

当前区域大气污染府际合作治理中所产生的府际纠纷并没有相应的法律规范提供直接的纠纷解决之道。因此,必须认识到区域大气污染府际合作治理纠纷的本质,即其是府际之间的行政权能争议,或者是府际之间的行政协议争议。基于这样一种视角和思维转换,建立或完善区域大气污染府际合作治理纠纷解决的制度化途径既要充分利用现有的制度资源,也要在充分考虑合理性与可行性的基础上进行制度创新,实现制度之间的有

---

[1]　潘高峰著:《区域经济一体化中政府合作的法制协调研究》,人民出版社 2015 年版,第 41 页。

效衔接,并将其纳入法治化轨道,以法治思维和法治方式健全区域大气污染府际合作治理纠纷解决机制,从而构建一套区域大气污染府际合作治理纠纷解决的完整制度框架。

对国家和地方层面立法文本的检索均未发现"府际合作"一词的使用,与之最为接近的法律词汇是"区域合作"[①]。但是,"府际合作"不是一个法律术语,更准确地说它是一个法学术语。同样的道理,"府际合作治理纠纷"也不是一个法律术语,更不是作为法律概念的行政行为之一种,其在很大程度上是一种现象描述和学理指征。府际合作治理纠纷可能包含多种行政行为形式,如地方立法或制定规范性文件中产生的纠纷、行政协议产生的纠纷、具体行政行为引起的纠纷;可以是行政作为形式引起的纠纷,也可以是行政不作为导致争议;可以是区域大气污染治理领域中产生的合作纠纷,也可以是诸如区域交通、基础设施建设、旅游资源等领域中发生的合作纠纷。从这个意义上讲,区域大气污染府际合作治理纠纷不是作为传统的"种＋属"之定义方式而存在的,其更多的是一种表述性描述。

（二）区域大气污染府际合作治理纠纷与区域大气污染地方政府治理冲突不能等同

冲突与合作是地方政府关系的一种发展常态。诚然,在区域一体化进程中,地方政府之间的冲突皆因利益而起。地方利益冲突[②]可以是基于地方政府层面的行为引起,例如区域内不同行政区政府之间的利益冲突,也可以是上下级政府之间的利益冲突。在某些情况下,区域内横向地方政府作为"理性经济人",其为了实现本地区的经济发展而扶持那些高污染的企业,如此会直接影响到区域大气环境质量,由此引发区域地方政府之间的利益冲突。在有些状况下也存在区域上级政府(例如广东省政府与珠三角区域内某一行政区政府)之间的纵向利益冲突。地方政府在逐利的过程中,其追逐利益的动机和原理与个体毫无差别。对此,希克有过精辟的论述:"当人的某些需要得不到充分满足时,它就会使人产生一种想去满足它的要求,或者,由于某些需要对人的感情和爱好具有很大的吸引力,它也会使人产生一种不断重复的且在某些情况下不断加深的要求,而利益正是人们为满足这种客观引起的需要而出现的一种集中的、持续时间较长的意向。这种意向反映在人的行动上就是不断地、努力地、顽强地、有时甚至是

---

① 2008 年 4 月 17 日公布的《湖南省行政程序规定》对有关"区域合作"作了规定。

② 政府的任何行为只要超出法律的限度即是自利,其可造成地方利益冲突,并对区域政府合作产生消极影响。金太军、张劲松:《政府的自利性及其控制》,载《江海学刊》2002 年第 2 期。

热情地追求这种需要的满足,也就是贯彻和实现他们的利益。"①可以说,区域大气污染府际合作治理中的地方利益是引发冲突的根源。

尽管地方利益之争导致地方政府冲突,但地方利益冲突表征着当前地方政府之间复杂的竞争与合作关系。地方政府冲突有可能在竞争中表现出来,也可能在合作中得以彰显。引发地方政府冲突原因可能是人类理性自负或立法技术偏差在法律规范对行政权力配置上的交叉,也可能是法律规范明确但法律被歪曲执行;地方政府冲突的载体——行政行为,可以是作为形式,也可能是不作为形式;地方政府冲突行为的性质判断不能单纯以非法或合法作为衡量标准。地方政府之间的利益冲突表现出一种客观的法秩序冲突。区域大气污染治理中的地方政府冲突仅仅是地方政府冲突的一个具体领域。府际合作治理纠纷属于政府冲突范畴,但政府冲突不一定是由府际合作治理所引发。

实质上,区域大气污染府际合作治理过程中所产生的纠纷仅仅只是反映了区域内各地方人民政府合作过程中的某一类冲突。对府际合作的理解有助于对区域大气污染府际合作治理纠纷的理解。关于前者,有学者从公共管理与地方公共产品的角度对府际合作领域进行梳理后发现,府际合作的产生因素主要有两个方面:第一个方面是只有府际合作才可以解决的问题。诸如区域环境污染治理、流域治理、灾害应对、公共安全维护等跨地区问题,其本身所具有的"区域性"和"公共性"决定了该项区域公共物品供给者的供给能力应当是跨区域的,而当前行政区行政模式下的各自为政必须走向联合才能适用这种公共物品供给要求;第二个方面是府际合作能给那些通过合作可以获益的事情带来帕累托效益。在这种情况下,在基础设施建设和维护、产业布局、统一市场、交通运输等方面,地方政府合作可以收获比自己在单打独斗模式下更大的收益②,收益的最终主体是区域内的普通民众。府际合作是为克服行政区行政弊端而被提出的,必须从我国现有的行政管理体制中窥视其奥妙。具体来说,对府际合作,可以从我国现行行政管理体制中"条条管理"和"块块管理"两种模式和区域一体化发展趋势两个维度作一考察。第一,从"条块管理"看,我国无论是行政组织法律规范对行政组织的设置,还是宪法性法律、单行立法等行政法律规范对行政权力的配置,这些均与"条块管理"模式一脉相承,行政权力的配置

---

① [捷]奥塔·希克著:《第三条道路——马克思列宁主义理论与现代工业社会》,张斌译,人民出版社 1982 年版,第 31—32 页。

② 杨龙、戴扬:《地方政府合作在区域合作中的作用》,载《西北师大学报(社会科学版)》2009 年第 5 期。

与运行均与行政区或条条管理的事项及领域相吻合。此时，府际合作表现出的行政行为可以是作为形式（如执行统一标准对市场进行监管），也可以是不作为形式（如政府不能也不需要为本地企业和商品提供扶持性政策或特别保护措施）。因此，府际合作在"条块管理"模式下表现为各地方政府不得采取差别性的行政行为干预市场要素流通和提供非均等化的公共服务。第二，从区域一体化趋势下的区域行政要求看，地方政府行政行为不仅要求在行政区内合法合理，更在于行政行为能够促成其他地方政府协调治理好跨区域公共行政事务，如流域管理、资源开发、环境保护等，以促进区域一体化产生积极效果，此时的府际合作应当是以政府积极的作为形式呈现出来的行政行为。因此，综合起来看，府际合作纠纷即是地方政府应当积极作为或消极不作为的过程中发生的争议。由此推及，在区域大气污染府际合作治理中产生的纠纷可能基于两种情形引发，其比区域大气污染治理中地方政府冲突的内涵要狭窄。

二、区域大气污染府际合作治理纠纷的特点诠释

在区域大气污染府际合作治理过程中，区域内各地方政府的合作本应以区域利益为共同目标，以积极的姿态促进区域大气污染的共同治理。区域大气污染府际合作治理以行政行为为载体，而区域大气污染府际合作治理纠纷也是通过行政行为得以呈现，其可以是行政行为的作为形式，也可以是不作为形式，甚至是滥作为形式。对区域大气污染府际合作治理纠纷特点的把握有助于获得对其内涵的整全理解。

（一）区域大气污染府际合作治理纠纷主体具有多元性和多层级性

一般认为，府际关系包含垂直和水平的纵横交错的关系，以及不同地区政府之间的关系。[①] 后来者采用纵横二分法，认为垂直关系是指中央与地方政府之间的关系以及地方上下级政府之间的关系，而水平关系是指同级地方政府之间的关系以及不具有隶属关系的不同级别地方政府之间的关系。[②] 以此认识作为基础，区域大气污染府际合作治理中的纠纷有可能发生在纵向和横向政府之间。具体来说，有可能是区域内各同级地方政府之间的横向关系纠纷，也有可能是区域内不同级别但也不具有隶属关系的地方政府之间因合作治理产生的纠纷，还有可能是一定区域内上级政府与区域内各地方政府之间的上下级政府合作纠纷。当然，在理解此处的区域

---

① 谢庆奎：《中国政府的府际关系研究》，载《北京大学学报（哲学社会科学版）》2000 年第 1 期。

② 薛刚凌：《论府际关系的法律调整》，载《中国法学》2005 年第 5 期。

大气污染府际合作治理纠纷之时,作为府际的"政府"不仅仅指一级人民政府,而且也包括其职能部门。因此,区域大气污染府际合作治理纠纷既可表现为区域内政府与政府合作纠纷,还可以表现为政府所辖各职能部门之间的合作纠纷。例如,区域内各地方政府环境保护部门在联合执法过程中因执法合作而产生的纠纷。

(二)区域大气污染府际合作治理纠纷的缘由多样化

区域大气污染府际合作治理纠纷并非仅限于区域各环保行政执法部门之间关于环保执法合作所产生的纠纷。事实上,对于区域大气污染府际合作治理产生的纠纷,必须将之置于区域一体化和区域法治的视野中,只要那些产生外部化法律效果的行政区行政行为,如直接涉及跨区域大气污染治理公共事务的产业结构调整、大气污染物减排、区域内资源开发等行为,均可能产生区域大气污染府际合作治理纠纷。同时,纠纷也源于政府职能交叉或行政职权配置交叉,如在环境保护和资源管理等领域涉及多个职能部门交叉[①],职责不清,呈现多龙治理大气污染的局面,进而影响到后续行政职权的运行环节。区域大气污染府际合作治理纠纷是环境纠纷的一个主要表现形式,其不仅仅具有环境污染纠纷的共性特点,同时也具有其自身的特点。

(三)区域大气污染府际合作治理纠纷源于利益冲突

区域大气污染府际合作治理纠纷不论是由于大气污染防治和大气环境质量治理本身涉及跨区域,还是事务涉及多个环节和不同环节对应不同的职能部门,又或者是政府及其职能部门直接为地方利益或部门利益行使行政权力,其纠纷的根本原因都在于不同政府之间所代表的利益博弈——利益冲突是区域大气污染府际合作治理纠纷产生的源头所在。各地方政府以公开或隐蔽的形式对排入大气的污染物按不同标准执法和选择性执法,或对外地企业进入本行政区实施歧视性环境标准或政策。归根结底,区域内各行政区政府的行为都是有利则争,无利则推,只是手段和方式多样化,不变的本质是利益之争。区域大气环境质量关系到区域内所有人的身心健康、生存以及发展,其是人类的根本利益之所在,同时区域大气污染物容易迁移,其在迁移的过程中影响和牵涉到诸多利益主体,这些都使得区域大气污染府际合作治理纠纷的利益关系主体更为复杂。在有些情况下,区域大气污染影响的主体是不特定的,而且由于大气污染物质具有累积效应,其对人体的损害需要较长时间才可以显现,所以处理区域大气污

---

① 李军鹏著:《建设和完善社会主义公共行政体制》,国家行政学院出版社 2008 年版,第 156 页。

染府际合作治理纠纷的方法和措施更需要有针对性。

（四）区域大气污染府际合作治理纠纷本质上是法律性质的争议

区域大气污染府际合作治理纠纷是通过政府行政行为表现出来的，无论该行政行为是秩序行政还是服务行政，其行使的权力必须根源于"法的授予"，行政组织设置与行政权力配置是为了保护一定层次的公共利益与个人利益的平衡，其配置状态也直接影响到公共利益的保护程度和幅度。因此，区域大气污染府际合作治理纠纷不能被认为是行政系统内部事务，"如果一个组织制度将一个机构的职能和权限与其他机构的职能与权限区分开来并且确定它们各自的运行领域，以此防止政府内部的权力冲突和摩擦，那么我们认为，此制度完全属于法律的参照范围框架之中"。① 以行政行为为表征的区域大气污染府际合作治理纠纷在很大程度上是由于法律规范限于理性认知的有限性对行政职能职权作出交叉规定所引起，但其产生的效果不再局限于行政系统内部，效果外部化影响到个体利益和一定层次的公共利益，因而需要以法律对之进行规范。即使是基于行政协议而产生的区域大气污染府际合作治理纠纷，其中的行政协议也只是政府行政手段与方式的变化，其并不能改变"权力法律授予"这一基本原理。作为一种行政自我规制方式，行政协议也必须符合法律规制的基本精髓。所以，区域大气污染府际合作纠纷无论基于哪种缘由产生，其均应服从法治及其制度安排，这本质上是一种法律性质的争议。

三、区域大气污染府际合作治理纠纷的类型分析

（一）区域大气污染府际合作治理纠纷类型

区域大气污染府际合作治理纠纷与区域大气污染府际合作治理几乎可以对应，有何种类型的区域大气污染府际合作治理，只要可能产生纠纷，就有何种类型的区域大气污染府际合作治理纠纷。区域大气污染府际合作治理究竟采用何种类型，这需要考虑府际合作渠道、策略、内外推动力量等多种因素，但区域大气污染和区域大气环境联合治理的问题导向毫无疑问是最重要的考虑变量。

关于区域大气污染府际合作治理纠纷的类型建构问题离不开对府际合作纠纷的划分。借鉴詹姆士·H.米特尔曼对区域府际合作进行宏观区域主义、次区域主义和微观区域主义三种类型界分的启示，我国学者杨爱

---

① ［美］彼得 E·博登海默著：《法理学——法律哲学与法律方法》，邓正来等译，华夏出版社 2009年版，第 233 页。

平提出三种府际合作类型①：一是超国家的宏观区域间府际合作，如欧盟、非洲统一组织、北美自由贸易区、亚太经合组织、南方共同体市场等；二是毗邻国家间的次区域府际合作，如东亚地区的"澜沧江—湄公河地区"次区域经济合作和"图门江流域"次区域经济合作，以及欧洲的斯堪的纳维亚区域合作和莱茵河上游的区域合作；三是国家内部的微观区域间府际合作，如我国"泛珠三角"区域府际合作、"大长三角"区域府际合作和环渤海湾区域府际合作。这种划分对我国一国之内基于区域一体化的府际合作类型的划分有一定的借鉴意义。当然，我国学者多倾向于在纵向和横向上把握府际关系，因此，他们对于府际合作也倾向于这种类型划分。尽管学理上的府际合作有纵向的中央与地方政府之间的合作，但区域大气污染治理的责任主体既有中央政府，也有地方政府，况且地方政府往往被纳入国家大气污染治理战略的整体布局之中。地方层面上的区域一体化需要获得中央政府的批复，由中央政府提供宏观上的战略指导，并辅之以各种投资、财政、税收、土地等领域的政策支持。从这个意义上讲，我国任何一个地方的区域大气污染治理既是国内区域协调发展的内生需求，也是各地方政府之间竞争为取得相对比较优势与中央政府在大气污染治理中博弈的结果，更是我国社会经济生态等各领域科学发展的客观要求。

参考我国区域协调发展中府际合作的实践做法，结合区域大气环境治理的特性与实践可能，根据区域大气污染治理中地方政府之间的关系，可在纵向上和横向上来划分府际合作类型，主要有三类：一是纵向上跨省（直辖市）不同层级地方政府之间的合作，如长江三角洲、京津冀、成渝经济区以及海峡西岸经济区即属于这一类型；二是纵向上同一省内不同层级地方政府之间的合作，如珠江三角洲经济区、哈长城市群、山东半岛城市群、辽中南城市群、关中城市群、哈大齐城市群以及武汉城市圈即属于这一类型；三是横向上同一省（区）内相同行政等级的地方政府之间的合作，如长株潭城市群、中原城市群和呼包鄂城市群即属于这一类型。与此对应，区域大气污染府际合作治理纠纷也可以作三种类型划分：纵向上跨省（直辖市）不同层级地方政府合作治理纠纷以及纵向上同一省内不同层级地方政府合作治理纠纷以及横向上同一省（区）内相同行政等级的地方政府合作治理纠纷。

（二）本研究中的区域大气污染府际合作治理纠纷类型划分

区域大气污染府际合作治理尽管属于府际合作的一种，但其具有自身

① 杨爱平：《论区域一体化下的区域间政府合作》，载《政治学研究》2007年第3期。

的特性。因此,我们试图提出另一种区域大气污染府际合作治理纠纷的类型划分。区域大气污染府际合作是立足于政府在区域大气环境治理中应当做什么及怎么做的问题意识——这要求必须处理好政府与市场以及政府与社会的关系定位,关于市场经济体制下的政府定位,当前最应当努力的方向就是推进政府职能转变。它包含三个方面的含义:第一个方面是政府职能范围的转变。即政府从提供"非公共产品和公共服务"与公共产品和公共服务的职能向只提供公共产品与公共服务的职能转变。第二个方面是政府职能重心的转变。即从社会主义市场经济体制下偏重政府经济职能向市场经济体制下的社会管理职能和社会服务职能并重转变。这实质上是政府职能结构的调整①,它意味着职能结构的重心从某一个职能转向另一个职能,同时其他职能并不消失。第三个方面是政府职能手段或方式的转变。即从依靠行政与政策手段转向采用经济、法律、市场等综合手段以及履行政府职能时的柔和、弹性与人性化的方式。② 基于这样一种理解,对区域大气污染府际合作治理纠纷有两种意义上的解读:

第一,基于行政区行政,各级政府不仅要提供行政区内的环境公共产品与公共服务,表现出来的行政行为就是要严格按照法律规定履行职责,积极作为或消极不作为,依法作为而不违法作为与滥作为。因此,此种状态下的区域大气污染府际合作治理纠纷产生于法律规范对行政权力的配置,行政权能之间有冲突,即行政权限争议。因此,各级人民政府作出的行政行为是否基于法律授予的行政权能以及行政权能是否规定清晰,这是区域大气污染府际合作治理纠纷产生的原因之一。我们将这种纠纷类型称之为"行政权能型府际合作治理纠纷"。

第二,各级人民政府要打破行政区壁垒,相互之间积极协调参与跨区域大气环境等公共行政事务治理,从而能更好地为行政区提供环境公共产品与公共服务,以实现区域整体发展。但是,基于我国行政区划下的条块分割管理模式以及法律对行政权能授予的地域性限制,各级政府对如环境保护等跨区域公共行政事务必须加强府际合作,这样才能避免陷入"囚徒困境"的无谓博弈之中。这种府际合作基于政府的积极行政与合作姿态,积极主动地寻求其他政府共同参与区域治理,而行政协议则是府际合作联系的纽带。此种府际合作治理纠纷则源于参与合作的政府不履行或不适当履行行

---

① 周志忍:《我国行政体制改革的回顾与前瞻》,载《新视野》1996 年第 4 期。
② 石佑启、杨治坤、黄新波著:《论行政体制改革与行政法治》,北京大学出版社 2009 年版,第159—160 页。

政协议所致。因此,府际合作治理纠纷产生的源泉来自对行政协议的行政自我规制的不能自足,可称之为"行政协议型府际合作治理纠纷"。

（三）区域大气污染府际合作治理纠纷类型划分的意义

有关区域大气污染府际合作治理纠纷类型的划分,可能仁者见仁,智者见智,不同的划分基准最终产生的划分结果也可能有很大不同,这均服务于研究者对该类划分所选取的研究视野及其建构意义。

将区域大气污染府际合作治理纠纷划为行政权能型府际合作治理纠纷和行政协议型府际合作治理纠纷两种类型将有利于打破将行政权能争议定位于行政系统内部事务的观念,由此带来相应的制度变革。一直以来,行政法学理论家存在一种误判,即认为行政权限争议不直接涉及行政相对人的权利义务,其只是行政组织系统内部事务,不是一个法律问题。对此,德国行政法学者毛雷尔提出独到见解,他认为:"以前根据严格的法律概念认为行政组织的内部规则不是法律,国家和其他行政主体的内部领域不受法律拘束,因为法律关系只可能在不同的法律主体之间而不可能在一个行政主体内部产生,但是这种观点在今天已经被彻底否定了。无可置疑的是,内部规则同样具有拘束力,因此必须依法制定。当然,内部行政法应当与外部行政法区别开来,因为它们涉及不同的结构和需要不同的规则。"[1]因此,基于行政权能产生的区域大气污染府际合作治理纠纷也应当纳入法律冲突的纠纷解决机制的整体框架之中。行政权能型府际合作治理纠纷既要充分考虑行政系统的官僚体制和上级对下级的监督职责,并且基于行政效率的考量,寻求行政系统内部的行政纠纷解决机制,利用既有的制度资源（如政策协调、行政协调等）加以法治化改造,也要根据府际合作治理纠纷产生的源泉,从根源上对既有纠纷解决机制等资源加以完善与整合。同时,也不排除在条件成熟时,遵循司法最终原则来研究区域大气污染府际合作治理纠纷司法解决的可行性路径。

（四）促进区域协调发展制度创新

以行政协议为思路加强区域大气污染府际合作治理,这是在区域一体化进程加快的背景下我国区域发展实践中的一项制度创新。行政协议是各级政府在平等、自愿与协商的基础上,就区域一体化中牵涉区域利益的公共行政事务达成一致的协议,从而建构一套具有持续性和稳定性的府际合作的制度化机制。在实践中,行政协议广泛运用于纵向和横向的政府之间、政府职能部门之间以及一级政府与政府职能部门之间,行政协议尊重

---

① ［美］哈特穆特·毛雷尔著:《行政法学总论》,高家伟译,法律出版社 2000 年版,第 521 页。

意思自治,打破行政系统内部的层级惯性,重视平等对话沟通,坚持原则与善于妥协并行不悖,实现行政区利益与兼顾其他政府的利益并维护区域的整体利益完美结合,其是"行政区政府自律与他律相结合的机制"[①]。行政协议自愿与自律的特性预设了行政协议型府际合作治理纠纷解决的制度设计应当"先自决,后外力介入"的逻辑安排,并且具体的程序制度与规则也会有所不同。

作为一种表述性的概念,区域大气污染府际合作治理纠纷无法像传统的法律概念那样有固定的内涵和外延,但是这不应使区域大气污染府际合作治理纠纷被看作是一个无法捉摸的术语。区域大气污染府际合作治理的兴起有其时代背景、问题意识和目标追求,故区域大气污染府际合作治理纠纷同样应当被放置在类似的时代背景、问题意识与目标追求之中来考虑,诸如区域一体化的趋势、既有的行政区行政和"条块"管理模式、区域治理与区域整体利益等。也就是说,区域大气污染府际合作治理纠纷应当能被合理理解。我们以区域大气污染府际合作治理纠纷产生的原因为切入点,将区域大气污染府际合作治理纠纷划分为两种不同类型,即行政权能型府际合作治理纠纷和行政协议型府际合作治理纠纷,不同纠纷类型应当有着不同的纠纷解决机制及其对应的规则和制度构建。

第二节　区域大气污染府际合作治理纠纷解决的制度安排

在区域大气污染治理领域,府际合作以区域大气污染防治和区域大气环境质量治理为导向,摒弃传统行政区划的刚性束缚和"各自为政"的行政理念,并以区域性环境公共问题的联合治理为依归,其是一部区域治理的美好图景和行动努力方向,但美好图景依赖法制化与制度化保障,其中一项即是区域大气污染府际合作治理纠纷解决机制。各级政府之间的竞争与合作以及博弈与妥协的多维度面向也蕴含着区域大气污染府际合作治理纠纷解决机制也绝非"上帝的权力归上帝,恺撒的权力归恺撒"般非此即彼的逻辑演绎。作为纠纷解决机制的制度体系,其既应当充分利用现有的制度资源,也需要可持续性的进行制度创新,以制度化与法制化路径寻求区域大气污染府际合作治理纠纷解决之道。本节拟对区域大气污染府际

[①] 叶必丰、何渊、李煜兴、徐健等著:《行政协议:区域政府间合作机制研究》,法律出版社 2010 年版,第 73 页。

合作治理纠纷解决可资借鉴的现有的行政纠纷解决机制的制度资源进行梳理和分析,这是理顺和完善区域大气污染府际合作治理纠纷解决机制的逻辑起点。在此基础上,重新评估制度得失,从而为完善和构建区域大气污染府际合作治理纠纷解决机制的制度体系提供一个先决问题的视角。

正如前文所阐述,区域大气污染府际合作治理纠纷可以分为行政权能型府际合作治理纠纷和行政协议型府际合作治理纠纷两种类型,但行政协议型府际合作治理纠纷是由于行政自我规制约定义务履行不能,而并非直接基于法律规定而产生。因此,梳理及剖析既有行政纠纷解决机制的制度资源主要以行政权能型府际合作治理纠纷为分析对象,当然,也不排除对行政协议型府际合作治理纠纷通过约定建构的制度进行简要分析。

一、权力机关解决区域大气污染府际合作治理纠纷

有效解决区域大气污染府际合作治理纠纷离不开科学和完善的法律规范体系。立法的不科学与非理性、立法中的地方保护与部门主义、运行中的行政违法等都是引致行政权限争议的缘由,而规范冲突(包括法律规范冲突和规范性文件冲突)是发生纠纷的源头。也就是说,规范冲突中有部分可能是对行政权能规定不一致引发的冲突,规范冲突解决了,那行政权能冲突也就解决了,由此基于行政权能冲突引发的府际合作治理纠纷也就解决了。对此,我国《宪法》《地方各级权力机关和地方各级人民政府组织法》等相关的宪法性法律规定权力机关通过行使撤销权与裁决权的方式解决法律规范冲突,从而解决区域大气污染治理中因法律规范冲突引发的府际合作纠纷。

(一)上级权力机关撤销下级权力机关不适当的决定、命令或者决议、立法

根据《宪法》第六十七条规定,对于国务院制定的与上位法相抵触的行政法规、决定和命令,对于省级人大制定的同上位法相抵触的地方性法规和决议,全国人大常委会有权予以撤销。如果是下级政府行政机关所作出的不合法的或者不合理的决定、命令或者立法,上级行政机关有权撤销。[①]上级行政机关不仅仅可以撤销下级人民政府行政机关作出的不适当决定,根据《立法法》的规定,下级人民政府出台的不适当的法律,或者与上位法相违背的地方人民政府规章,上级人民政府也可以改变。[②] 上级人民政府

---

① 《地方各级人民代表大会和地方各级人民政府组织法》第八条、第四十四条。
② 《立法法》第九十六条和第九十七条。

和上级人民政府行政机关的"改变权"或"撤销权"有助于从根源上消除行政权能的冲突。从源头上消除了行政权能之间的冲突，就从根本上解决了区域大气污染府际合作治理过程中的行政权能型纠纷。"改变"意味着对法律冲突规范予以修改从而消除存在的冲突状态，而"撤销"意味着决定、命令甚至是立法规范的法律效力的消灭，且追溯至被撤销的决定、命令等作出之日或立法的生效之日，当然，不排除特殊情况下的不溯及既往。

（二）权力机关行使裁决权解决新旧法律规范冲突

如果是地方性法规关于同一事项的规定与旧的规定之间产生冲突，一般情况下由地方性法规的制定机关来进行裁决。国务院有权对地方性法规或者政府部门规章的冲突提出解决和适用意见。如果在这种情况下，国务院认为应当适用部门规章的，应当提请由全国人大常委会来裁决。也即全国人大常委会对于新的规定与旧的规定不一致的情况可以行使裁决权加以解决。而地方人大常委会对于地方性法规中新旧规定不一致的也享有裁决权。[①] 必须强调的是，权力机关行使撤销权的对象不仅仅包括行政法规、地方性法规和部门规章，还包括权力机关和行政机关制定的规范性文件。当然，解决法律规范冲突除了权力机关行使撤销权与裁决权外，《立法法》还规定了一些特别规则，如第九十二条规定"特别规定优先"和"新法优于旧法"，以及第九十三条规定"不溯及既往"原则，以此作为域内法律规范冲突的指引规则。

二、行政机关解决区域大气污染府际合作治理纠纷

（一）上级政府改变或撤销下级政府（职能部门）不适当的决定、命令等

根据《宪法》的规定，国务院有权改变、撤销各部委、地方各国家行政机关发布的不适当的规章、决定、命令、指示。[②] 上级人民政府对其行政机关或者是下级人民政府作出的不合法或者不合理的行政决定、行政命令或者行政指示有权改变或者撤销。如果是上级人民政府改变下级人民政府不恰当的行政决定，这种改变产生的直接法律后果是消除行政权能之间的冲突。如果是上级人民政府撤销下级人民政府不恰当的行政决定，这种撤销意味着终止行政决定、指示、命令或者规范性文件的效力。因此，无论是改变还

---

① 《立法法》第九十四条和第九十五条。

② 《宪法》第八十九条。

是撤销,均可以消除基于行政权能冲突产生的府际合作治理纠纷。①

（二）以"决定""改变"或"撤销"方式解决抽象权能争议

在立法中,规章与规章以及部门规章与地方性法规对同一事项规定不一致将导致行政权能冲突,即抽象权限争议。这种争议实际上是中央和地方权力和利益划分的深刻反映。② 如果地方性法规和部门规章之间对同一事项的规定不一致,从而产生了不同级别和不同类别的行政机关之间的事权和职能冲突,则国务院有权决定适用地方性法规。如果是规章之间对同一事项的规定存在冲突,则也由国务院来负责裁决如何适用。③ 国务院有权改变或者撤销不适当的规章,省级人民政府有权改变或者撤销下一级人民政府制定的不适当规章。这就是说,国务院因部委规章与地方性法规对同一事项规定不一致而选择适用地方性法规,或者国务院对部门规章和地方政府规章的裁决、改变或撤销,以及省级政府对下级政府规章的改变或撤销,这些做法同样可以解决基于法律规范层面而产生的行政权能争议,从而为区域大气污染府际合作治理中基于抽象行政权能冲突引发的纠纷提供解决路径。④

（三）政府议事协调机构协调处理同属一级政府职能部门之间的权能争议

根据《国务院行政机构设置和编制管理条例》第六条规定,经国务院同意,国务院议事协调机构议定的事项,国务院有关行政机构应当按照职责分工办理;经国务院同意,在特殊或者紧急情况下,国务院议事协调机构可以规定临时性的行政管理措施。《地方各级人民政府机构设置和编制管理条例》第十一条规定,地方各级人民政府可以将职权交叉事项交由现有机构承担或者由现有机构进行协调解决。设置议事协调机构本身是以与作为部门主义和行政区各自为政相反的措施提出的,以处理那些涉及不同公共部门不同行政层级和政策范围的棘手问题,旨在通过横向和纵向的协调,消除政策法律互相抵触的状态,整合资源,使不同行政主体团结协作,为公众提供无缝隙的而非互相分离的服务。⑤ 尽管政府设置的议事协调机构处理同一级政府所辖职能部门之间的行政事务以消除隔阂,但是,按

---

① 《宪法》第一百零八条和《地方各级人民代表大会和地方各级人民政府组织法》第五十九条。

② 刘莘主编：《国内法律冲突与立法对策》,中国政法大学出版社 2003 年版,第 134 页。

③ 《立法法》第九十五条。

④ 《立法法》第九十七条。

⑤ ［挪威］Tom Christensen、Perl Greid：《后新公共管理改革——作为一种新趋势的整体政府》,张丽娜、袁何俊译,载《中国行政管理》2006 年第 9 期。

照同一标准进行行政执法或提供服务以促进区域公共事务治理的标准化与无差别化同样也是府际合作的内容。反之，不设置政府议事协调机构，或议事协调机构不积极处理跨部门公共事务，如此将可能导致所辖同级政府的各职能部门之间的权限隔阂或争议的效果外部化，并引致府际合作纠纷的几率相对增加。

（四）区域间政府自行协商解决或上级政府协调解决

如果所属同一级政府的各职能部门因不满职责权限划分存在异议，则可能导致职能部门之间因为争权夺利或互相推诿而在对外府际政府合作之间出现不作为或滥作为等行为，从而引致区域大气污染治理府际合作纠纷。根据《地方各级人民政府机构设置和编制管理条例》第十条第二款规定，对行政机构之间职责划分有异议的，分两个步骤解决：第一，双方主动协商并达成一致后，报本级人民政府机构编制管理机关备案；第二，双方协商不一致的，提请编制管理机关提出协调意见后报本级人民政府决定。也就是说，对于行政机构职责划分存有争议的，争议双方可以协商自主解决。只有当协商不成时，才可提请机构编制管理机关报送本级人民政府决定以解决职责划分争议。《环境保护法》（2014 年）规定对于跨行政区域的环境污染和生态破坏，其监管由共同的上级人民政府解决。该条款可以理解为跨行政区域的环境污染纠纷也由共同的省级人民政府协调解决，或者由有关地方人民政府协商解决。[①] 无独有偶，《水污染防治法》（2017 年）也有类似的规定。《水污染防治法》（2017 年）规定对于跨行政区域的水污染防治以及水污染纠纷，可以由有关地方人民政府协商解决，或者由其共同的上级人民政府协调解决。[②]

（五）调整行政组织设置或使某项行政权力相对集中以解决行政权能争议

行政组织是行政权力的组织载体，而行政权力是行政组织的内涵因子，"在理论上，通过对政府行政组织的调整和行政职权的整合，均可产生、变更和消灭行政主体资格"[③]，从另一个角度看，行政组织或行政权力调整可以减少或部分消除府际合作中基于行政权能冲突所产生的纠纷。《国务院组织法》和《地方各级人民代表大会和地方各级人民政府组织法》为国务院和地方各级人民政府调整行政组织提供了宪法性法律依据，如《国务院

---

① 《环境保护法》（2014 年）第二十条。
② 《水污染防治法》（2017 年）第三十一条。
③ 杨治坤：《行政主体制度变革：模式、程序与法制保障》，载《广东行政学院学报》2013 年第 3 期。

组织法》第十一条规定国务院可自主设立若干直属机构主管各项专门业务，以及《地方各级人民代表大会和地方各级人民政府组织法》第六十四条规定地方各级人民政府可自主设立必要的工作部门。对于有权机关按照一定程序划转合并同类型的某项行政权力，现行单行立法《行政处罚法》和《行政许可法》分别创设了相对集中行政处罚权制度和相对集中行政许可权制度，即将政府各职能部门的行政处罚权（行政许可权）之一部分或全部转让给另一行政机关集中行使，从而解决多头执法、职权交叉等行政权能纠纷。① 因此，整合行政组织或者调整行政权力配置也是区域大气污染府际合作治理纠纷解决的一种方式。

需要指出的是，本部分的前两种纠纷解决方式主要针对产生行政权能争议的规范依据，因协调好规范依据之间的冲突就意味着从根源上消除了行政权能争议，从而可以消弭区域大气污染府际合作治理纠纷；而后三种纠纷解决方式所阐述的情形则主要直接针对一级政府所辖各职能部门之间的行政权能争议，旨在明确职能部门在处理跨区域公共行政事务中的行政权能归属，从而解决区域大气污染府际合作治理纠纷。

（六）基于行政协议的协商解决机制

行政协议是区域各政府间为实现区域大气污染治理和空气质量改善而就区域大气环境治理协同一致行动、标准、分工等自加的约束手段。在当前，正式制度化解决区域大气污染府际合作治理纠纷也存在一些亟待完善之处，各区域地方政府为了找出替代方式，而以非正式制度来达成共识，进而形成"交换关系"，例如政府与政府谈判，双方为执行法规范或为取代既有规范而有所协议或承诺容忍，那么这将可能有效解决其可能产生的法律问题。② 现行法律体系中对行政协议的制定主体、程序、内容、效力、履行、纠纷解决机制与违约责任等都没有法律明文规定。由于没有约定违约责任和纠纷解决机制而使得实践中协议约定的合作事项仅仅停留在文本上的也比比皆是——行政协议很大程度上成为各政府之间的一种联合宣言或合作治理姿态。但是，行政协议所凸显的平等与协商风格和自我规制特性使我们有理由相信各政府有足够的政治智慧在行政协议中约定协商机制以解决区域大气污染府际合作治理纠纷。

---

① 石佑启、杨治坤著：《论部门行政职权相对集中》，人民出版社 2012 年版，第 24—25 页。
② ［德］施密特·阿斯曼著：《秩序理念下的行政法体系建构》，林明锵等译，北京大学出版社2012 年版，第 328 页。

三、司法机关解决区域大气污染府际合作治理纠纷

考察几部重要的法律,《水污染防治法》(2017 年)不仅仅规定了跨行政区域的水污染纠纷可以由地方人民政府协商解决或者共同的上级人民政府协调解决,同时还规定了由水污染引起的损害赔偿责任和赔偿金额的纠纷如果经过行政机关调解处理不成功的,可以诉诸法院,即寻求司法机关帮助解决。尽管《大气污染防治法》并没有相关规定,但司法机关解决区域环境纠纷仍然是一种主流的和实践中通用的方式。类似的规定还有《固体废物污染环境防治法》第八十四条,《放射性污染防治法》第五十九条,《民法通则》第一百二十四条以及《民事诉讼法》(2012 年)关于公益诉讼的规定[1]和《环境保护法》(2014 年)[2]关于环境公益诉讼的相关规定,这些都可以适用于区域大气污染纠纷诉讼解决。

同时,其他一些环境保护地方性法规或政府规章也有相关规定,例如《内蒙古自治区环境保护条例》第十条规定,如果涉及到区域大气污染防治,则由环境污染产生单位(即排污者)所在地环境保护主管部门负责。实体法规定区域大气污染府际合作治理纠纷可以寻求司法解决渠道,而《行政诉讼法》中规定司法机关在解决纠纷过程中执行或适用相关规定,这在客观上可能产生解决区域大气污染治理中政府之间的行政权限争议。

（一）行政诉讼中人民法院适用法律依据对规章的"参照"适用

《行政诉讼法》第六十三条规定,人民法院审理行政案件"参照"规章,这意味着规章的地位与作为"依据"的法律和法规有所不同,人民法院对规章的规定是否合法需要进行合法性判断,但对合法有效的规章应当适用——"参照""实质是赋予了人民法院对规章的选择适用权"[3]。根据《关于〈行政诉讼法〉(草案)的说明》,对"参照"的立法解读是:"对符合法律、行政法规规定的规章,法院要参照审理,对不符合或不完全符合法律、行政法规原则精神的规章,法院有灵活处理的余地。"[4]由此可以从法律逻辑上推断,如果是基于规章的规定引起行政权能争议,进而引发区域大气污染府际合作治理纠纷的,则人民法院可以在对该规章的合法性进行审查与甄别

---

① 《民事诉讼法》(2012 年)第五十五条。

② 《环境保护法》(2014 年)第五十八条。

③ 姜明安主编:《行政程序研究》,北京大学出版社 2009 年版,第 187 页。

④ 王汉斌:《关于〈中华人民共和国行政诉讼法(草案)〉的说明——1989 年 3 月 28 日在第七届全国人民代表大会第二次会议上》,载《最高人民法院公报》1989 年第 2 期。

后决定是否适用,从而间接地、附带性地确认了行政权能的归属主体。

(二)行政诉讼程序中人民法院对规范性文件的附带审查

规范性文件作为行政机关行使行政权的一种方式,其对加强行政管理、完善行政法治和提高效率均是必要的。但是,在行政执法和管理服务实践中存在地方政府和职能部门通过制定规范性文件抢权力和争利益,规范性文件之间的冲突时有发生,这不仅损害了公民的合法权益,也影响了法制的统一和权威。"规范性文件是行政行为的依据和源头,要纠正违法和不当的行政行为,有必要正本清源,从源头上开始审查和纠正;现行制度中对规范性文件的监督机制虽然存在,但是没有很好地发挥作用。"[1]对此,《行政诉讼法》第五十三条规定,相对人在提起行政诉讼时可以对行政行为所依据的规范性文件提请附带性审查。对规范性文件的附带审查,可以判断依据规范性文件所作出的违背府际合作的行政行为的合法性,从而解决以行政行为为载体的区域大气污染府际合作治理纠纷。

(三)行政诉讼第三人制度附带解决区域大气污染府际合作治理纠纷

区域大气污染纠纷诉讼解决方式指的是区域大气污染受损害一方向法院提起诉讼,请求法院解决污染纠纷的方法。根据《行政诉讼法》第二十九条规定,同被诉行政行为有利害关系或同案件处理结果有利害关系的第三人,可以主动参加诉讼或通知参加诉讼。在行政诉讼第三人制度中,行政相对人提起行政诉讼,作为第三人参加诉讼的另外行政机关与被诉行政机关之间存在行政权能争议的,完全可以通过行政诉讼机制解决行政权能争议[2]。行政诉讼第三人制度的主旨是解决行政机关与相对人之间的纠纷,但其在客观上也带来一个副产品,即如果环保行政机关是作为行政诉讼第三人参与诉讼的,则需要对环保行政机关之间的行政权能进行判断,并厘定行政权能的归属主体,从而也能解决区域大气污染府际合作治理中的纠纷。

(四)行政诉讼判决制度间接解决区域大气污染府际合作治理纠纷

《行政诉讼法》第七十条规定,行政机关因超越职权作出行政行为,人民法院可以判决撤销或者部分撤销,并可以判决被告重新作出行政行为;第七十二条规定,人民法院可以作出要求被告履行的判决。尽管只有当环保行政机关超越职权或不作为损害相对人利益,且相对人提起行政诉讼时才能启动该程序,但人民法院通过对法定职责权限进行认定,要么排除该

① 袁杰主编:《中华人民共和国行政诉讼法解读》,中国法制出版社2014年版,第145页。
② 张显伟:《府际权限争议权力机关解决及机制建构》,载《学术探索》2013年第4期。

环保行政机关有该项行政权能，要么确认该环保行政机关有该项行政权能，从而确定行政权能归属，且在客观上也能附带解决环保行政机关行政权限争议问题，从而解决由此引发的区域大气环境府际合作治理纠纷。

四、区域大气污染府际合作治理纠纷解决制度反思

对制度的反思是实现制度完善与创新的思维先导。对现行可以解决区域大气污染府际合作治理纠纷的制度资源进行梳理，既有基于平等关系的横向行政协商式解决机制，也有基于具有上下级管理关系的纵向上级机关单方处理机制；既有权力机关对抽象行政权能争议的解决方式，也有司法机关附带性解决行政权能争议的方式，区域大气污染府际合作治理纠纷解决机制的制度资源可谓相当丰富。面对区域大气环境治理要求加强府际合作与府际合作中行政冲突不断且纠纷连发的现实窘况，我们不得不反思是什么因素导致现行行政纠纷（包括区域大气污染治理府际合作纠纷）解决机制的乏力，这是我们直面问题的思维起点，也是我们完善制度设计及整合既有制度资源的逻辑起点和必备的理论储备。

（一）无论是权力机关还是行政机关解决区域大气污染府际合作治理纠纷，其均缺乏具备可操作性的制度化解决操作规则

在区域大气污染府际合作治理中，为解决区域大气环境行政管理与执法中的行政权能冲突而在组织形态上设置了各种联席会议制度、论坛组委会、办公室或协调小组等；在行政执法环节上，有行政综合执法、联合执法等；在协调区域公共事务治理上，包括签订行政协议、发表联合宣言公告、制定行动方案等。看似建立了多种可供府际合作纠纷解决的制度，似乎不缺制度化解决途径，但是，制度的生命在于运行，如果制度不能解决现实问题而仅仅停留在文本中，那只是"镜中花"与"水中月"。缺乏具有可操作性的规则和程序从而影响制度化解决主要表现在以下几个方面：

第一，纠纷解决启动充斥着随意性。尽管区域大气污染府际合作治理纠纷因利益而起，但并非每项争议都直接牵涉到因行使行政权力而发生权限冲突的具体行政机关的自身利益，同时，"我国法律并没有规定，在行政机关之间发生权限争议影响行政相对人权益时，争议机关必须先寻求权限争议的解决，不得使行政相对人成为行政机关权限争议的无辜受害者，否则要承担相应的法律责任"[①]。这意味着行政权限冲突中相关主体启动纠纷解决既缺乏利益驱动，也缺乏制度驱动。所以，在实践中，区域大气污染

---

① 黄先雄：《论我国行政机关权限争议的法律规制》，载《国家行政学院学报》2006 年第 2 期。

府际合作治理纠纷解决机制的启动和其他府际合作纠纷解决机制的启动程序类似,具有很大的或然性与随意性。这可能因为在行政权能冲突中利益受损的相对人通过起诉、投诉或上访揭示了行政权能冲突或领导通过调研等形式获知行政权能冲突而引起有关领导重视后批示解决,也可能是因为突发事件等引起媒体报道,当然也不能完全排除牵涉部门利益或相关人员利益后才推动争议解决。

第二,纠纷解决程序具有不确定性。首先,行政权威和话语优势取代协商与妥协。由于没有相应的程序规范,纠纷解决启动程序除了具有随意性外,在上级机关决定、撤销、裁决等或由上级机关参与协商及权限争议主体自主协商过程中,上级机关的行政权威、经济相对发达或更具有行政权能优势的政府或行政机关话语权优势以及参与处理纠纷人员的个人偏好等,有可能使得上级机关单方意志取代了纠纷处理过程中本应具备的协商、妥协等精神,从而挫伤纠纷处理的积极性。其次,法律思维与法律方式旁落。在纠纷处理过程中,针对行政权限冲突或基于行政协议的纠纷,如何对公共利益进行平衡,按照何种标准处理纠纷,这些都缺乏依据和参考,从而使解决纠纷有可能演变为对所谓大局的政治认同和对行政权威的服从,法律思维、法律规制与法律方式被旁落,从而使得纠纷的解决埋下更多、更大和更激烈的潜在冲突风险。最后,缺失时效约束与公正保障。纠纷处理各环节没有时效约束,从而可能出现纠纷迟迟不能解决或不了了之,效能低下。另一方面,从行政解决机制运行的实践来看,纠纷解决的处理方式、过程、结果等被认为是行政系统内部事务,因而不对外向社会公开,所以公众无法监督。没有监督的权力可能表现出极大的任性。

第三,责任机制缺失。责任机制的缺失既表现在行政权能争议本身即意味着职责不清,追责有难度,责任虚化,又因为纠纷解决程序不完善而无法对参与区域大气污染府际合作治理纠纷的主体违反程序的行为进行追责。在行政协议导致的府际合作治理纠纷中,行政协议文本中将责任约定为责任追究的前提,但政府之间签订的行政协议约定违约责任的实证分析结果令人遗憾①,其中几乎没有违约责任条款,从而也就无从进行责任追究。

同时,现有制度还偏重如何避免行政权能冲突,而在解决纠纷的方式

---

① 国内学者们对全国各级政府或行政机关之间签订的行政协议进行遴选,在 138 份行政协议文本中,只有一个文本约定有违约责任。叶必丰、何渊、李煜兴、徐健等著:《行政协议:区域政府间合作机制研究》,法律出版社 2010 年版,第 232 页。

上,往往只针对具体事项,采取个案解决,待个案解决完毕后,原先设置的这些行政权能纠纷解决方式便寿终正寝,而各政府或行政机关之间的行政权限争议没有从根本上得到解决。个案解决的不经济性无益于立足行政权限从源头上解决,也无益于制度化解决相关争议。即使这种个案解决有一定的行政案例指导功能,但我国尚未承认行政案例对后来者的拘束力,同时,这些所谓的组织与机制对主要政府官员或成员的人格化依赖注定了一旦他们职位发生变动则个案的指导功能也可能就烟消云散了。

第四,行政解决机制很难及时化解矛盾。尽管如此,在区域大气污染府际合作治理纠纷解决领域,行政处理方式仍然是最常见的和使用最多的纠纷解决机制。采取行政手段来解决区域大气污染府际合作治理纠纷有时候很难做到及时化解矛盾。在有些状况下,区域大气污染和重污染天气的发生是由于长期的大气污染物质累积和叠加造成的,而排污量大的企业通常是地方政府的经济发展重点扶持企业。有些地方政府出于地方保护主义而懈于管理,从而导致大气环境治理府际合作纠纷解决机制的实施效果很差。

(二)相关纠纷解决机制的法制保障与规制不足并存

长期以来,我们对行政权限冲突的认识停留在将其视为一种非正常状态,认为并不需要建立解决权限冲突的法律机制,因而对于日益严重的部门之争,只见协调机构和领导小组的不断增设,却没有见到法律制度的建设。① 这固然是一种观念认知错误,且其与我国法律规范对纵向和横向府际关系的调整有莫大关系。法律规范偏重对条条与块块所对应的政府及其职能部门的授权,而仅在个别条款中涉及到中央与地方的权力划分以及地方政府的建制等内容。已有的少量规定包括如《宪法》第八十九条规定,针对国务院各部委发布的不当行政命令、指示和行政规章,国务院作为中央政府有权改变或者撤销这些不适当的行政命令、指示和规章②;《地方各级人民政府机构设置和编制管理条例》也有相关规定,当行政机关之间对职权划分存在异议的情况下,产生纠纷的各行政机关之间应当主动通过协商的方式来解决纠纷,如果协商无法达成一致意见时,可以提请本级人民政府的编制管理机关提出纠纷解决意见,然后报本级人民政府来最后决定。③ 事实上,这些规定非常原则笼统,操作性不强,也没有实现从"制度

---

① 金国坤:《部门间权限冲突的法制化解决之道》,载《甘肃行政学院学报》2008 年第 4 期。
② 《宪法》第八十九条。
③ 《地方各级人民政府机构设置和编制管理条例》第十条。

形式"到"制度规范"①的转换。无论是权力机关抽象行政争议的解决,还是行政机关具体行政争议的解决,对于纠纷解决的主体、程序、纠纷解决结果的监督执行等均缺乏全面规定,进而导致区域大气污染府际合作治理纠纷解决实践的非规范化,也使其不具备可操作性,相关法律条文规定多数停留在文本上而未能付诸实务运作。即使是基于区域大气污染治理中行政协议所引发的府际合作纠纷也存在同样情况,即立法中无相关法律依据,且实践中的行政协议自行约定的纠纷解决机制也不完善。缺乏法制保障与规制的行政协议对纠纷解决的乏力使得其自制功能大打折扣。

（三）以行政组织设置调整或行政权力相对集中解决区域大气污染府际合作治理纠纷功能有限

通过调整行政组织以整合行政权力的组织载体,从而减少行政权能冲突,这是大部制改革的一部分。大部制改革的基础与核心是政府职能的转变与整合,即通过机构重组以克服部门保护主体,以最大限度地避免政府职能交叉、政出多门、多头管理,从而提高行政效能并降低行政成本。② 大部制改革着眼于同一级政府所辖职能部门的组织调整,客观上将原来部门之间的冲突转化为部门内协调,况且重组后的部门组织机构更加庞大,与其他大部之间依然可能存在新的行政权能冲突。也就是说,大部制改革可以减少部门间的权限冲突,而不可能完全消灭冲突。所以,有学者提出,解决部门之间权限冲突时,一般不支持优先选择消灭机构的方式。③ 而对于以行政权力相对集中的方式解决多部门之间的行政权能重合问题,当前只有《行政处罚法》和《行政许可法》分别创设了相对机制行政处罚权和相对机制行政许可权两项制度。也就是说,即使将这种方式运用于区域大气污染治理中以解决府际合作纠纷,其适用领域也非常窄,功能也有限。毕竟,当前只有《行政处罚法》和《行政许可法》中创设有部门行政职权相对集中制度。

（四）司法机关附带解决方式启动程序被动,侧重个案解决

司法救济是权利保障的最后一道防线,从另一个视角来看,司法保障权利是通过解决纠纷来实现的。尽管行政诉讼对诉讼参加人、诉讼程序、审查标准、判决种类等作了完善的规定,且解决纠纷的司法实践经验也不可谓不丰富,但是我国行政诉讼的根本宗旨是保护行政相对人权益和监督行政权力,因此行政机关与行政相对人构成了行政争议解决机制的两造。

① 郭蕾:《地方利益崛起背景下中央与地方权限争议分析及改革思路》,载《探索》2013 年第 1 期。
② 汪玉凯:《"大部制"改革的几大挑战》,载《领导文萃》2008 年第 9 期。
③ 韩继志主编:《政府机构改革》,中国人民大学出版社 1999 年版,第 113—114 页。

严格来说,针对行政机关之间的权限争议解决,其在解决框架上无法直接套用行政争议的司法解决模式,仅仅是行政争议的司法解决模式具有附带解决行政机关之间行政权能争议的功能。因此,对于行政机关之间的权限争议,只有同时牵涉侵犯行政相对人合法权益并由行政相对人启动司法救济程序时,其争议解决才可能被司法机关附带性解决。启动程序的被动性导致行政机关权限争议通过司法途径解决只是一种或然性和可期待性,并且,基于司法和行政的权力分工以及司法个案解决的特性,即使这种或然性能变为现实,其产生的法律效果也仅仅局限于该个案。我们没有建立起判例制度,也不能对后来的同一行政权限争议产生约束力。因此,通过司法途径解决区域大气污染府际合作治理中因行政权能争议引发的纠纷,其功能十分有限。

总之,区域大气污染府际合作治理纠纷的解决最终转移到行政权能争议的解决,或者是行政协议纠纷的解决。在我国,对于行政协议纠纷解决目前还无法律明文规定,而对于行政权能争议的解决方式则相对比较丰富,有权力机关的改变、撤销或裁决方式,也有行政机关的改变、撤销、裁决、协商等方式,更有司法机关的附带性解决方式。但严格来说,相关法律规定只是创设了一种纠纷解决机制,离机制健全并能规范运作解决区域大气污染府际合作治理中的实际纠纷还有很长的制度建设之路要走。同时,这三种纠纷解决机制之间缺乏制度衔接,无法形成制度合力。因此,需要对既有的这些制度资源进行改造与整合,这也是下一步努力的方向。

第三节　区域大气污染府际合作治理纠纷解决的完善路径

一、加强立法以预防区域大气污染府际合作治理纠纷发生

完善立法是解决区域大气环境污染纠纷问题的首要途径,具体有以下几个方面需要通过立法完善:

（一）通过立法途径解决中央政府与地方政府之间的权限争议

对于行政权限争议的解决,现有的行政机制和司法机制存在着制度化与规范化严重不足的弊端,进而引发两种机制的致命弊端:行政机制的公开性与公正性质疑和司法机制的权威性与有效性质疑。从行政权限争议产生的缘由切入,其深层次原因是立法缺陷,如立法中对行政职权的规定缺乏协调,从而导致法律规范之间就同一事项规定不一致,或者相互之间

缺乏协调;又如法律规范将某项或某几项相互关联的行政职权分别赋予不同行政机关,由此导致相关行政机关在行使该项或该几项职权时,出现几个行政机关职权交叉的情况,由此引发行政执法扯皮推诿;还有一种可能,即在当前仍存在部门立法的背景下,对于有些难以管理的事项,相互之间推诿导致该事项一直未被纳入法律规范调整之中,出现了立法盲点。

在区域大气污染治理中,中央政府与地方政府之间也同时存在合作与博弈,因此,首要的制度设计在于通过立法解决中央与地方政府权限争议。这种制度设计定位于中央与地方权限争议,主要表现为中央政府与地方政府之间权限争议,其中又可分为抽象权限争议和具体权限争议。通过立法途径解决中央政府与地方政府之间的权限争议已经具备一定可行性基础,比如《宪法》中有关中央机关的职责权限和中央与地方机关组织架构奠定了中央与地方府际权限争议解决的基本框架,以及由此所引申建构出的制度安排;再如《立法法》中有关立法效力等级和立法冲突裁决的规定是指引中央与地方府际权限争议解决的具体操作模式。[①] 在完善对策上,此处提出三条建议:第一,通过将管理中心进一步下移,建立合理的财权分割体制及相应的配套机制,以减轻中央对地方的影响度;第二,在地方立法中给予地方实质的表达自由,充分发挥地方立法和准立法优势,以此加大地方本身的自主度;第三,建立争议解决机构,发挥垂直管理机制的作用,使其在中央与地方的利益博弈中维持合理的平衡度。立法解决机制不仅可以解决好中央与地方府际之间的权限争议,其更重要的价值在于确立法治国家问题解决的规则意识。[②]

(二) 完善区域大气污染纠纷行政解决相关立法

处理区域大气污染纠纷有多种解决方式,有行政的,也有司法的,每种方式的效果也不尽相同。其中,行政处理机制包括行政调解协议、行政协调决定、行政仲裁决定和行政处理决定等,因行政处理机制具有在程序上相对简便、行政权威运行直接、行政执行效率更高等优点,所以应当对既有的行政处理机制在微观的制度完善和机制健全上下功夫,进一步发挥其在处理区域大气污染纠纷解决领域中的功能。

以区域大气污染府际合作治理纠纷行政处理决定为例,上级机关对府际合作纠纷作出行政决定——该行政决定具有行政行为所具有的效力,如先定力、拘束力、强制力等。行政处理决定一旦生效,其对当事人即发生法

---

① 谭波:《论完善中央与地方权限争议立法解决机制》,载《法学论坛》2009 年第 3 期。

② 应松年、薛刚凌著:《行政组织法研究》,法律出版社 2002 年版,第 222 页。

律效力。但是,我国的环境保护法律法规均未对当事人既不执行这种行政处理决定又不向人民法院起诉时另一方当事人能否申请强制执行作规定——这种处理决定对当事人的实体权利和义务并无实际影响。由此,环境治理领域中的行政解决府际合作纠纷这种方式成为一种居间行为,其既与行政行为效力理论不相吻合,也凸显了我国环境保护法中存在的不周延之处。因此,在将来修订环境保护法律时,对这个问题应当引起足够重视,包括完善环境污染纠纷行政处理程序的法律规定,以及明确区域大气污染纠纷的行政处理和仲裁处理效力。

（三）通过行政程序立法确立统一的行政管辖权制度与行政协议制度,规范行政权限争议的裁决程序,从而解决区域大气污染府际合作治理纠纷

区域大气污染府际合作治理纠纷的产生,不论是基于行政权限争议,还是由行政协议引发,其都与行政程序立法不完善有莫大关系。行政权限争议实质上也是管辖权之争。我国法律没有对行政管辖权进行系统规范,只有一些单行法律或规章有零星规定,如《行政处罚法》第二十条规定:"行政处罚由违法行为发生地的县级以上地方人民政府具有行政处罚权的行政机关管辖。"有关行政协议的法律规范则更是阙如。

事实上,大陆法系国家关于行政权限争议解决途径的一个共同发展趋势是通过行政程序立法,对行政管辖权、争议裁决程序甚至是行政协议等进行统一规定,从而建立起一整套行政权限争议的裁决机制,如德国、西班牙、葡萄牙等在行政程序法典中对行政权限争议的解决原则、主体、方式、程序、时限等进行规范,一旦发生行政权限争议,其解决则于法有据。《西班牙公共行政机关及共同的行政程序法》(1992 年)对行政机关相互间关系的原则、行政协议之部门会议、协作协议文本、作为操作机构的联合会、协议效力等都进行了详细规定。[①]《葡萄牙行政程序法》(1991 年)对行

---

① 如第五条关于部门会议的规定:"一、为在任何时候都确保公共行政机关行为有必要的一贯性及其必不可少的协调与合作,可以召集不同自治区政府机构组成的部门会议,以交换看法,共同检查各部门的问题所要采取的对策和解决办法。二、会议应由一位或若干位对部门会议议题有管辖权的大臣召集。召集应充分提前并附有议事日程及准备会议所需的具体材料。三、部门会议所达成的协议应由一位或若干位有管辖权的大臣以及自治区政府有关部门的负责人签署,并正式确定其为部门会议协议";第六条关于协作协议的规定:"一、全国政府和自治区政府的机构之间可以在各自的职能范围内签署协作协议。二、协议文本应按照以下内容格式化:1.签署协议的机构及各方的法律能力;2.各行政机关所行使的职能;3.资金来源;4.为履行协议所需进行的工作;5.是否有必要成立一个工作机构;6.有效期限:如缔约各方同意,所确立的有效期限不妨碍协议的延长;7.前项所述原因之外的终止以及因终止而结束有关行为的方式。"参见:《西班牙公共行政机关及共同的行政程序法》,许可祝、陈平译,载《行政法学研究》1996 年第 1、2 期。

机关的权限、管辖权、职能与权限冲突进行了系统规定，同时对解决权限冲突程序的启动、行政解决的途径等作了明确规定。尤为需要指出的是，《葡萄牙行政程序法》(1991 年)是将行政权限争议裁决作为行政组织和权限划分的一个组成部分，并对其从整体上加以规范；《西班牙公共行政机关及共同的行政程序法》(1992 年)第二编关于公共行政机关部门的第一章专门就权限冲突的解决权限、程序等作了规定；《联邦德国行政程序法》(1976 年)第三条规定了地域管辖权和管辖权争议的处理原则、机关以及特殊情况等，从而为行政权限争议处理提供了程序规制。

以行政程序立法方式对行政权限及其争议解决进行规定具有立法规制的统一性、系统性等优势。2008 年制定的《湖南省行政程序规定》①对上下级行政机关及政府所属工作部门之间的职权与管辖划分、上级行政机关对行政权限争议的处理、管辖权确定原则与争议解决等作了具体规定，为我国统一的行政程序立法(包括行政权限争议处理)提供了很好的地方实践样本。我国可以西方国家已经统一制定的行政程序法为立法借鉴，总结国内地方程序立法经验，在将来制定的国家层面的《行政程序法》中对行政权管辖及行政权限冲突的解决原则、主体、方式、时限等作出明确具体的规定，为解决行政机关之间的权限纠纷(包括区域大气污染府际合作治理纠纷的解决)提供基本的程序法律规制。

二、完善机制以涵盖区域大气污染府际合作治理纠纷解决需求

根据第二节的分析，我们需要以权力机关和行政机关并行解决区域大气污染府际合作治理纠纷的机制作为主导，以政府议事协调机构协调解决、政府机构改革对行政组织调整以及行政权力相对集中改革、行政诉讼中司法机关附带性解决等机制作为补充。需要说明的是，政府机构改革对行政组织调整从而解决行政权限争议往往具有阶段性与整体性，且政策性强；行政权力相对集中需以法律明确规定为依据，因此在范围上比较窄；司法机关附带性解决已有相对比较完备的运作制度，故这三种方式我们暂不作深入分析。

(一)健全权力机关与行政机关的区域大气污染府际合作治理纠纷解决机制

我国《宪法》和宪法性法律如《立法法》和《地方各级人民代表大会和地方各级人民政府组织法》对权力机关与行政机关解决行政权限争议有了比

---

① 详细内容请参见《湖南省行政程序规定》第十一条至第十五条的相关规定。

较原则性和框架性的规定,但对权力机关与行政机关的具体办事机构、启动主体、处理程序、处理标准、处理结果的运用、监督等环节,仍需更加详细的操作规则和具体制度建构,并将其纳入法制化轨道,这样才能保障制度文本走向实践操作。同时,权力机关与行政机关在区域大气污染府际合作治理纠纷解决机制完善的方向上基本相似,故下文就其共性问题的完善提出初步设想。

第一,指定或设立审查机构,实行审查与裁决分离。

《宪法》中规定全国人大常委会有权处理法律规范冲突从而确定行政权限归属,而《地方各级人民代表大会和地方各级人民政府组织法》则对地方权力机关与地方权力机关常委会分别作出了规定;《宪法》第八十九条与第一百零八条规定国务院、县级以上的地方各级人民政府对所属职能部门或下级人民政府有权改变、撤销相关规范或决定、命令。也就是说,宪法和组织法将解决规范冲突的权力赋予权力机关(包括常委会)、上级人民政府(行政机关),但从权力机关和人民政府的组织架构、工作机制、会议规则、成员结构上看,这不足以及时且有效地解决规范冲突。因此,建议在各级人大常委会、各级人民政府中指定(如权力机关的法制工作委员会,人民政府的司法部、厅、局)或下设一个办事机构,由其负责规范冲突事务的具体处理,如受理、审理、提出改变或撤销的初步意见,最终的改变或撤销决定由权力机关或人民政府作出,即实行裁审分离。

第二,明确区域大气污染府际合作治理纠纷解决的提请主体。

在纠纷产生的逻辑上:区域大气污染府际合作治理纠纷→行政权限争议→规范冲突,而在处理程序上的逻辑则是:解决规范冲突→解决行政权限争议→解决区域大气污染府际合作治理纠纷。从规范冲突解决的视角来看,发生规范冲突的规范制定主体都应该有权提请有权机关处理,但是,基于纠纷产生的逻辑顺序,区域大气污染府际合作治理纠纷中直接利害关系主体更有动力寻求纠纷的解决。因此,我们认为:(1)发生区域大气污染府际合作治理纠纷的各政府行政机关与行政权限争议有直接利害关系,均有权提请纠纷解决;(2)特定的地方团体为维护团体利益也享有提请解决纠纷的权利。在区域大气污染府际合作治理纠纷中,若牵涉有直接利害关系的公民、法人和其他组织(相对人),则可以依据现行《行政诉讼法》的相关规定,通过行政诉讼程序解决纠纷以维护自身合法权益,因此,在这种情况下没有必要另行赋予相对人提请解决纠纷的权利。

第三,区域大气污染府际合作治理纠纷的受理和处理。

(1)时效规定。需要对提请纠纷解决的时效、受理时效以及处理程序中各环节的时效进行细化。（2）提交材料。具有提请行政权限争议处理资格的主体必须在法定的期限内向权限争议处理主体书面提出处理申请，并附带提交与权限争议相关的所有事实证据和相关的所有规范性文件材料。（3）受理。区域大气污染府际合作治理纠纷的具体办理机构对审核后符合条件的予以受理，并将相关受理信息和材料反馈给纠纷另一方，要求其提供相应的反驳理由和依据。（4）审理。以公开审理为主，借鉴诉讼庭审对抗模式，围绕行政权限争议的事实和依据展开辩论，必要时可以组织相关领域专家参与咨询或者举行听证会。在此基础上，纠纷处理主体依据合法性、合宪性以及区域一体化相关政策，对行政权限争议作出裁决。（5）裁决结果效力保障。权力机关或上级人民政府作出的最终裁决具有法律约束力，一般不溯及既往。裁决结果同时抄送有冲突的规范制定主体，督促其依据规范制定的相关程序予以修改（修订）。

（二）加强编制管理，通过调整组织结构和整合行政职权解决行政权限争议，从而解决区域大气污染府际合作治理纠纷

我国已经制定的《国务院行政机构设置和编制管理条例》和《地方各级人民政府机构设置和编制管理条例》对机构设置、编制管理、监督检查等作了比较详细的规定。其中对政府编制管理机关在行政机构的设立、撤销、合并与行政职责争议处理上还有制度完善空间。（1）确立立法引领改革，坚持发展与改革相结合原则。机构编制管理机构应当与各行政执法管理部门密切联系，加强调研，发现行政管理与执法实践中行政职权交叉、职权争议等情况，及时调整行政机关的职能配置、机构设置和人员编制，实现编制管理的动态化与法制化。（2）坚持制度化的管理创新。管理创新是政府机构编制机构适应行政改革与法治政府建设的内在要求，也只有通过创新才能减少行政体制改革过程中的政府机关职权交叉等问题。如通过将财政预算与政府职能调整挂钩，坚持"职能—预算—编制"一体化管理即可解决职能交叉与职权交叉问题。又如，建立编制总额控制与分解管理相结合的编制调控机制，将交叉的职权和存在争议的职权与编制一并转移，但维持编制总额控制。

（三）因行政协议产生的区域大气污染府际合作治理纠纷，由缔约机关选择自行协商解决或报送共同上级行政机关裁决

行政协议是区域内各级政府之间以及区域内没有隶属关系的行政机关之间就区域公共行政事务治理开展合作的一种自我约束机制，也是各政府机关为避免合作中的行政职权交叉和解决行政权能冲突的一种方式。有协议就有可能产生纠纷，因而就应当有纠纷的解决机制作为缓冲阀。行

政协议缔约各方在缔约时是基于法律上平等的主体地位,而不是基于行政系统的层级或隶属关系,双方通过协商与妥协达成区域大气污染府际合作治理的一致性行动方案。在是否订立行政协议以及如何规定协议内容上,缔约各方有充分的自主性。因此,在发生行政协议型府际合作纠纷后,缔约各方就如何处理纠纷也应当充分尊重各缔约方的意思表示。

因此,在行政协议型府际合作纠纷发生后,赋予缔约各方协商处理纠纷的自主权也在情理之中。在行政协议型府际合作纠纷解决过程中,缔约各方可以相互协商,采取自救行为,共同商议解决方案,并寻求各方的利益共同点和差异性,以共性利益凝聚共识,以妥协弥补差异性利益,通过沟通和协商达成妥协意见。这是一种充满柔性的纠纷解决机制,[1]因为是自愿与妥协的产物——纠纷处理结果也能获得缔约各方的接受和认可,且在后续的执行中能得到落实。在实践中,还可以邀请各级人民政府的议事协调机构参与协调。议事协调机构参与纠纷处理,其侧重于召集和组织缔约各方平等协商,而无需将自己作为缔约方共同的上级行政机关的单方意志强加于各缔约方。

根据我国《宪法》第八十九条、第一百零八条,以及《地方各级人民代表大会和地方各级人民政府组织法》第五十九条规定,县级以上的地方人民政府有权改变或者撤销所属各工作部门、下级人民政府不适当的决定、命令、指示;单行法中也有上一级行政机关处理行政权能争议的立法先例,如《行政处罚法》第二十一条规定:"对管辖发生争议的,报请共同的上一级行政机关指定管辖。"可以推断,上级行政机关对下级行政机关在行政协议事项上基于行政系统上下级之间的领导关系,其有权解决下级行政机关之间的行政协议纠纷。实践中也有行政协议约定提交共同上级行政机关解决的,如《江苏盛泽和浙江王江泾边界水污染联合防治方案》第三条规定:"由于水污染事故造成经济损失时……如无法形成共识时,受害方可要求国务院有关部门直接介入调查,并依法处理。"至于共同上级行政机关的具体处理方法,可能不能套用改变或撤销方式,因行政协议纠纷涉及至少两方以上的行政机关,且纠纷的缘由也不是法律规定的行政权能问题,故使用"裁决"方式可能更妥当。

基于以上分析,行政协议纠纷既可由缔约各方自行协商解决争议,也可以提请共同上级行政机关处理,究竟采用何种方式解决纠纷,其选择权

---

[1] 叶必丰、何渊、李煜兴、徐健等著:《行政协议:区域政府间合作机制研究》,法律出版社 2010 年版,第 241 页。

在缔约各方手中,但一旦选择由共同上级行政机关处理,则上级行政机关有权对行政协议型府际合作治理纠纷予以处理。

三、构建区域大气污染府际合作治理纠纷解决配套制度

(一)建立重大污染事故损害赔偿纠纷行政处理前置程序制度

区域大气污染往往是由重大污染事故引起的,一旦发生区域大气污染事故便会对较大范围的人群产生影响。因此,区域大气污染纠纷当事人往往众多,且其中牵涉的利益关系复杂。这种情况即使采取环境公益诉讼的方法解决纠纷也有很多障碍和困难,比如确定当事人、采集证据、因果关系证明等,这些都会挑战现有司法程序。而一旦区域大气污染事故发生,则其在很大程度上就依赖行政机关的及时处理,以便快速动员和统一各方力量。有鉴于此,应该将现有重大污染事故的行政处理方式制度化,进而建立重大污染事故行政处理前置程序。一方面,这可以快速地对重大污染事故进行应急处理;另一方面,这也有助于及时化解矛盾和应对社会危机。

(二)完善区域大气污染损害赔偿制度

第一,区域大气污染损害赔偿制度现状梳理。在区域环境损害赔偿方面,我国的海洋保护法体系之中有一些相关法律规范。现行《海洋环境保护法》规定,对于破坏海洋生态环境和海洋资源,给国家造成重大损失的,由享有海洋监督管理权限的部门代表国家对责任者提出损害赔偿的要求。[①] 为了执行该条款,国家海洋局专门发布了《海洋生态损害国家损失索赔办法》,该办法专门规定了海洋生态损害的适用范围、索赔的内容、索赔的主体以及索赔的程序性制度。鉴于区域大气环境和海洋生态环境同为公共物品的属性,针对海洋生态损害受损的索赔制度可以推广至区域大气污染损害领域。

尽管多部法律对环境污染损害赔偿制度作出了很多规定,且这些规定可以类比适用于区域大气污染损害赔偿,但是这些法律规范还是存在着很多不足之处。其一,现行法律规范没有区分损害形式。区域大气污染损害包括人身损害、财产损害和环境损害三种。现行法律中主要规范的是人身损害和财产损害,对环境损害却没有提及。我国《环境保护法》第六十四条仅仅规定因环境污染造成损害的,并未直接提及这种损害是人身损害、财产损害还是环境损害;《侵权责任法》第六十五条也规定,因污染环境造成损害的,污染者应当承担侵权责任。这两个法条并没有提到此处的损害是

---

① 《海洋环境保护法》第九十条第二款。

何种损害。而根据我国现有的民事法律,我国立法中并未承认"环境损害"这个概念。其二,区域大气污染损害赔偿的解决方式有诉讼和非诉讼两类。当前,我国区域大气污染损害赔偿采取行政处理、仲裁和调解等方式解决的不在少数。但是,现行法律缺乏衔接诉讼方式和非诉讼方式的规定。其三,对区域大气污染损害赔偿采取行政处理(包括行政调解和裁决的方式)是目前我国运用得比较多的处理方式。这种方式的法律规范不尽完善,尤其是关于行政处理决定的效力和执行力的规范缺失,使得行政处理决定消耗了大量行政资源却没有发挥应有的作用。

第二,区域大气污染损害赔偿制度的完善。完善区域大气污染损害赔偿制度应该达成以下几点:首先,立法应该区分人身损害、财产损害和环境损害,即使没有造成人身损害和财产损害而仅仅造成了环境损害,也应该承担损害赔偿责任;其次,明确赔偿责任主体。区域大气环境污染往往涉及众多利益主体,现行法律应该明确规定如何确定利益主体的范围并规定代表人制度;再次,细化污染损害赔偿金额。区域大气污染损害的赔偿金额计算是非常复杂的,法律或者法规应该细化区域大气污染损害的计算标准;最后,完善赔偿方式。区域大气污染损害赔偿方式不同于普通民事损害。除了经济赔偿以外,还应该包括生态整治、环境修复、建立环境污染防治设施等方式。

结　语

一、研究结论

（一）府际合作治理是区域大气污染联合防治的主导模式

区域大气污染对现行环境管理模式带来了巨大的挑战。仅从行政区划的角度考虑单个行政区大气污染防治的管理模式已经难以有效解决当前愈加严重的大气污染问题。政府间合作治理区域大气污染,在治理空间、规范基础和治理机制方面皆不同于属地治理模式。当前,区域大气污染成为区域经济高度发展的伴生物,其也是推进区域一体化进程必须直面的严峻问题。如何有效应对区域大气污染和治理区域大气环境成为京津冀、长三角、珠三角等城市群协同发展战略规划中的重要内容。本书从以下几个方面论证区域大气污染联合防治的主导模式是府际合作治理:第一,区域大气污染的特征和区域大气环境的公共物品属性决定了应对区域大气污染和治理区域大气环境不能采取分而治之的模式,而以区域大气生态环境整体性为基础的联合防治模式更为可取。区域大气污染不会按照行政区划进行流动,而是在相当广阔的空间内自由流动;区域大气环境是一个整体,区域大气环境不会因为行政区划而割裂开来。第二,通过梳理既有的区域环境规划文本、大气污染防治法律规范以及大气污染防治规范性文件也可以发现,区域内各行政区政府之间的合作治理是区域大气污染联合防治的主导力量。第三,分析现有的制度资源,也即区域内各行政区之间就区域大气污染治理开展合作的制度应对,可以发现区域大气污染联合防治措施主要依靠政府间合作来推行和实施。第四,政府的环境质量责任和政府环境管理权限使之成为最适合担此大任的法律主体。只有政府才是为了公共利益对区域大气污染实施治理的最合适主体。本书强调以区域内各行政区政府之间的合作为治理区域大气污染的主导,原因不仅仅在于政府的环境质量责任,也在于政府作为拥有环境资源管理权的公权力主体,其是唯一能够为了公共利益而治理大气生态环境的法律主体。第五,政府间合作是区域大气污染联合防治的主导并不否认其他主体的参与,诸如非政府组织、排污企业和公民都是区域大气污染联合防治的参与主体。

（二）宪法、行政法和环境法为区域大气污染府际合作治理提供正当性基础

变革现有的环境管理体制理应有正当性基础,宪法、行政法和环境法的法律规范、法律制度和法律理论均可以为区域大气污染府际合作治理提供正当性基础。从宪法规范基础、宪法制度基础和宪法理论基础三个维度均可以为区域大气污染府际合作治理提供智识基础和正当性基础。尽管《宪法》关于资源国家所有权的规范并未直接规定国家对大气环境的所有权,但是政府作为国家的载体,其对环境资源负有责任是恰当的。《宪法》关于人民政府职责的规定也可以论证政府为何负有环境质量责任和享有管理环境资源的权力。人权意义上的环境权理论可以恰当地论证为何政府对大气环境质量承担责任,以及政府为何应当合作治理区域大气污染。政府治理环境问题的权力和义务从何而来? 美国密执安大学约瑟夫·萨克斯教授提出了著名的环境公共信托理论。公众将其所共有的大气环境委托给政府代为管理,如此产生了区域内行政区政府的管理权。这两种权利（权力）的凸显,一方面强调政府的管理职权,另一方面也强调政府必须为所有民众的公共利益进行管理和治理。

加强区域大气污染府际合作治理是在我国区域大气污染问题日益严重和区域大气环境质量日益下降这个严峻的现实背景下应运而生的。传统的以行政区划为基础治理大气污染的模式呈现出"碎片化"格局。对区域大气污染治理模式进行变革和创新,自有其行政生态环境。最为典型的国内行政生态背景莫过于服务型政府和责任型政府建设对区域大气污染府际合作治理的倒逼压力。为区域内民众提供清洁空气是政府提供的公共产品之一,是政府的基本职责,这不仅仅涉及政府服务理念更新的问题,更是要求政府在服务范围、服务方式、政府职能与职责、政府在提供清洁空气中的角色转换等方面必须作出有效回应,并将其纳入法治轨道。行政法治的精神底蕴内在地要求区域内各政府及其职能部门建立合理的行政职权职责结构,规范政府行为方式和手段,优化行政组织结构,并建立府际之间行政权力运行协调机制。

以 2015 年修订的《大气污染防治法》为主要规范依据,大气环境质量在立法中凸显,这不仅表现为政府环境质量责任,还表现在大气环境质量的提升和维护成为立法的目标,以及大气污染防治制度设置和制度架构均

围绕环境质量目标展开。政府的角色在区域大气污染府际合作治理中也发生了嬗变,区域大气污染和区域环境质量的公共物品属性也决定了政府的环境管理理念转向环境治理。区域大气污染府际合作治理作为环境协同治理模式之一种,其主要采用沟通和协商机制以增进区域内各行政区政府间的合作与协同。区域大气污染府际合作治理主要包括区域大气污染和区域大气环境治理的目标协同、信息机制协同、执法协同、评估协同和技术协同等几个方面。区域大气污染府际合作治理还契合当前环境治理的空间趋势。空间管控是环境规制的全新理念,其致力于从生态系统空间的整体性视角出发,以国土空间规划为基础,划定需要特殊保护的空间,构建以生态空间为基础的环境管控措施,进而实现区域整体生态系统稳定和环境质量提升。区域大气污染府际合作治理措施本身即是从区域生态空间的整体性角度来实施的。

（三）以现有制度资源为基础探寻完备的区域大气污染府际合作治理制度体系

对于区域大气污染府际合作治理而言,制度环境是所有制度理念、制度资源和制度安排的综合。制度环境相对稳定实际上是区域大气污染府际合作治理机制发挥作用的外在环境。制度在任何情况下都不仅包括一种可以界定的构成规则体系,而且包含规范性规则。[1] 在区域一体化进程和区域大气污染府际合作治理领域中,为了实现制度效用的最大化,必须以制度环境的创新为基础展开完备的、体系化的制度构建。[2] 我国区域大气污染府际合作治理收效甚微,导致这种状况的原因在于应对区域大气污染这种新问题的制度供给不足。[3] 区域大气污染府际合作治理缺乏长效保障机制,如此造成区域内各行政区政府之间的合作机制呈现临时性和松散性的特点。完备的法律制度体系是区域大气污染府际合作的强有力保障,而先进的制度理念和制度环境则是区域内各行政区政府之间高效合作的不竭动力。

在运用多种视角论证府际合作治理是区域大气污染联合防治的主导模式以及梳理现有制度资源和制度框架之后,本书致力于探寻如何构建完

---

① ［英］尼尔·麦考密克、［奥］奥塔·魏因贝格尔著:《制度法论》,周叶谦译,中国政法大学出版社 2004 年版,第 33 页。

② 张紧跟:《区域治理制度创新分析:以珠江三角洲为例》,载赵永茂、朱光磊、江大树、徐斯勤主编:《府际关系新兴研究议题与治理策略》,社会科学文献出版社 2012 年版,第 179～200 页。

③ 朱京安、杨梦莎:《我国大气污染区域治理机制的构建——以京津冀地区为分析视角》,载《社会科学战线》2016 年第 5 期。

备的区域大气污染府际合作治理制度体系。应当强调的是,区域大气污染府际合作治理制度框架和制度完善应当以现有制度资源为基础。我们应当有更多的解释学方法,而并非一味地打破现有的制度框架和制度资源,这是比较务实的制度构建路径。对制度事实所作的一种比较合理的分析将以不同的方式解决关于许诺的格局性质和从"实际是这样"推导出"应当是这样"的有争议的问题。① 现有的制度资源主要存在于国家立法和地方立法、国家发展战略以及区域规划之中。无论是硬法还是软法,都可以为区域大气污染府际合作治理提供规范基础。为了使区域内不同行政区政府间的合作更加规范和有效,本项研究对区域大气污染府际合作治理相关的法律规范、地方立法和规范性文件的制度框架进行梳理,分析既有法律制度的不足,结合已有的区域大气污染府际合作治理实践,探索如何完善常态化的和体系化的区域大气污染府际合作治理法律制度体系。

二、研究基本思路和研究方法

（一）研究的基本思路

本书研究的基本思路是:从理论层面证成区域大气污染府际合作治理→从宪法、行政法和环境法法理角度阐述区域大气污染府际合作治理的正当性基础和理论精髓→分析区域大气污染府际合作治理的基本原理和实践路径→构建完备的区域大气污染府际合作治理实体制度体系→探讨区域大气污染府际合作治理的利益协调和纠纷解决。

全书的思路和框架见下图:

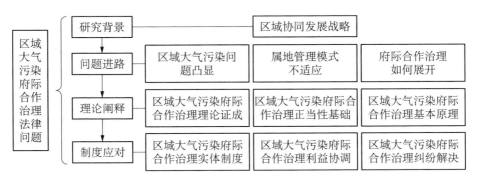

（二）本书的研究方法

第一,规范分析方法

---

① ［英］尼尔·麦考密克、［奥］奥塔·魏因贝格尔著:《制度法论》,周叶谦译,中国政法大学出版社2004年版,第32页。

规范分析法是贯穿本项研究的基础方法,如何运用规范分析法归纳起来有如下几个方面:第一,梳理现有立法和规范性文件,总结区域大气污染联合防治的法律和政策应对;第二,分析宪法、行政法和环境法规范如何为区域大气污染府际合作治理提供正当性基础;第三,书中对区域大气污染府际合作治理基本原理、制度体系、利益协调和纠纷解决之探究皆以对法律规范和规范性文件的分析为基础。

第二,实证分析方法

本项研究着眼于区域大气污染治理的现状,结合京津冀、长三角和珠三角等重点区域治理实践,分析论证区域大气污染府际合作治理领域存在的现实问题,本书的研究能够切实回应现实中对府际合作治理制度体系的需求,达到理论与实践的统一。结合京津冀、长三角和珠三角等重点区域大气污染治理实践,分析区域大气污染府际合作治理存在的难题,以问题为导向探求制度应对之法与探寻解决问题之道。

第三,比较研究方法

本项研究主要在两个层面运用比较研究方面:其一,比较美国等发达国家与我国在区域大气污染府际合作治理领域的文本与实践,研究如何借鉴美国的经验;其二,分析京津冀、长三角和珠三角等区域大气污染府际合作治理的实践机制之个性与共性,探索更为全面和合理的治理机制。结合京津冀、长三角和珠三角等重点区域大气污染府际合作治理的实践,分析区域大气污染府际合作治理面临的问题和瓶颈及区域大气污染府际合作治理难的深层原因,从原因着手寻求解决问题之道。

第四,利益分析方法

识别区域大气污染府际合作治理领域的多元利益,探究区域大气污染府际合作利益协调模式以及如何对区域大气污染府际合作治理利益协调进行法律规制。利益分析法在本书的运用主要展现在如下三个层面:第一,区域大气污染府际合作治理领域多元利益的识别;第二,探究区域大气污染府际合作利益协调模式;第三,研究如何对区域大气污染府际合作治理利益协调进行法律规制。

三、研究创新之处

（一）区域大气环境整体性治理的思路贯穿全书

区域大气环境整体性视角是贯穿本书研究的主线。遵循区域环境整体性治理需有共同行动的逻辑,将公权力与政府环境质量责任、私权利与市场激励机制结合,提出区域环境规划、执法、重污染天气应对、利益协调和纠纷解决的制度变革或创新设想。区域大气污染联合防治的视角是多样的,本书选取的是从区域大气生态环境整体性的视角论证政府间合作治理的必要性以及这种合作治理如何展开。以区域一体化法治和区域环境治理为背景,本书首先论证区域大气污染联合防治的必要性和重要性,继而分析这种联合以政府为主导。为何以政府间合作作为区域大气污染联合防治的主导,原因在于政府环境质量责任以及政府的环境资源管理权限,政府是最适合担此大任的法律主体。这构成了本书研究的主题,即区域大气污染府际合作治理。

（二）区域环境治理模式演进和变革的证成

以区域协同发展战略为背景,从区域大气污染的特征和区域大气环境的属性入手,结合属地治理模式在应对区域大气污染方面的不适应,论证区域环境治理模式的变革之至关重要性和紧迫性,论证区域大气污染府际合作治理的重要性和紧迫性。由于大气污染的流动性极强,以及大气生态系统的整体性特征,依据行政区划而在不同行政区范围内各自实施对大气污染的管理显然是片面的、不能奏效的,区域大气污染治理的最佳手段是区域内各行政区政府联合防治大气污染,形成区域大气污染治理的合力,如此才是最行之有效的途径。结合京津冀、长三角和珠三角等重点区域大气污染府际合作治理的实践,分析区域大气污染府际合作治理面临的问题和瓶颈以及区域大气污染府际合作治理难的深层原因。从原因着手寻求解决问题之道,从法律原理、原则、制度构建和法律对策层面研究如何完善区域大气污染府际合作治理。同时,本项研究从区域大气污染府际合作治理的机构、体制、机制、手段、风险预防、执法、纠纷解决等多个角度进行理论创新和实践探讨。

（三）区域大气污染府际合作治理的宪法、行政法和环境法正当性基础研究

从宪法规范基础、制度基础和理论基础三个维度论证区域大气污染府际合作的宪法基础；从行政生态、行政法治维度和组织基础三个视角探讨行政法如何为区域大气污染府际合作治理提供行政法基础；从政府环境质量责任、政府角色、区域环境治理多元机制和空间趋势这四个层面论述环境法如何为区域大气污染府际合作治理提供正当性基础。区域大气污染府际合作治理这个范畴是法学的命题,也是政治学、环境科学等学科的命题,契合区域大气污染府际合作治理的研究离不开对相关学科研究方法与研究成果的学习与吸纳。本书的研究集合了法学、政治学、生态学、环境科学、经济学和哲学等学科的方法。"法学对人的智识愿意提供也许是最好

的科学思维技巧的训练——任何人,当他从法学转向其他科学时,都会感激曾有过这种法学的润养。"①在法学领域,本书结合了宪法学、行政法学、环境法学及其他相关部门法学的方法论和思维,实质上展示了公法思维、私法思维、社会法思维和环境法思维的差别和承袭。在此能够感受多学科思维的力量,思辨的力量,法律思维的力量。

(四)区域环境治理空间趋势的论证

区域大气污染府际合作治理契合当前环境治理的空间趋势。空间管控作为环境规制的新趋势是在我国工业化和城镇化进程快速推进过程中产生的,环境和资源的空间分布状况不同决定了污染物质空间分布的特点。区域环境治理的空间趋势表现为区域生态空间为基础的环境管控措施之兴起,包括污染物总量控制制度、生态红线制度、空间规划和区域限批制度等。区域大气污染府际合作治理也是从区域生态空间的整体性角度来实施的。区域限批制度的适用条件是基于区域整体环境监管,而区域限批制度的目标也是维护区域整体生态环境质量。在这个意义上,可以将区域限批制度视为空间管制措施之一种。空间管控是环境规制领域的新趋势,空间规划是由整个制度体系构成的。空间管控也是环境规制的全新理念,构建空间管控制度体系,以国土空间规划为基础,划定需要特殊保护的空间,构建体系化的空间管控措施,包括生态红线制度、空间规划和区域限批制度等。区域大气污染府际合作治理制度体系中的多种具体措施都顺应了当下空间管控的趋势,诸如区域大气环境规划、区域重污染天气应急制度等,这些制度设置的基础是区域大气生态环境整体性,其制度目标也是维护和提升区域大气生态环境质量。

(五)研究框架创新

本项研究对府际合作成为区域大气污染联合防治的主导加以论证,这是理论层面的证成;对现有法律规范和规范性文件中区域大气污染府际合作治理制度的实体内容和法定程序进行文本分析和实证研究,契合区域大气污染府际合作治理的现实需要,具有实践探讨的面向;论证在区域协调发展的背景下,宪法、行政法和环境法如何为区域大气污染府际合作治理提供正当性基础,具有法理探讨的维度。本项研究既有对区域大气污染府际合作治理制度理路和制度改良的探讨,也有具体制度建设探讨的思路。本项研究对区域大气污染府际合作治理制度体系的分析和建构是从实体制度的角度出发的,而最后两章则从程序性制度的视角来分析如何协调利

---

① 〔德〕拉德布鲁赫著:《法律智慧警句集》,舒国滢译,中国法制出版社 2001 年版,第 38 页。

益和解决纠纷。本项研究对区域大气污染府际合作治理展开了全面和动态的研究,且结构合理、严谨。

四、研究未尽之处

（一）有些研究思路未深入研究

区域大气污染府际合作的基础理论研究部分还有一些研究思路未深入探讨。例如,跨界大气污染防治与区域污染联合防治有相似之处,也有显著区别。如何整合我国当前在跨界大气污染方面的研究,为区域大气污染府际合作治理提供理论和智力支撑也是今后应当深入探讨的一个思路。在下一步的研究计划中,拟对我国法律和国际法中有关跨界水资源和跨界水污染的理论实践资源进行梳理,以期能够充实本项研究。

（二）少量研究领域未完全展开

对于区域大气污染府际合作治理的具体制度研究还未涵盖区域大气污染联合防治的所有领域。本项研究重点在于政府之间的合作机制和制度,如区域大气污染府际合作治理的组织机构、制度原理和路径的合作机制、区域大气污染纠纷解决机制等,而对区域大气污染府际合作中的技术规范、公众参与、环境教育等方面的研究都有待深化。如何将区域大气污染府际合作治理的理论研究与区域大气污染应对的实践结合起来,以谋求更高效、更精准和更切合实际地解决具体问题也是本课题今后深化研究的思路,将区域大气污染府际合作治理的理论成果更好地运用于区域环境治理实践。

（三）实践样本研究有待扩展

囿于篇幅,本项研究的实践样本主要来源于京津冀、长三角和珠三角这几个重点区域大气污染防治的实践,所研究的区域大气污染府际合作治理法律和政策文本也主要来源于这三个重点区域。然而,这三个重点区域的大气污染联合防治不能涵括我国其他重点区域的实践经验和理论研究。有必要在今后的研究中将区域大气污染府际合作治理研究的实践样本扩展至《重点区域大气污染防治“十二五”规划》中重点列出的其他区域,诸如长株潭、武汉城市圈等区域。这些区域内的各行政区之间的关系定位、发展模式等与京津冀、长三角甚至与珠三角城市群有显著区别。另外,区域大气污染乃至区域环境协同治理是近几年兴起的治理模式,关于这方面的纠纷案例很少见。因此,第六章关于区域大气污染府际合作之纠纷解决研究,大多是运用法理对区域大气污染府际合作过程中可能产生的纠纷进行理论研究,或者是结合法律文本加以规范分析,缺少案例分析。这部分的案例分析有待出现新的标志性的案例。

在下一步的研究计划中,拟拓展实践样本的范围,在现有研究范例的基础上探索以粤港澳大湾区为代表的湾区环境协同治理机制。如何将区域大气污染府际合作治理的理论研究成果与这些重点区域的大气污染联合防治实践结合起来,以谋求更高效、更精准和更切合实际地应对区域大气污染联合防治,这是本课题今后研究的方向。

参 考 文 献

一、中文著作

1. 苏力著：《制度是如何形成的》，北京大学出版社 2007 年版。

2. 陈新民著：《宪法学释论》，台湾三民书局 2005 年版。

3. 陈新民著：《公法学札记》，中国政法大学出版社 2001 年版。

4. 叶必丰著：《行政行为原理》，商务印书馆 2014 年版。

5. 叶必丰、何渊、李煜兴、徐健等著：《行政协议：区域政府间合作机制研究》，法律出版社 2010 年版。

6. 王沪宁著：《行政生态分析》，复旦大学出版社 1989 年版。

7. 张维迎著：《信息、信任与法律》，生活·读书·新知三联书店 2003 年版。

8. 林来梵著：《从宪法规范到规范宪法　规范宪法学的一种前言》，法律出版社 2001 年版。

9. 薛刚凌著：《行政体制改革研究》，北京大学出版社 2006 年版。

10. 应松年、薛刚凌著：《行政组织法研究》，法律出版社 2002 年版。

11. 张劲松等著：《政府关系》，广东人民出版社 2008 年版。

12. 沈清基著：《城市生态与城市环境》，同济大学出版社 2005 年版。

13. 陈海嵩著：《国家环境保护义务论》，北京大学出版社 2015 年版。

14. 李文钊著：《国家、市场与多中心：中国政府改革的逻辑基础和实证分析》，社会科学文献出版社 2011 年版。

15. 俞可平著：《权利政治与公益政治》，社会科学文献出版社 2005 年版。

16. 俞可平著：《增量民主与善治》，社会科学文献出版社 2005 年版。

17. 俞可平著：《论国家治理现代化》，社会科学文献出版社 2014 年版。

18. 李汉林著：《中国单位社会：议论、思考与研究》，世纪出版集团　上海人民出版社 2004 年版。

19. 毛寿龙、李梅著：《有限政府的经济分析》，上海三联书店 2000 年版。

20. 杨仁寿著：《法学方法论》，中国政法大学出版社 1999 年版。

21. 吴贤静著：《"生态人"：环境法上的人之形象》，中国人民大学出版社 2014 年版。

22. 汪劲、严厚福、孙晓璞编译：《环境正义：丧钟为谁而鸣美国联邦法院环境诉讼经典判例选》，北京大学出版社 2006 年版。

23. 甘文著：《行政与法律的一般原理》，中国法制出版社 2002 年版。

24. 甘文著：《行政诉讼司法解释之评论——理由、观点与问题》，中国法制出版社 2000 年版。

25. 刘志彪等著：《长三角区域经济一体化》，中国人民大学出版社 2010 年版。

26. 辛鸣著：《制度论：关于制度哲学的理论建构》，人民出版社 2005 年版。

27. 刘莘著：《行政立法原理与实务》，中国法制出版社 2014 年版。

28. 刘莘著：《国内法律冲突与立法对策》，中国政法大学出版社 2003 年版。

29. 游劝荣著：《法治成本分析》，法律出版社 2005 年版。

30. 杨春学著：《经济人与社会秩序分析》，上海三联书店 1998 年版。

31. 浦善新著：《中国行政区划改革研究》，商务印书馆 2006 年版。

32. 刘向阳著：《清洁空气的博弈：环境政治史视角下 20 世纪美国控制污染治理》，中国环境出版社 2014 年版。

33. 谢岳、程汝竹著：《法治与德治——现代国家的治理逻辑》，江西人民出版社 2003 年版。

34. 孔繁斌著：《公共性的再生产：多中心治理的合作机制建构》，江苏人民出版社 2008 年版。

35. 张彬等著：《国际区域经济一体化研究》，人民出版社 2010 年版。

36. 赵永茂、朱光磊、江大树、徐斯勤主编：《府际关系：新兴研究议题与治理策略》，社会科学文献出版社 2012 年版。

37. 冯兴元著：《地方政府竞争　理论范式、分析框架与实证研究》，译林出版社 2010 年版。

38. 张志红著：《当代中国政府间纵向关系研究》，天津人民出版社 2005 年版。

39. 周继红、马旭东著：《青藏高原地区与东部发达地区　区域经济合作中的法律问题研究》，北京大学出版社 2013 年版。

40. 陈军著：《地方政府立法权研究》，中国法制出版社 2012 年版。

41. 关保英著：《行政法教科书之总论行政法》，中国政法大学出版社 2005 年版。

42. 关保英著：《执法与处罚的行政权重构》，法律出版社 2003 年版。

43. 关保英著：《行政法的价值定位》，中国政法大学出版社 1997 年版.

44. 石亚军著：《政府改革多视点探微》，中国政法大学出版社 2008 年版。

45. 张文显著：《二十世纪西方法哲学思潮研究》，法律出版社 2006 年版。

46. 张文显著：《法理学》，高等教育出版社 2003 年版。

47. 周天玮著：《法治理想国——苏格拉底与孟子的虚拟对话》，商务印书馆 1999 年版。

48. 王人博著：《宪政文化与近代中国》，法律出版社 1997 年版。

49. 周永坤著：《规范权力：权力的法理研究》，法律出版社 2006 年版。

50. 王锡锌主编：《行政过程中公众参与的制度实践》，中国法制出版社 2008 年版。

51. 韩继志著：《政府机构改革》，中国人民大学出版社 1999 年版。

52. 李文良等著：《中国政府职能转变问题报告》，中国发展出版社 2003 年版。

53. 张康之、李传军、张璋著：《公共行政学》，经济科学出版社 2002 年版。

54. 郭夏娟著：《公共行政伦理学》，浙江大学出版社 2004 年版。

55. 周佑勇著：《行政法基本原则研究》，武汉大学出版社 2005 年版。

56. 余谋昌著：《生态哲学》，陕西人民教育出版社 2000 年版。

57. 蔡守秋著：《调整论——对主流法理学的反思与补充》，高等教育出版社 2003 年版。

58. 石佑启、杨治坤、黄新波：《论行政体制改革与行政法治》，北京大学出版社 2009 年版。

59. 傅大友等著：《行政体制改革与制度创新——地方政府改革的制度分析》，上海三联书店 2004 年版。

60. 何增科主编：《公民社会与第三部门》，社会科学文献出版社 2000 年版。

61. 林尚立著：《国内政府间关系》，浙江人民出版社 1998 年版。

62. 荣跃明著：《区域整合与经济增长——经济区域化趋势研究》，上海人民出版社 2005 年版。

63. 潘高峰著：《区域经济一体化中政府合作的法制协调研究》，人民出版社 2015 年版。

64. 李军鹏著：《建设和完善社会主义公共行政体制》，国家行政学院出版社 2008 年版。

65. 姜明安：《行政程序研究》，北京大学出版社 2009 年版。

66. 马斌著：《政府间关系：权力配置与地方治理——基于省、市、县政府关系的研究》，浙江大学出版社 2009 年版。

67. 翁岳生著：《行政法与现代法治国家》，台湾大学出版社 1998 年版。

68. 王树义著：《俄罗斯生态法》，武汉大学出版社 2001 年版。

69. 袁杰主编：《中华人民共和国行政诉讼法解读》，中国法制出版社 2014 年版。

70. 王焕祥著：《中国地方政府创新与竞争的行为、制度及其演化研究》，光明日报出版社 2009 年版。

71. 杨建顺著：《行政规制与权利保障》，中国人民大学出版社 2007 年版。

72. 李煜兴著：《区域行政规划研究》，法律出版社 2009 年版。

73. 陈东琪、银温泉主编：《打破地方市场分割》，中国计划经济出版社 2002 年版。

74. 罗豪才、宋功德：《软法亦法：公共治理呼唤软法之治》，法律出版社 2009 年版。

75. 曹卫东编：《欧洲为何需要一部宪法》，中国人民大学出版社 2004 年版。

二、外文译作

1. 《马克思恩格斯全集》（第 25 卷），人民出版社 1974 年版。

2. 《马克思恩格斯选集》（第 1 卷），中共中央马克思恩格斯列宁斯大林著作编译局编译，人民出版社 1995 年版。

3. ［德］恩格斯著：《自然辩证法》，人民出版社 1971 年版。

4. ［美］艾莉诺·奥斯特罗姆著：《公共事务的治理之道》，余逊达、陈旭东译，上海译文出版社 2012 年版。

5. ［德］N. 霍恩著：《法律科学与法哲学导论》，罗莉译，法律出版社 2005 年版。

6. ［德］古斯塔夫·拉德布鲁赫著：《法学导论》，米健、朱林译，中国大百科全书出版社 1997 年版。

7. ［美］加布里埃尔·A. 阿尔蒙德等著：《比较政治学》，曹沛霖译，上海译文出版社 1987 年版。

8. ［英］威廉·韦德著：《行政法》，徐炳等译，中国大百科全书出版社 1997 年版。

9. ［德］黑格尔著：《法哲学原理》，范扬、张启泰译，商务印书馆 1982 年版。

10. ［德］马克斯·韦伯著：《经济与社会》（上卷），林荣远译，商务印书馆 2006 年版。

11. ［德］马克斯·韦伯著：《社会科学方法论》，韩水法、莫茜译，中央编译出版社 2005 年版。

12. ［德］乌尔里希·贝克著：《风险社会》，何博闻译，译林出版社 2004 年版。

13. ［德］乌尔里希·贝克著：《世界风险社会》，吴英姿、孙淑敏译，南京大学出版社 2004 年版。

14. ［德］卡尔·拉伦茨著：《法学方法论》，陈爱娥译，商务印书馆 2005 年版。

15. Maurice Schiff, L Alan Winter 著：《区域一体化与发展》，郭磊译，中国财政经济出版社 2005 年版。

16. ［美］科斯等著：《财产权利与制度变迁》，刘守英等译，上海三联书店 1991 年版。

17. ［英］爱德华·B. 泰勒著：《人类学：人及其文化研究》，连树声译，广西师范大学出版社 2004 年版。

18. ［英］芭芭拉·亚当、［英］乌尔里希·贝克、［英］约斯特·房龙编著：《风险社会及其超越：社会学理论的关键议题》，赵延东、马缨等译，北京出版社 2005 年版。

19. ［美］哈特穆特·毛雷尔著：《行政法学总论》，高家伟译，法律出版社 2000 年版。

20. ［英］哈特著：《法律的概念》，沈宗灵译，中国大百科全书出版社 1996 年版。

21. ［英］克莱夫·庞廷著：《绿色世界史：环境与伟大文明的衰落》，王毅、张学广译，上海人民出版社 2002 年版。

22. ［英］罗素著：《西方哲学史》（上卷），何兆武、李约瑟译，商务印书馆 1963 年版。

23. ［英］马克·布劳著格著：《经济学方法论》，黎明星等译，北京大学出版社 1990 年版。

24. ［英］尼尔·麦考密克、［奥］奥塔·魏因贝格尔著：《制度法论》，周叶谦译，中国政法大学出版社 2004 年版。

25. ［法］孟德斯鸠著：《论法的精神》（上册），张雁深译，商务印书馆 1961 年版。

26. ［法］艾蒂安·巴利巴尔著：《马克思的哲学》，王吉会译，中国人民大学出版社 2007 年版。

27. ［法］波德里亚著：《消费社会》，刘成富、全志钢译，南京大学出版社 2001 年版。

28. ［美］爱蒂丝·布朗·魏伊丝著：《公平地对待未来人类：国际法、共同遗产与世代间衡平》，汪劲等译，法律出版社 2000 年版。

29. ［美］奥康纳著：《自然的理由：生态学马克思主义研究——当代学术棱镜译丛》，唐正东、臧佩洪译，南京大学出版社 2003 年版。

30. ［美］彼得·S. 温茨著：《环境正义论》，朱丹琼译，上海人民出版社 2007 年版。

31. ［美］波林·罗斯诺著：《后现代主义与社会科学》，张国清译，上海译文出版社 1998 年版。

32. ［美］大卫·雷·格里芬编：《后现代精神》，王成兵译，中央编译出版社 1998 年版。

33. ［美］戴斯·贾丁斯著：《环境伦理学》，林官民、杨爱民译，北京大学出版社 2002 年版。

34. ［德］奥托·迈耶著：《德国行政法》，刘飞译，商务印书馆 2002 年版。

35. ［美］劳伦斯·M. 弗里德曼著：《法律制度——从社会科学角度观察》，李琼英、林欣译，中国政法大学出版社 2004 年版。

36. ［日］青木昌彦著：《比较制度分析》，周黎安译，上海远东出版社 2006 年版。

37. ［美］罗斯科·庞德著：《法理学》（第一卷），余履雪译，法律出版社 2007 年版。

38. ［美］罗斯科·庞德著：《法理学》（第三卷），廖德宇译，法律出版社 2007 年版。

39. ［美］罗斯科·庞德著：《法理学》（第四卷），王保民、王玉译，法律出版社 2007 年版。

40. ［美］弗朗西斯·福山著：《信任：社会美德与创造经济繁荣》，彭志华译，海南出版社 2001 年版。

41. ［美］文森特·奥斯特罗姆著：《美国公共行政思想危机》，毛寿龙译，上海三联书店 1999 年版。

42. ［美］马克·E. 沃伦著：《民主与信任》，吴辉译，华夏出版社 2004 年版。

43. ［美］J. V. 克鲁蒂拉 A. C. 费舍尔著：《自然环境经济学——商品性和舒适性资源价值研究》，中国展望出版社 1989 年版。

44. ［日］尾关周二著：《共生的理想：现代交往与共生、共同的思想》，卞崇道、刘荣、周秀静译，中央编译出版社 1996 年版。

45. ［意］登特列夫著：《自然法——法哲学导论》，李日章译，台湾联经事业公司 1986 年版。

46. ［意］梅萨罗维克、佩斯特尔著：《人类处于转折点》，梅艳译，三联书店出版社 1987 年版。

47. ［瑞士］克里斯托弗·司徒博著：《环境与发展：一种社会伦理学的考量》，邓安庆译，人民出版社 2008 年版。

48. 世界环境与发展委员会著：《我们共同的未来》，王之佳、柯金良等译，吉林人民出版社 1997 年版。

49. ［美］阿尔文·托夫勒著：《第三次浪潮》，朱志焱译，新华出版社 1996 年版。

50. ［德］弗里德里希·包尔生著：《伦理学体系》，何怀宏、廖申白译，中国社会科学出版社 1988 年版。

51. ［德］柯武刚、史漫飞：《制度经济学》，韩朝华译，商务印书馆 2002 年版。

52. ［美］汤姆·蒂坦伯格、琳恩·刘易斯著：《环境与自然资源经济学》，王晓霞、杨鹏、石磊、安树民等译，中国人民大学出版社 2011 年版。

53. ［英］杰拉尔德·G. 马尔腾著：《人类生态学——可持续发展的基本概念》，顾朝林、袁晓辉等译校，商务印书馆 2012 年版。

54. ［澳］彼得·布林布尔科姆著：《大雾霾　中世纪依赖的伦敦空气污染史》，启蒙编译所译，上海社会科学院出版社 2016 年版。

55. ［加］约翰·汉尼根著：《环境社会学》，洪大用等译，中国人民大学出版社 2009 年版。

56. 史蒂芬·布雷耶著：《打破恶性循环：政府如何有效规制风险》，宋华琳译，法律出版社 2009 年版。

57. ［英］彼得·泰勒、顾柏、［德］詹斯·O·金编著：《社会科学中的风险研究》，黄觉译，中国劳动社会保障出版社 2010 年版。

58. ［英］巴鲁克·费斯科霍夫、莎拉·利希滕斯坦、保罗·斯诺维克、斯蒂芬·德比、拉尔夫·基尼著：《人类可接受风险》，王红漫译，北京大学出版社 2009 年版。

59. ［美］杰里·马肖著：《贪婪、混沌和治理》，宋功德译，商务印书馆 2009 年版。

60. ［美］彼得 E·博登海默著：《法理学——法律哲学与法律方法》，邓正来等译，华夏出版社 2009 年版。

61. ［美］道格拉斯·诺斯著：《经济史中的结构与变迁》，陈郁译，上海三联书店 1994 年版。

62. ［美］马立博著：《中国环境史：从史前到现代》，关永强、高丽洁译，中国人民大学出版社 2015 年版。

63. ［英］霍尔著：《城市与区域规划》，邹德慈、全经元译，中国建筑出版社 1985 年版。、

64. ［美］西蒙·库兹涅茨著：《现代经济增长》，戴睿等译，北京经济学院出版社 1989 年版。

65. ［美］凯斯·R·孙斯坦著：《风险与理性——安全、法律及环境》，师帅译，中国政法大学出版社 2005 年版。

66. ［英］E·马尔特比等编：《生态系统管理——科学与社会问题》，康乐、韩兴国等译，科学出版社 2003 年版。

67. ［美］罗兰·斯特龙伯格著：《西方现代思想史》，刘北成、赵国新译，中央编译出版社 2004 年版。

68. 康芒斯：《制度经济学》，于树声译，商务印书馆 2014 年版。

69. ［英］卡罗尔·哈洛、理查德·罗林斯著：《法律与行政》，杨伟东、李凌波、石红心、晏坤译，商务印书馆 2004 年版。

70. ［美］杰克·奈特：《制度与社会冲突》，周伟林译，上海人民出版社 2009 年版。

71. ［美］克利福德·吉尔兹：《地方性知识——阐释人类学论文集》，中央编译出版社 2000 年版。

72. 藤田昌久、保罗·R. 克鲁格曼、安东尼·J·维纳布尔斯：《空间经济学　城市、区域与国际贸易》，梁琦主译，中国人民大学出版社 2015 年版。

73. ［美］詹姆斯·M. 布坎南著：《制度契约与自由——政治经济学家的视角》，王金良译，中国社会科学出版社 2016 年版。

74. ［美］科斯、阿尔钦、诺思等：《财产权利与制度变迁》，胡庄君等译，上海三联书店 1994 年版。

75. ［美］道格拉斯·G. 诺斯著：《制度、制度变迁与经济绩效》，杭行译，韦森译审，格致出版社、上海三联书店、上海人民出版社 2016 年版。

76. ［英］Paul J. Wood, David M. Hannah, Jonathan P. Sadler 著：《水文生态学与生态水文学：过去、现在和未来》，王浩、严登华、秦大庸、张琳等译，中国水利水电出版社 2009 年版。

77. ［英］安东尼·吉登斯著：《气候变化的政治》，曹荣湘译，社会科学文献出版社 2009 年版。

78. ［美］罗伯特·阿格拉诺夫等著：《协作性公共管理：地方政府新战略》，李玲玲、鄞益奋译，北京大学出版社 2007 年版。

79. ［法］让-皮埃尔·戈丹著：《何谓治理》，钟震宇译，中国社会科学文献出版社 2000 年版。

80. ［美］唐纳德·凯特尔著：《权力共享　公共治理与私人市场》，北京大学出版社 2009 年版。

81. ［美］菲利普·J. 库珀著：《二十一世纪的公共行政：挑战与改革》，王巧玲、李文钊译，中国人民大学出版社 2006 年版。

82. ［德］弗里德里希·卡尔·冯·萨维尼著：《论立法与法学的当代使命》，许章润译，中国法制出版社 2001 年版。

83. ［日］原田尚彦著：《环境法》，于敏译，法律出版社 1999 年版。

84. ［美］昂格尔：《现代社会中的法律》，吴玉章等译，中国政法大学出版社 1994 年版。

85. ［美］杰里·L. 马萧著：《官僚的争议　以社会保障中对残疾人权利主张的处理为例》，何伟文、毕竞悦译，北京大学出版社 2005 年版。

86. ［德］施密特·阿斯曼著：《秩序理念下的行政法体系建构》，林明锵等译，北京大学出版社 2012 年版。

87. ［美］亨廷顿著：《变革社会中的政治秩序》，李盛平等译，华夏出版社 1988 年版。

88. ［德］汉斯·萨克塞著：《生态哲学》，文韬、佩云译，东方出版社 1991 年版。

89. ［德］赫尔穆特·沃尔曼著：《德国地方政府》，陈伟、段德敏译，北京大学出版社 2005 年版。

90. 理查德·G. 菲沃克主编：《大都市治理——冲突、竞争与合作》，许源源、江胜珍译，重庆大学出版社 2012 年版。

91. ［美］约翰·D. 多纳休、［美］理查德·J. 泽克豪著：《合作：激变时代的合作治理》，徐维译，中国政法大学出版社 2015 年版。

92. ［美］罗伯特·达尔著：《多头政治——参与和反对》，谭君久、刘惠荣译，商务印书馆

2003 年版。

93. 〔法〕托克维尔著：《论美国的民主》，董果良译，商务印书馆 1988 年版。

94. 〔丹〕努德·哈孔森著：《立法者的科学：大卫·休谟与亚当·斯密的自然法理学》，赵立岩译，浙江大学出版社 2010 年版。

95. 〔美〕约翰·肯尼思·加尔布雷思著：《权力的分析》，陶远华、苏世军译，河北人民出版社 1988 年版。

96. 〔德〕拉德布鲁赫著：《法律智慧警句集》，舒国滢译，中国法制出版社 2001 年版。

97. 〔古希腊〕亚里士多德著：《政治学》，吴寿彭译，商务印书馆 1981 年版。

三、外文著作

1. Leitner H，Sheppard E，Transcending interurban competition：Conceptual issue and policy alternatives in European Union，State University of New York Press，1999.

2. Frederickson，New Public Administration，the University of Alabama Press，1980.

四、中文论文

1. 叶必丰：《长三角经济一体化背景下的法制协调》，载《上海交通大学学报（哲学社会科学版）》2004 年第 6 期。

2. 叶必丰：《区域合作协议的法律效力》，载《法学家》2014 年第 6 期。

3. 叶必丰：《区域经济一体化法制研究的参照系》，载《法学论坛》2012 年第 4 期。

4. 叶必丰：《区域经济一体化的法律治理》，载《中国社会科学》2012 年第 8 期。

5. 叶必丰：《区域协同的行政行为理论资源及其挑战》，载《法学杂志》2017 年第 3 期。

6. 叶必丰：《我国区域经济一体化背景下的行政协议》，载《法学研究》2006 年第 2 期。

7. 叶必丰：《区域合作的现有法律依据研究》，载《现代法学》2016 年第 2 期。

8. 叶必丰：《从行政许可法与单行法的关系看法制建设的路径选择》，载《法制日报》2004－09－28.

9. 叶必丰：《国家权力的直接来源：法律》，载《长江日报》1998 年 6 月 8 日。

10. 叶必丰：《行政组织法功能的行政法规制》，载《中国社会科学》2017 年第 7 期。

10. 胡明：《论行政约谈——以政府对市场的干预为视角》，载《现代法学》2015 年第 1 期。

11. 江国华：《中国纵向政权组织法治体系的解构与建构》，载《武汉大学学报（哲学社会科学版）》2016 年第 3 期。

12. 陈剩勇、马斌：《区域间政府合作：区域经济一体化的路径选择》，载《政治学研究》2004 年第 1 期。

13. 江必新：《论环境区域治理中的若干司法问题》，载《人民司法》2016 年第 19 期。

14. 张新宝，庄超：《扩张与强化：环境侵权责任的综合适用》，载《中国社会科学》2014 年第 3 期。

15. 薛刚凌：《论府际关系的法律调整》，载《中国法学》2005 年第 5 期。

16. 万俊人：《美丽中国的哲学智慧与行动意义》，载《中国社会科学》2013 年第 5 期。

17. 黄锡生、韩英夫：《环评区域限批制度的双阶构造及其立法完善》，载《法律科学》2016 年第 6 期。

18. 李建良：《环境议题的形成与国家任务的变迁——"环境国家"理念的初步研究》，载城仲模教授六秩华诞祝寿论文集（一）宪法篇，1998，第 275—342 页。

19. 汪伟全：《空气污染跨域治理中的利益协调研究》，载《南京社会科学》2016 年第

4 期。

20. 金国坤：《国家治理体系现代化视域下的行政组织立法》，载《行政法学研究》2014 年第 4 期。

21. ［加］戴维·卡梅伦：《政府间关系的几种结构》，张大川译，载《国外社会科学》2002 年第 1 期。

22. 翟国强：《跨行政区划人民法院如何设立？——一个宪法解释学的视角》，载《法商研究》2016 年第 5 期。

23. 蔡岚：《空气污染治理中的政府间关系——以美国加利福尼亚州为例》，载《中国行政管理》2013 年第 10 期。

24. 沈岿：《解析行政规则对司法的约束力》，载《中外法学》2006 年第 2 期。

25. 陈海嵩：《国家环境保护义务的溯源与展开》，载《法学研究》2014 年第 3 期。

26. 陈海嵩：《雾霾应急的中国实践与环境法理》，载《法学研究》2016 年第 4 期。

27. 陈海嵩：《绿色发展中的环境法实施问题》，载《中国法学》2016 年第 1 期。

28. 王旭：《论自然资源国家所有权的宪法规制功能》，载《中国法学》2013 年第 6 期。

29. 戚建刚：《"第三代"行政程序的学理解读》，载《环球法律评论》2013 年第 5 期。

30. 戚建刚：《非常规突发事件与我国行政应急管理体制之创新》，载《华东政法大学学报》2010 年第 5 期。

31. 戚建刚：《风险概念的模式及对行政法制之意蕴》，载《行政法论丛》第 12 卷，法律出版社 2010 年版。

32. 戚建刚：《风险规制的兴起与行政法的新发展》，载《当代法学》2014 年第 6 期。

33. 戚建刚：《风险规制过程合法性之证成——以公众和专家的风险知识运用为视角》，载《法商研究》2009 年第 5 期。

34. 戚建刚：《风险认知模式及其行政法制之意蕴》，载《法学研究》2009 年第 5 期。

35. 戚建刚、郭永良：《论衡量制约公共风险监管法制信任度的基本变量——以 32 起公共事件为分析样本》，载《江汉论坛》2015 年第 9 期。

36. 戚建刚：《我国行政决策风险评估制度之反思》，载《法学》2014 年第 10 期。

37. 戚建刚：《应急行政的兴起与行政应急法之建构》，载《法学研究》2012 年第 4 期。

38. 戚建刚：《政府在突发事件应对中负有法律责任》，载《中国社会科学报》2015 年 3 月 18 日第 A07 版。

39. 张宏锋、欧阳志云、郑华：《生态系统服务功能的空间尺度特征》，载《生态学杂志》2007 年第 9 期。

40. 姜晓萍、张亚珠：《城市空气污染防治中的政府责任缺失与履职能力提升》，载《社会科学研究》2015 年第 1 期。

41. 王华：《治理中的伙伴关系：政府与非政府组织间的合作》，载《云南社会科学》2003 年第 3 期。

42. 楼宗元：《国外空气污染治理府际合作研究述评》，载《国外社会科学》2015 年第 5 期。

43. 陈海嵩：《环境法国家理论的法哲学思考》，载《甘肃政法学院学报》2016 年第 3 期。

44. 陈海嵩：《宪法环境权的功能体系》，载《社会科学辑刊》2013 年第 6 期。

45. 陈海嵩：《宪法环境权的规范解释》，载《河南大学学报（社会科学版）》2015 年第 3 期。

46. 陈海嵩：《环境法学方法论的回顾与反思》，载《中国地质大学学报（社会科学版）》2008 年第 4 期。

47. 白洋、刘晓源：《"雾霾"成因的深层法律思考及防治对策》，载《中国地质大学学报（社会科学版）》2013 年第 6 期。

48. 李挚萍：《外国环境司法专门化的经验及挑战》，载《法学杂志》2012 年第 11 期。

49. 刘超：《环境风险行政规制的断裂与统合》，载《法学评论》2013 年第 3 期。

50. 刘超：《气候资源国家所有权的社会功能与权利结构》，载《政法论丛》2014 年第 6 期。

51. 刘超：《生态空间管制的环境法律表达》，载《法学杂志》2014 年第 5 期。

52. 竺效：《创建大气污染区域联防联控机制》，载《中国社会科学报》2014 年 1 月 10 日第 A06 版。

53. 竺效：《论新〈环境保护法〉中的环评区域限批制度》，载《法学》2014 年第 6 期。

54. 汪再祥：《我国现行连续罚制度之检讨——基于行政法体系与规范本质的思考》，载《法学评论》2012 年第 3 期。

55. 秦建芝、曹霞：《大气污染防治区域合作法律机制研究——以环渤海区域为例》，载《中国环境法治》2015 年卷，法律出版社 2016 年版，第 1—14 页。

56. 常纪文：《修改〈大气污染防治法〉加强雾霾联防联控的思考》，载《中国法律评论》2014 年第 4 期。

57. 常纪文：《争议与回应：新〈大气污染防治法〉修订的综合评析》，载《环境保护》2015 年第 18 期。

58. 常纪文：《雾霾治理必须创新思维和方法》，载《中国环境报》2016 年 12 月 23 日第 003 版。

59. 常纪文：《大气污染区域联防联控应实行共同但有区别责任原则》，载《环境保护》2014 年第 15 期。

60. 夏光：《探索建立跨地区环保机构的思考》，载《环境保护》2016 年第 2 期。

61. 陈海嵩：《绿色的环境法与绿色的方法论》，载《浙江社会科学》2007 年第 5 期。

62. 汪伟全：《空气污染的跨域合作治理研究——以北京地区为例》，载《公共管理学报》2014 年第 1 期。

63. 楚道文：《大气污染区域联合防治制度建构》，载《政法论丛》2015 年第 5 期。

64. 陈海嵩：《从环境宪法到生态宪法》，载《云南行政学院学报》2012 年第 2 期。

65. 陈海嵩：《环境法生态安全原则研究》，载《西部法学评论》2009 年第 2 期。

66. 柴泽阳、杨金刚、孙建：《环境规制对碳排放的门槛效应研究》，载《资源开发与市场》2016 年第 9 期。

67. 陈海嵩：《国家环境危险防御义务的二元制度结构》，载《北方法学》2015 年第 3 期。

68. 施业家、吴贤静：《生态红线概念规范化探讨》，载《中南民族大学学报（人文社会科学版）》2016 年第 3 期。

69. 陈海嵩、陶晨：《我国风险环境治理中的府际关系：问题及改进》，载《南京工业大学学报（社会科学版）》2012 年第 3 期。

70. 臧传琴：《环境规制绩效的区域差异研究》，山东大学 2016 年博士学位论文。

71. 王红梅、邢华、魏仁科：《大气污染区域治理中的地方利益关系及其协调：以京津冀为例》，载《华东师范大学学报（哲学社会科学版）》2016 年第 5 期。

72. 李雪松、孙博文：《大气污染治理的经济属性及政策演进：一个分析框架》，载《改革》2014 年第 4 期。

73. 陶品竹：《大气污染治理亟须加强区域法治一体化建设》，载《前线》2015 年第 4 期。

74. 陈海嵩：《环境治理视阈下的"环境国家"》，载《经济社会体制比较》2015 年第 1 期。

75. 汪克亮、孟祥瑞、杨宝臣、程云鹤：《技术异质下中国大气污染排放效率的区域差异与影响因素》，载《中国人口·资源与环境》2017 年第 1 期。

76. 石小石、白中科、殷成志：《京津冀区域大气污染防治分析》，载《地方治理研究》2016 年第 3 期。

77. 赵新峰、袁宗威：《京津冀区域政府间大气污染治理政策协调问题研究》，载《中国行政管理》2014 年第 11 期。

78. 陶品竹：《从属地主义到合作治理：京津冀大气污染治理模式的转型》，载《河北法学》2014 年第 10 期。

79. 王如松、李锋、韩宝龙、黄和平、尹科：《城市复合生态及生态空间管理》，载《生态学报》2014 年第 1 期。

80. 张显伟：《府际权限争议权力机关解决及机制建构》，《学术探索》2013 年第 4 期。

81. 叶俊荣、施奕任：《从学术建构到政策实践：永续台湾指标的发展历程及其对制度运作影响》，载《都市与计划》第三十二卷第二期，第 103—124 页。

82. 胡元林、康炫：《环境规制下企业实施主动型环境战略的动因与阻力研究——基于重污染企业的问卷调查》，载《资源开发与市场》2016 年第 2 期。

83. 戴志刚：《关于城市管理相对集中行政处罚权问题的探讨》，载《城市问题》2002 年第 3 期。

84. 陶品竹：《大气污染防治地方立法的困境与突破——以〈北京市大气污染防治条例〉为例》，载《学习论坛》2015 年第 4 期。

85. 王金南、宁淼、孙亚梅、杨金田：《改善区域空气质量 努力建设蓝天中国——重点区域大气污染防治"十二五"规划目标、任务与创新》，载《环境保护》2013 年第 5 期。

86. 陈朝晖、程水源、苏福庆、高庆：《华北区域大气污染过程中天气型和输送路径分析》，载《环境科学研究》2008 年第 1 期。

87. 李挚萍：《论以环境质量改善为核心的环境法制转型》，载《重庆大学学报（社会科学版）》2017 年第 2 期。

88. ［澳］阿兰·加尔：《法律与生态文明》，杨富斌、陈伟功译，载《法学杂志》2011 年第 2 期。

89. 李健军：《PM2.5 监测能力建设与重点区域大气污染防治》，载《环境保护》2013 年第 5 期。

90. 顾为东：《中国雾霾特殊形成机理研究》，载《宏观经济》2014 年第 6 期。

91. 白永亮、郭珊、孙涵：《大气污染的空间关联与区域间防控协作——基于全国 288 个地市工业 SO2 污染数据的空间统计分析》，载《中国地质大学学报（社会科学版）》2016 年第 5 期。

92. 高吉喜、张惠远：《构建城市生态安全格局 从源头防控区域大气污染》，载《环境保护》2014 年第 6 期。

93. 罗冬林、廖晓明：《合作与博弈：区域大气污染治理的地方政府联盟——以南昌、九江与宜春 SO2 治理为例》，载《江西社会科学》2015 年第 4 期。

94. 屠凤娜：《京津冀区域大气污染联防联控问题研究》，载《理论界》2014 年第 10 期。

95. 程恩富、王新建：《京津冀协同发展：演进、现状与对策》，载《管理学刊》2015 年第 1 期。

96. 张志红：《地方政府社会管理创新中的伙伴关系研究》，载《南开学报（哲学社会科学版）》2013 年第 4 期。

97. 杨学聪：《京津冀推进区域大气污染联防联控近期将致力于燃煤替代、机动车治理、整治秸秆焚烧》,载《经济日报》2015 年 4 月 17 日第 010 版。

98. 魏娜、赵成根:《跨区域大气污染协同治理研究——以京津冀地区为例》,载《河北学刊》2016 年第 1 期。

99. 曹锦秋、吕程:《联防联控:区域大气域大气污染防治的法律机制》,载《辽宁大学学报(哲学社会科学版)》2014 年第 6 期。

100. 康京涛:《论区域大气污染联防联控的法律机制》,载《宁夏社会科学》2016 年第 2 期。

101. 张世秋:《京津冀一体化与区域空气质量管理》,载《环境保护》2014 年第 17 期。

102. 张世秋:《中国环境管理制度变革之道:从部门管理向公共管理转变》,载《中国人口·资源与环境》2005 年第 4 期。

103. 郭高晶:《空气污染跨域治理背景下府际空气生态补偿机制研究——以山东省空气质量生态补偿实践为例》,载《资源开发与市场》2016 年第 7 期。

104. 郭施宏、齐晔:《京津冀区域大气污染协同治理模式构建——基于府际关系理论视角》,载《中国特色社会主义研究》2016 年第 3 期。

105. 王锡锌:《中国行政执法困境的个案解读》,载《法学研究》2005 年第 3 期。

106. 吕忠梅:《〈环境保护法〉的前世今生》,载《政法论丛》2014 年第 5 期。

107. 毛春梅、曹新富:《大气污染的跨域协同治理研究——以长三角区域为例》,载《河海大学学报(哲学社会科学版)》2016 年第 5 期。

108. 李禾:《〈重点区域大气污染防治"十二五"规划〉发布我国大气治理思路更新控制 PM2.5 城市间将协同作战》,载《科技日报》2012 年 12 月 18 日第 005 版。

109. 吴贤静:《生态文明建设与环境法制度创新》,载《江汉大学学报(社会科学版)》2014 年第 1 期。

110. 吴卫星、章楚加:《刍议大气污染区域的法制构建模式》,载《绿叶》2013 年第 11 期。

111. 张世秋、万薇、何平:《区域大气环境质量管理的合作机制与政策讨论》。载《中国环境管理》2015 年第 2 期。

112. 穆泉、张世秋:《中国 2001—2013 年 PM2.5 重污染的历史变化与健康影响的经济损失评估》,载《北京大学学报(自然科学版)》2015 年第 4 期。

113. 姜玲、乔亚丽:《区域大气污染合作治理政府间责任分担机制研究——以京津冀地区为例》,载《中国行政管理》2016 年第 6 期。

114. 马丽梅、张晓:《区域大气污染空间效应及产业结构影响》,载《中国人口·资源与环境》2014 年第 7 期。

115. 王金南、宁淼、孙亚梅:《区域大气污染联防联控的理论与方法分析》,载《环境与可持续发展》2012 年第 5 期。

116. 王金南、宁淼:《区域大气污染联防联控机制路线图》,载《中国环境报》2010 年 9 月 17 日第 002 版。

117. 燕丽、贺晋瑜、汪旭颖、丁哲:《区域大气污染联防联控协作机制探讨》,载《环境与可持续发展》2016 年第 5 期。

118. 崔晶、孙伟:《区域大气污染协同治理视角下的府际事权划分问题研究》,载《中国行政管理》2014 年第 9 期。

119. 杨龙、彭彦强:《理解中国地方政府合作——行政管辖权让渡的视角》,载《政治学研究》2009 年第 4 期。

120. 赵新峰、袁宗:《区域大气污染治理中的政策工具:我国的实践历程与优化选择》,

载《中国行政管理》2016 年第 7 期。

121. 王自发、吴其重：《区域空气质量模式与我国的大气污染控制》，载《科学对社会的影响》2009 年第 3 期。

122. 常纪文：《区域雾霾治理的革命性思路及措施分析》，载《环境保护》2016 年第 1 期。

123. 朱京安、杨梦莎：《我国大气污染区域治理机制的构建——以京津冀地区为分析视角》，载《社会科学战线》2016 年第 5 期。

124. 柳春慈：《区域公共物品供给中的地方政府合作思考》，载《湖南社会科学》2011 年第 7 期。

125. 上海市环境科学研究院课题组：《深化长三角区域大气污染防治联动研究》，载《科学发展》2016 年第 2 期。

126. 柴发合、李艳萍、乔琦、王淑兰：《我国大气污染联防联控环境监管模式的战略转型》，载《环境保护》2013 年第 5 期。

127. 姜丙毅、庞雨晴：《雾霾治理的政府间合作机制研究》，载《学术探索》2014 年第 7 期。

128. 张磊、王彩波：《中国政府环境保护的纵向研究——关于集权与分权的争论》，载《湖北社会科学》2013 年第 11 期。

129. 谢伟：《我国跨区域大气污染传输控制立法初探》，载《社会科学家》2015 年第 8 期。

130. 宁淼：《国内外区域大气污染联防联控管理模式分析》，载《环境与可持续发展》2012 年第 5 期。

131. 汪安娜：《我国区域大与污染防治监督机制的构建——基于合作博弈的理论模型》，载《清华法律评论》2014 年第 2 期。

132. 袁小英：《我国区域大气污染联防联控机制的探讨》，载《四川环境》2015 年第 5 期。

133. 汪小勇、万玉秋、姜文、缪旭波、朱晓东：《美国跨界大气环境监管经验对中国的借鉴》，载《中国人口·资源与环境》2012 年第 3 期。

134. 汪小勇、万玉秋、朱晓东、缪旭波、朱凤松：《跨界大气环境管理机制如何建立？》，载《中国环境报》2013 年 1 月 22 日第 002 版。

135. 常纪文：《域外借鉴与本土创新的统一：〈关于推进大气污染联防联控工作改善区域空气质量的指导意见〉之解读（上）》，载《环境保护》2010 年第 10 期。

136. 常纪文：《域外借鉴与本土创新的统一：〈关于推进大气污染联防联控工作改善区域空气质量的指导意见〉之解读（下）》，载《环境保护》2010 年第 11 期。

137. 蓝庆新、陈超：《制度软化、公众认同对大气污染治理效率的影响》，载《中国人口·资源与环境》2015 年第 9 期。

138. 吴丹、张世秋：《中国大气污染控制策略与改进方向评析》，载《北京大学学报（自然科学版）》2011 年第 6 期。

139. 郑军、魏亮、国冬梅：《美国大气环境质量监测与管理经验及启示》，载《环境保护》2015 年第 18 期。

140. 谢伟：《珠三角区域大气污染联防联控立法介评》，载《经济研究导刊》2016 年第 3 期。

141. 王清军：《区域大气污染治理体制：变革与发展》，载《武汉大学学报（哲学社会科学版）》2016 年第 1 期。

142. 何香柏：《我国威慑型环境执法困境的破解——基于观念和机制的分析》，载《法商研究》2016 年第 4 期。

143. 赵喜斌：《霾从何来·北京的车，天津的油，河北的煤》，载《北京晚报》2013 年 1 月 31 日第 18 版。

144. 吴贤静：《政府在生态法治建设中的职能与定位》，载《法治社会》2016 年第 2 期。

145. 何显明：《政府与市场：互动中的地方政府角色变迁——基于浙江现象的个案分析》，载《浙江社会科学》2008 年第 6 期。

146. 杨瑞龙：《论制度供给》，载《经济研究》1993 年第 8 期。

147. ［美］诺思、托马斯著：《制度变迁的理论：概念与原因》，载［美］科斯、阿尔钦、诺思等：《财产权利与制度变迁》，胡庄君等译，上海三联书店 1994 年版，第 271 页。

148. 朱芒：《论我国目前公众参与的制度空间——以城市规划听证会为对象的粗略分析》，载《中国法学》2004 年第 3 期。

149. 张紧跟：《区域治理制度创新分析：以珠江三角洲为例》，载赵永茂、朱光磊、江大树、徐斯勤主编：《府际关系　新兴研究议题与治理策略》，社会科学文献出版社 2012 年版，第 179—200 页。

150. 李文钊：《环境管理体制演进轨迹及其新型设计》，载《改革》2015 年第 4 期。

151. 周旺生：《重新研究法的渊源》，载《比较法研究》2005 年第 4 期。

152. 杨治坤：《论跨行政区大气污染联合防治机制构建》，载《资源开发与市场》2014 年第 8 期。

153. 吴贤静：《环境法学研究的方法论选择》，载《学术研究》2017 年第 4 期。

154. 谭冰霖：《环境规制的反身法路向》，载《中外法学》2016 年第 6 期。

155. 贾宇：《"区域"资源开发与担保国责任问题——中国深海法制建设的新发展》，载《中国海洋法学评论》2016 年第 1 期。

156. 刘茂林：《宪法究竟是什么》，载《中国法学》2002 年第 6 期。

157. 刘超、应悦：《PM2.5 与〈环境保护法〉的完善》，载《黑龙江省政法管理干部学院学报》2012 年第 6 期。

158. ［美］霍尔姆斯·罗尔斯顿：《价值走向原野》，王晓明等译，载《哈尔滨师专学报》1996 年第 1 期。

159. 吕忠梅、刘超：《环境标准的规制能力再造——以对健康的保障为中心》，载《时代法学》2008 年第 4 期。

160. 宋华琳：《论技术标准的法律性质——从行政法规范体系角度的定位》，载《行政法学研究》2008 年第 3 期。

161. 丁轶：《权利保障中的"组织失败"与"路径依赖"——对于"运动式治理"的法律社会学考察》，载《法学评论》2016 年第 2 期。

162. 常纪文：《雾霾法理学问题》，载《法学杂志》2017 年第 4 期。

163. 马允：《美国环境规制中的命令、激励与重构》，载《中国行政管理》2017 年第 4 期。

164. 马中、石磊、崔格格：《关于区域环境政策的思考》，载《环境保护》2009 年第 13 期。

165. 刘毅：《雾霾中还藏着多少秘密》，载《人民日报》2017 年 4 月 1 日 09 版。

166. 王树义、蔡文灿：《论我国环境治理的权力结构》，《法制与社会发展》2016 年第 3 期。

167. 谢庆奎：《中国政府的府际关系研究》，载《北京大学学报（哲学社会科学版）》2000 年第 1 期。

168. 徐中奇：《行政生态学研究述评及其对我国行政改革的启发》，《载江西行政学院学报》1999 年第 4 期。

169. ［德］巴杜拉：《在自由法治国与社会法治国中的行政法》，陈新民译，载陈新民著：《公法学札记》，台湾三民书局 1993 年版，第 112、113、126 页。

170. 石佑启、杨治坤：《我国行政体制改革目标定位之求证》，载《湖北行政学院学报》2008 年第 5 期。

171. 中国行政管理学会课题组：《加快我国社会管理和公共服务改革的研究报告》，载《中国行政管理》2005 年第 2 期。

172. 石佑启：《论行政体制改革与宪政的契合》，载《广东社会科学》2008 年第 5 期。

173. ［美］莱斯特·萨拉蒙：《非营利部门的崛起》，何增科译，载何增科主编《公民社会与第三部门》，社会科学文献出版社 2000 年版。

174. 段娟：《从均衡到协调：新中国区域经济发展战略演进的历史考察》，载《兰州商学院学报》2010 年第 6 期。

175. 杨小军、何京玲：《基于公平与效率视角的我国区域经济发展战略演进》，载《商业研究》2009 年第 5 期。

176. 杨爱平：《论区域一体化下的区域间政府合作》，载《政治学研究》2007 年第 3 期。

177. 吴德星：《论中国行政法制程序化与行政程序法制化》，载《中国人民大学学报》1997 年第 1 期。

178. 季卫东：《法律程序的意义》，载《中国社会科学》1993 年第 1 期。

179. 庄士成：《长三角区域合作中的利益格局失衡与利益平衡机制研究》，载《当代财经》2010 年第 9 期。

180. 陈书笋：《论区域利益协调机制的法律建构》，载《湖北社会科学》2011 年第 3 期。

181. 石佑启：《论立法与改革决策关系的演进与定位》，载《法学评论》2016 年第 1 期。

182. 柴发合：《建议成立区域性大气污染管理部门》，载《环境》2008 年第 7 期。

183. 朱晓燕、王怀章：《对运动式行政执法的反思》，载《青海社会科学》2005 年第 1 期。

184. 罗许生：《从运动式执法到制度性执法》，载《重庆社会科学》2005 年第 7 期。

185. 青锋：《关于深化行政执法体制改革的几点思考》，载《行政法学研究》2006 年第 4 期。

186. 洪银兴：《西部大开发和区域经济协调方式》，载《管理世界》2002 年第 3 期。

187. 陶希东：《跨界区域协调：内容、机制与政策研究》，载《上海经济研究》2010 年第 1 期。

188. 参见罗峰：《竞争与合作：地方间关系的历史钟摆》，载《社会主义研究》2012 年第 2 期。

189. 谷松：《建构与融合：区域一体化进程中地方府际间利益协调研究》，吉林大学 2014 年博士论文。

190. 汪伟全：《当代中国地方政府竞争：演进历程与现实特征》，载《晋阳学刊》2008 年第 6 期。

191. 杨治坤：《行政主体制度变革：模式、程序与法制保障》，载《广东行政学院学报》2013 年第 3 期。

192. 周叶中、张彪：《促进我国区域协调组织健康发展的法律保障机制》，载《学习与实践》2012 年第 4 期。

193. 黄溶冰：《府际治理、合作博弈与制度创新》，载《经济学动态》2009 年第 1 期。

194. 汪伟全：《长三角经济圈地方利益冲突协调机制研究：基于政府间关系的分析》，载《求实》2008 年第 9 期。

195. 杨龙、戴扬：《地方政府合作在区域合作中的作用》，载《西北师大学报（社会科学版）》2009 年第 5 期。

196. 郭蕾：《地方利益崛起背景下中央与地方权限争议分析及改革思路》，载《探索》2013 年第 1 期。

197. 汪玉凯：《"大部制"改革的几大挑战》，载《领导文萃》2008 年第 9 期。

198. 谭波：《论完善中央与地方权限争议立法解决机制》，载《法学论坛》2009 年第 3 期。

199. 王太高：《论机关诉讼——完善我国行政组织法的一个思路》，载《河北法学》2005 年第 9 期。

200. 吴卫军、张峰：《行政权限争议的司法解决》，载《青海师范大学学报（哲学社会科学版）》2009 年第 6 期。

201. 黄先雄：《论我国行政机关权限争议的法律规制》，载《国家行政学院学报》2006 年第 2 期。

202. 金国坤：《部门间权限冲突的法制化解决之道》，载《甘肃行政学院学报》2008 年第 4 期。

203. 周志忍：《我国行政体制改革的回顾与前瞻》，载《新视野》1996 年第 4 期。

204. 吴舜泽、万军：《科学精准理解〈"十三五"生态环境保护规划〉的关键词和新提法》，载《中国环境管理》2017 年第 1 期。

205. ［挪威］Tom Christensen、Perl Greid：《后新公共管理改革——作为一种新趋势的整体政府》，张丽娜、袁何俊译，载《中国行政管理》2006 年第 9 期。

206. 常纪文：《中欧区域大气污染联防联控立法之比较——兼论我国大气污染联防联控法制的完善》，载《发展研究》2015 年第 10 期。

207. 马波：《论政府环境责任法制化的实现路径》，载《法学评论》2016 年第 2 期。

208. 陈海嵩：《政府环境法律责任的实证研究——以环境风险防范地方立法评估为例》，载《社会科学战线》2016 年第 4 期。

209. 陈爱娥：《行政立法与科技发展》，载《台湾本土法学杂志》1999 年 12 月号。

210. 冯嘉：《负载有度：论环境法的生态承载力控制原则》，载《中国人口·资源与环境》2013 年第 8 期。

211. 范恒山：《关于深化区域合作的若干思考》，载《经济社会体制比较》2013 年第 4 期。

212. 徐祖澜：《纵向国家权力体系下的区域法治建构》，载《中国政法大学学报》2016 年第 5 期。

213. 徐原锋：《创新区域立法形式？东北三省首推政府立法协作》，载《市场报》2006 年 7 月 21 日，第 002 版。

214. 王文婷：《财税法视野下我国大气污染治理的政府间分配机制研究》，载《阅江学刊》2016 年第 6 期。

215. 黄寿峰：《财政分权对中国雾霾影响的研究》，载《世界经济》2017 年第 2 期。

216. 卓成霞：《大气污染防治与政府协同治理研究》，载《东岳论丛》2016 年第 9 期。

217. 黄滢、刘庆、王敏：《地方政府的环境治理决策：基于 SO2 减排的面板数据分析》，载《世界经济》2016 年第 12 期。

218. 刘小泉、朱德米：《合作型环境治理：国外环境治理理论的新发展》，载《国外理论动态》2016 年第 11 期。

219. 解振华：《环境保护治理体制改革建议》，载《中国机构与管理》2016 年第 10 期。

220. 石敏俊、李元杰、张晓玲、相楠：《基于环境承载力的京津冀雾霾治理政策效果评估》，载《中国人口·资源与环境》2017 年第 9 期。

221. 郝锐、霍丽：《基于环境规制的城乡发展一体化研究》，载《西北大学学报（哲学社会科学版）》2017 年第 5 期。

222. 张伟、张杰、汪峰、蒋洪强、王金南、姜玲：《京津冀工业源大气污染排放空间集聚特征分析》，载《城市发展研究》2017 年第 9 期。

223. 黄晗：《指标治理及其困境——以京津冀 PM2.5 空气污染治理为例》，载《哈尔滨工业大学学报（社会科学版）》2016 年第 6 期。

224. 王勇：《关于国务院机构改革方案的说明——2018 年 3 月 13 日在第十三届全国人民代表大会第一次会议上》，载《人民日报》2018 年 03 月 14 日 05 版。

225. 王金南、秦昌波、田超、程翠云、苏洁琼、蒋洪强：《生态环境部组建的理论基础》，载《中国环境管理》2015 年第 5 期。

五、外文论文

1. Aeth Fisher, Bettina Lange, Loise Scotford and Cinnamon Carlarne, Maturity and Methodology: starting a Debate about environmental Law Scholarship, Journal of Environmental Law 21: 2(2009),213 - 250.

2. K. Pediaditi, et al, A decision support system for assessing and managing environment risk cross borders, Earth Sci Inform (2011)4: 107 - 115.

3. Yolanda F. Wiersma, et al, Once There Were So Many: Animals as Ecological Baselines, Environmental History, July 2011;16: 400 - 407.

4. Elizabeth C. Ashton, et al, A Baseline Study of the Diversity and Community Ecology of Crab and Molluscan Macrofaunain the Sematan Mangrove Forest, Sarawak, Malaysia, Journal of Tropical Ecology, Vol. 19, No. 2 (Mar., 2003), pp. 127 - 142.

5. A. R. E. Sinclair, Natural Regulation of Ecosystems in Protected Areas as Ecological Baselines, Wildlife Society Bulletin, Vol. 26, No. 3 (Autumn, 1998), pp. 399 - 409.

6. Peter Arcese, et al, The Role of Protected Areas as Ecological Baselines, The Journal of Wildlife Management, Vol. 61, No. 3 (Jul., 1997), pp. 587 - 602.

7. Loren. McClenachan, et al, From archives to conservation: why historical data are needed to set baselines for marine animals and ecosystems, Conservation Letters 5 (2012)349 - 359.

8. Hector M. Lozano-Montes, et al, Shifting Environmental and Cognitive Baselines in the Upper Gulf of California, Frontiers in Ecology and the Environment, Vol. 6, No. 2(Mar., 2008), pp. 75 - 80.

9. Andrea Sáenz-Arroyo, et al, Rapidly Shifting Environmental Baselines among Fishers of the Gulf of California, Proceedings: Biological Sciences, Vol. 272, No. 1575(Sep. 22,2005), pp. 1957 - 1962.

10. Milena I. Neshkova, Hai (David) Guo, Public Participation and Organizational Performance: Evidence from State Agencies, Journal of Public Administrati on Research and Theory, 22: 267 - 288.

11. James W. Rivers, Andrea L. Liebl, Jennifer C. Owen, Lynn B. Martin and

Matthew G. Betts, Baseline corticosterone is positively related to juvenile survival in a migrant passerine bird, Functional Ecology, Vol. 26, No. 5, October 2012, pp. 1127 - 1134.

12. Mark S. Boyce, Ecological-Process Management and Ungulates: Yellowstone's Conservation Paradigm, Wildlife Society Bulletin, Vol. 26, No. 3 (autumn, 1998), pp. 391 - 398.

13. J. Treweek, Ecology and Environmental Impact Assessment, Journal of Applied Ecology, Vol. 33, No. 2 (Apr. , 1996), pp. 191 - 199.

14. Jeanine M. Rhemtulla, David J. Mladenoff, Murray K. Clayton and B. L. Turner, Historical Forest Baselines Reveal Potential for Continued Carbon Sequestration, Proceedings of the National Academy of Sciences of the United States of America, Vol. 106, No. 15 (Apr. 14,2009), pp. 6082 - 6087.

15. Mitchel N. Herian, Joseph A. Hamm, Alan J. Tomkins, Lisa M. Pytlik Zillig, Public Participation, Procedural Fairness, and Evaluations of Local Governance: The Moderating Role of Uncertainty Mitchel, Journal of Public Administration Research and Theory 22: 815 - 840.

16. Liu Y S, Wang J Y, Guo L Y, GIS-based assessment of land suitability for optimal allocation in the Qinling Mountains, China. Pedosphere, 2006,16(5): 579 - 586.

17. Shunsuke Managia, Shinji Kanekob, Environmental performance and returns to pollution abatement in China, Ecological Economics 68(2009)1643 - 1651.

18. Mary Arquette, Holistic Risk Assessment: A new paradigm for environmental risk management, Race, Poverty & the Environment, Vol. 11, No. 2, Burden of Proof: Using Research for EJ (Winter 2004/2005), pp. 49 - 52.

19. Yihe Lu, Zhimin Ma1, Liwei Zhang, Bojie Fu, Guangyao Gao, Redlines for the greening of China, Environmental Science & policy 33(2013)346 - 353.

20. Xiaozi Liu, Gerhard K. Heiligb, Junmiao Chenc, Mikko Heino, Interactions between economic growth and environmental quality in Shenzhen, China's first special economic zone, Ecological Economics 62(2007)559 - 570.

21. Anne Borge Johannesen, Protected areas, wildlife conservation, and local welfare, Ecological Economics, 62,2007, pp. 126 - 135.

22. Peter Wikins, Accountability and Joined-up Government, Australian Journal of Public Administration, Vol. 61, No. 1,2002, p. 52.

23. Sandrine Simon, A Framework for Sustainable Water Management: Integrating Ecological Constraints in Policy Tools in the United Kingdom, Environmental Review 1: 227 - 238(1999).

24. David T. Dyjack, Samuel Soret and Barbara Anderson, Community-Based Environmental Risk Assessment, Public Health Reports (1974—), Vol. 117, No. 3 (May — Jun. , 2002), pp. 309 - 312.

25. Qishi Luo, Philip Catney, David Lerner, Risk-based management of contaminated land in the UK: Lessons for China?, Journal of Environmental Management 90, 2009,1123 - 1134.

26. Arrangare, Philosophical Anthropology, Ethics and Political Philosophy in an Age of Impending Catastrophe, Cosmos & History: The Journal of Natural land Social

Philosophy, 5(2), 2009: 264 - 286.

27. Moriaki Yasuhara, et al, Human-induced marine ecological degradation: micropaleontological perspectives, Ecology and Evolution 2012;2(12): 3242 - 3268.

28. Mark Dickey-Collas, Why the complex nature of integrated ecosystem assessments requires a flexible and adaptive approach, Journal of Marine Science 2014, (5), pp. 1174 - 1182.

29. Yanhong Jin and Liguo Lin, China's provincial industrial pollution: the role of technical efciency, pollution levy and pollution quantity control, Environment and Development Economics, 19, pp. 111 - 132.

30. Graciela Chichilnisky and Geoffrey Heal, Global Environmental Risks, The Journal of Economic Perspectives, Vol. 7, No. 4 (Autumn, 1993), pp. 65 - 86.

31. Edward Soule, Assessing the Precautionary Principle, Public Affairs Quarterly, Vol. 14, No. 4 (Oct. , 2000), pp. 309 - 328.

32. Pallab Mozumdera, Robert P. Berrensb, Inorganic fertilizer use and biodiversity risk: An empirical investigation, Ecological Economics 62(2007)538 - 543.

33. Nico M. van Straalen, Assessment of soil contamination-a functional perspective, Biodegradation 13: 41 - 52, 2002.

34. Harma J. et al, Human Health Risk Assessment: A Case Study Involving Heavy Metal Soil Contamination After the Flooding of the River Meuse during the Winter of 1993 - 1994, Environmental Health Perspectives Volume 107, Number 1, January 1999.

35. K. Falconer, Pesticide environmental indicators and environmental policy, Journal of Environmental Management, (2002)65, pp. 285 - 300.

36. Mandell Myma P, Intergovernmental Management in interorganizational Networks: A Revised Perspective, International Journal of Public Administration, 1988. Vol. 11(4): 393 - 417.

37. Cynthia A. Garcia et al. , Association of long-term PM2. 5 exposure with mortality using different air pollution exposure models: impacts in rural and urban California, International Journal of Environmental Health Research, 2016 Vol. 26, No. 2, pp. 145 - 157.

38. Michał Radwan, et al. , Exposure to ambient air pollution-does it affect semen quality and the level of reproductive hormones?, Annals of Human Biology, 43: 1, 50 - 56.

39. Lie Yang et al. , Growing trend of China's contribution to haze research, Scientometrics (2015)105: 525 - 535.

40. Ting Qiao et al. , Preliminary investigation of PM1, PM2. 5, PM10 and its metal elemental composition in tunnels at a subway station in Shanghai, China, Transportation Research Part D 41(2015)136 - 146.

41. Inge Røpke, Theories of practice—New inspiration for ecological economic studies on consumption, Ecological Economics 68(2009), 490 - 2497.

42. Gert Spaargaren, Theories of practices: Agency, technology, and culture exploring the relevance of practice theories for the governance of sustainable consumption practices in the new world-order, Global Environmental Change 21(2011), 813 -

822.

43. Peter J. Webster and Jun Jian, Environmental prediction, risk assessment and extreme events: adaptation strategies for the developing world, Philosophical Transactions: Mathematical, Physical and Engineering Sciences, Vol. 369, No. 1956, Handling uncertainty in science (13 December 2011), pp. 4768 – 4797.

44. Michael C. Blumm. Public Property and the Democratization of Western Water Law: A Modem View ofthe Public Trust Doctrine, Envtl. L, 1989,19: 573 – 583.

45. Scott Somers and James H. Svara, Assessing and Managing Environmental Risk: Connecting Local Government Management with Emergency Management, Public Administration Review, Vol. 69, No. 2 (Mar. – Apr. , 2009), pp. 181 – 193.

46. Richardson, Elizabeth A. , et al, Particulate air pollution and health inequalities: a Europe-wide ecological analysis, International Journal of Health Geographics, 2013, 12: 34 – 55.

47. Bergin M S, West J J, Regional Atmospheric Pollution and Transboundary Air Quality Management, Annual Review of Environment and Resources, 2005,30: 1 – 37.

48. Vincent Ostrom, Charles M. Tiebout & Rebort Warren, The Organization of Government in Metropolitan Areans: A Theoretical Inguiry, American Political Science Review, Vol. 55,1961, p. 4.

49. Yu K, Chen Z, Gao J, Zhang Y, Wang S, Chai F, Relationship between Objective and Subjective Atmospheric Visibility and Its Influence on Willingness to Acceptor Pay in China, PLoSONE10(10).

50. Heinvan Gils, Gerhard Sieg, Rohan Mark Bennett, The living commons of West Tyrol, Austria: Lessons for land policy and land administration, Land Use Policy38,2014, pp. 16 – 25.

51. Air quality guidelines for Europe. Copenhagen, WHO Regional Office for Europe, 1987(WHO Regional Publications, European Series, No. 23.

52. Frank J. Kelly, Julia C. Fussell, Air pollution and public health: emerging hazards and improved under standing of risk, Environ Geochem Health (2015) 37: 631 – 649.

53. Joseph L. Sax, "The Public Trust Doctrine in Natural Resource Law: Effective Judicial Intervention", Michigan Law Review, Vol. 68(1970, p. 538.

54. Pei Li and Yong Tu, The impacts of openness on air quality in China, Environment and Development Economics/Volume19/Issue02/April2014, pp. 201 – 227.

55. Qian, Yingyi, Barry R Weingast, Federalism as a Commitment to preserving Market Incentives, Journal of Economic Perspectives, Vol. 11, No. 4,1997.

56. PervinT, GerdthamU, Lyttkens CH. Societal costs of airpollution-related health hazards: are view of methods and results, Cost Effectiveness and Resource Allocation, 2008,6(19).

57. PopeIII CA, Dockery DW, Health effects of fine particulate air pollution: lines that connect, Journal of The Air & Waste Management Association, 2006,56(6): 709 – 742.

58. Gloria S. Riviera, PollutioninChina: The Business of Bad Air, World Affairs, Vol.

176，No. 1(Msy/June2013)，pp. 43 – 50.

59. Mel. W. Khaw，DeniseA. Grabm，Michael A. Livermor，Christian A. Vossler，Paul W. Glimcher，The Measurement of Subjective Value and Its Relation to Contingent Valuation and Environmental Public Goods，PLoSONE10(7).

60. Timo Kuosmanena，Neil Bijsterbosch，Rob Dellink，Environmental cost-benefit analysis of alternative timing strategies in greenhouse gas abatement：A data envelopment analysis approach，Ecological Economics，68(2009)1633 – 1642.

61. Leena Karrasch，Thomas Klenke，JohanWoltjer，Linking the ecosystem services approach to social preferences and needs in integrated coastal land use management-A planning approach，Land UsePolicy，38(2014)522 – 532.

后　记

　　看书先看后记,这是我的一个习惯。因后记"是把自我呈现给他人,从他人这面镜子中观照自我,在与他人的对话中促进自我更新"的心路历程。

　　但之于我,写后记则是一件极其折磨人的事情。自我 2009 年博士毕业后很长一段时间,疏于读书和思考,已经远远不能追随学术前沿的发展,读博期间研习兴趣聚焦于行政改革与行政法治的交叉领域,进一步限制了我的视阈拓展。浑浑噩噩之后,恩师石佑启教授的再次点拨与妻子吴贤静博士的鼓励,让我幡然醒悟。逝去光阴难复,不甘就此生活的倔强与执着,我再次燃起前行的火种。

　　是故,只纸片言与文笔平平的我,无法将博士毕业至今那种包含青春激情和蹉跎岁月的复杂体验一一记录,我宁愿选择性遗忘而不至于背上沉重的人生包袱前行。

　　值工作调动后的工作需要,我逐渐接触区域一体化与区域法治研究领域。伴随不可逆转的区域一体化进程,中国法治建设中的"行政区行政""府际合作""区域法治"等问题引起我的兴趣。区域一体化中的府际合作与法律关涉大量议题,体系宏大,问题庞杂,我无法驾驭。时值 2016 年冬季中国北方雾霾进入"最严重时段",我尝试以此为切入点选择一个更为具体的领域研究府际合作与区域法治,于是就有了"区域大气污染府际合作治理法律问题研究"这一想法,这也成为我后来申请 2017 年度国家社科后期资助项目的申报主题。

　　项目已结项,书稿即将付梓刊印,感恩之心仍然无法对我曾经或正在受惠的人一一提及,这将是一长串不能穷尽的名字。这里特别要谨记的是,我的恩师石佑启教授和师母杨桦教授,他们在我读书时期的关心照顾到工作后的鼓励、叮嘱、提携,一如既往的温馨;我的妻子吴贤静博士的督促、唠叨,她承担了大部分油盐酱醋的家庭事务和照顾孩子的重任;我的两个哥哥、我的岳父母,他们背后默默的支持,让我享受着家庭的宁静和温馨;以石佑启教授为首席专家的科研团队,成员包括朱最新教授、潘高峰教

227

授、周新副教授、黄喆博士、李福林博士、李杰博士和晏婧老师,团队协作精神是我们安身立命精神家园。最后,感谢上海三联书店殷亚平编辑和宋寅悦编辑,他(她)们两位高效、勤勉的编辑工作,为本书增色不少。

时值清明,我很想念我的母亲……

好了,就此打住,写一则短平快的后记,一则,可以遮蔽我内心的诚惶诚恐和词不达意的担忧,也不至于让人陷入"你不说我还明白,你越说我越糊涂"之境。二则,我信奉后记如同"绅士的演讲应该像女人的裙子,越短越好",不作无病呻吟,也不至于冗长讨人嫌。

2019 年 4 月 6 日　广州

图书在版编目(CIP)数据

区域大气污染府际合作治理法律问题研究/杨治坤著.
—上海:上海三联书店,2019.7
ISBN 978-7-5426-6591-1

Ⅰ.①区… Ⅱ.①杨… Ⅲ.①空气污染-污染防治-环境保护法-研究-中国 Ⅳ.①D922.684

中国版本图书馆 CIP 数据核字(2018)第 300105 号

区域大气污染府际合作治理法律问题研究

著　者 / 杨治坤

责任编辑 / 殷亚平　宋寅悦
装帧设计 / 一本好书
监　制 / 姚　军
责任校对 / 张大伟

出版发行 / 上海三联书店
　　　　　　(200030)中国上海市漕溪北路 331 号 A 座 6 楼
邮购电话 / 021-22895540
印　刷 / 上海惠敦印务科技有限公司

版　次 / 2019 年 7 月第 1 版
印　次 / 2019 年 7 月第 1 次印刷
开　本 / 710×1000　1/16
字　数 / 240 千字
印　张 / 15.25
书　号 / ISBN 978-7-5426-6591-1/D·416
定　价 / 52.00 元

敬启读者,如发现本书有印装质量问题,请与印刷厂联系 021-63779028